Jean Garrigues

Les avocats de la République

Ceux qui l'ont construite, ceux qui la défendent

Odile Jacob

3, rue Auguste-Comte, 75006 Paris

www.odilejacob.fr

ISBN : 978-2-4150-1277-9

Introduction

Que signifie au juste la République, cette colonne vertébrale de notre histoire politique depuis la Révolution française, et comment s'y prendre aujourd'hui pour l'empêcher de se briser face à la déferlante du populisme, de l'illibéralisme et du communautarisme qui disloquent peu à peu notre sens de l'intérêt commun ? C'est évidemment une question centrale dans le débat sur la crise de la démocratie, parfois dénommée « fatigue démocratique », qui agite la société française, parmi d'autres, depuis au moins une décennie. Nombreux sont les *think tanks*, les politologues, les sociologues, les philosophes, les journalistes et bien sûr les acteurs politiques qui y réfléchissent, et nous n'aurons pas la prétention d'apporter ici la réponse. Néanmoins, notre contribution peut être utile, et originale, car elle s'appuie sur l'histoire. Non pas l'histoire du mot ou de concept de république, ce que bien d'autres ont fait avant nous, mais l'histoire de ceux qui l'ont défendue dans les circonstances les plus dramatiques, au risque d'y laisser leur réputation, leur carrière, et même leur vie.

Retrouver l'universalisme républicain

En ces temps troublés où l'État de droit est sans cesse contesté, de même que les institutions et ceux qui les incarnent, à l'heure où il devient de plus en plus difficile de se parler, de s'écouter, de discuter tout simplement, lorsque le maelström des réseaux sociaux engloutit chaque parole dans un abîme sans fond d'invectives, de polémiques, de fausses informations et de manipulations, n'est-il pas utile de se référer à ces figures du passé dont les paroles ont su traverser le temps pour nous donner les références, le fil conducteur de l'esprit républicain ? C'est avant tout le propos de ce livre : rechercher dans les mots de ces grands « avocats de la République » ce que devrait dire aujourd'hui un républicain pour la défendre. En effet, on ne sait plus aujourd'hui ce que signifie ce « modèle républicain » qui est la forme spécifique de la démocratie française, lentement fabriquée au cours des siècles, en permanence remise en cause de l'extérieur comme de l'intérieur par les modèles monarchiques, théocratiques, autoritaires, totalitaires, puis illibéraux et populistes, au point d'apparaître aujourd'hui comme une référence abstraite, impalpable, élitiste, voire pour certains liberticide, en tout cas totalement surannée. Il nous semble au contraire que ce modèle républicain, qui connut des âges d'or dans les débuts de la Seconde et de la Troisième République ou au lendemain de la Seconde Guerre mondiale, dans l'enthousiasme de la démocratie à reconstruire, peut et doit nous servir aujourd'hui de référence pour reconstruire une citoyenneté nouvelle, adaptée aux ruptures civilisationnelles de notre temps. Ce n'est pas un vœu pieux, c'est une certitude, nourrie par l'analyse des tournants historiques que ce modèle républicain a traversés. C'est ainsi que l'histoire, inlassablement, nourrit le présent de ses expériences, de ses modèles, de ses fulgurances, de ses erreurs et de ses balbutiements.

Le choix de nos figures républicaines est évidemment subjectif et ne prétend nullement à l'exhaustivité. Néanmoins, il s'articule sur deux éléments de cohérence : d'une part, le talent oratoire, qui permet d'exprimer au plus juste et au plus fort le projet politique évoqué ; d'autre part, la nature même de ce projet politique, ce fil conducteur de l'universalisme républicain, libéral, égalitaire, fraternel, laïque, parlementaire et humaniste qui relie entre eux ces amoureux de la République. Avocats de métier ou d'opportunité, de long cours ou de circonstances, ils l'ont tous défendue dans les moments les plus dramatiques où elle était contestée, remise en cause, piétinée. Leur histoire est notre Histoire, tragique, chaotique, mais sans cesse sublimée.

Maîtres de l'éloquence

Il y a un peu plus de vingt ans, l'historien Gilles Le Béguec publiait un important ouvrage intitulé *La République des avocats* qui montrait avec finesse et précision le rôle majeur que les professionnels du barreau avaient joué dans notre histoire politique de la Troisième République jusqu'à la Cinquième, y compris à l'Élysée, de Raymond Poincaré à Nicolas Sarkozy en passant par Vincent Auriol et François Mitterrand[1]. Quelques années plus tard, dans une série d'ouvrages consacrés aux grands discours parlementaires, je constatais à quel point leur talent oratoire avait nourri les plus belles heures de nos débats publics depuis la Révolution française[2].

Rappelons en effet que la République est née de la parole. Parmi ceux qui avaient annoncé et provoqué la Révolution française, les avocats étaient en nombre, à l'instar d'Antoine Barnave ou Jacques-Pierre Brissot. En nombre au Tiers État, en nombre à l'Assemblée législative élue en 1791, et plus du tiers des députés de la Convention nationale, qui inaugura la république en France en septembre 1792. Georges Danton, ancien avocat aux Conseils du roi, et Maximilien de Robespierre, avocat au conseil provincial d'Artois, en furent les figures emblématiques, incarnant plus que tout autre les espérances et les désillusions du nouveau monde en train de naître.

Maîtres du droit et de l'éloquence, représentant cette bourgeoisie à talents qui demandait à briser le carcan social et politique de la monarchie, les avocats furent ensuite, tout au long du XIXe siècle, les fers de lance de l'émancipation vers la liberté et la démocratie. Alexandre Ledru-Rollin, avocat au barreau de Paris, fut le maître d'œuvre de la campagne des banquets qui aboutit en 1848 à l'avènement du gouvernement provisoire de la Seconde République. En 1870, Léon Gambetta et Jules Ferry, dont les plaidoiries avaient ébranlé le Second Empire, furent les pères fondateurs de la Troisième République, souvent appelée « la République des avocats ». Et, de fait, on les retrouve à chaque étape décisive de l'émancipation ou de la défense républicaine jusqu'en 1940, tels Pierre Waldeck-Rousseau pour en finir avec l'affaire Dreyfus en juin 1899, Aristide Briand pour faire voter la loi de séparation des Églises et de l'État en 1905, Léon Blum à la tête du gouvernement de Front populaire, où Jean Zay et Pierre Cot portaient les couleurs du radicalisme. Par la suite, Pierre Mendès France, qui fut, à 21 ans, le plus jeune avocat de France, Paul Reynaud ou Gaston Monnerville ont associé leurs noms aux grandes heures de la République, lorsqu'ils la croyaient menacée par le pouvoir personnel du général de Gaulle.

Aux tournants de l'histoire

Tous les maîtres du barreau de notre histoire politique ne figurent pas dans ce livre, c'est une évidence, car ils furent bien trop nombreux à participer aux grands débats publics. Ce que nous proposons de raconter dans ce livre, ce sont des moments forts de cette histoire, des rencontres décisives entre les événements majeurs de l'émancipation républicaine et des figures de proue de l'éloquence qui ont su les incarner. Notre objet, ce sont ces moments cruciaux pour l'avenir de la République où l'art de la parole et la force de la conviction ont changé le cours des choses et permis non seulement de la préserver, mais aussi de l'améliorer. Depuis Danton appelant à sauver la patrie en danger, jusqu'à Gisèle Halimi, plaidant pour la cause des femmes, ou Robert Badinter, réclamant l'abolition de la peine de mort, en passant par Léon Gambetta, appelant le monarchiste Mac-Mahon à se soumettre ou à se démettre, c'est l'histoire d'un récit chaotique, mouvementé, parfois contradictoire, mais porté par la flamme d'un héritage intangible, celui des Lumières et de la Révolution française, et par les convictions de ces orateurs talentueux.

Ce sera donc une histoire du récit républicain, confronté aux tournants de notre histoire contemporaine, par la voix de ceux qui en furent les plus talentueux défenseurs. « Nous avons des livres vivants qui sont les avocats ; ils travaillent pour nous, et se chargent de nous instruire », écrivait Montesquieu dans les *Lettres persanes*. Dans l'époque qui est la nôtre, où le besoin de pédagogie républicaine est plus que jamais d'actualité, ces « livres vivants » que furent les avocats de la République méritent d'être écoutés.

Danton, l'un des membres fondateurs de la société des Amis des droits de l'homme et du citoyen, plus connue sous le nom de Club des cordeliers. Le couple Robert, qui tient l'un des salons les plus courus par les « patriotes », est alors le fer de lance du républicanisme.

Rares à cette époque sont ceux qui osent déjà envisager une république, à l'instar de quelques feuilles confidentielles comme *La Bouche de fer*, organe du Cercle social, « confédération universelle des amis de la vérité », supervisé par l'abbé révolutionnaire Claude Fauchet, l'un de ceux qui ont conduit la prise de la Bastille. On peut citer aussi un autre journal, Le *Creuset,* publié à partir de janvier 1791 par James Rutledge, d'origine britannique, membre comme François Robert du Club des cordeliers. Ou l'écrivain normand Louis-Charles de Lavicomterie, qui s'est illustré en publiant en 1789 une *Ode à la Liberté**, et qui fait paraître en septembre 1790, un pamphlet intitulé *Du peuple et des rois,* dans lequel il proclame : « Je suis républicain, et j'écris contre les rois ; je suis républicain, je l'étais avant de naître. »

L'année suivante, dans un essai intitulé *Les Crimes des rois de France, depuis Clovis jusqu'à Louis XVI,* il appelle à « anéantir ces deux attributs de la royauté » que sont « l'hérédité et l'inviolabilité », « ces deux causes si frappantes de l'audace effrénée des rois, ces deux appuis du despotisme qui renaîtra de sa cendre si on ne le brise[1] ». C'est pourquoi selon lui « il n'y a point de milieu à proposer, il faut que l'état soit désormais

* Il y écrit en notes : « Comment un roi, un homme, peut-il faire le bien de quelques millions de ses semblables, si ce n'est en leur rendant ce qu'il en a reçu et le plus souvent usurpé. Apporte-t-il en naissant quelque puissance dont les autres hommes soient privés ? C'est le peuple qui, seul, peut quelque chose, et qui doit dire : je veux le bonheur », dans *La Liberté, ode, avec des notes, par M. de Lavicomterie,* p. 24.

républicain ou despotique : d'un côté sont les tyrans, de l'autre est la République[2] ». Lavicomterie sera élu en septembre 1792 député à la Convention nationale, aux côtés de François Robert. Mais c'est ce dernier qui émerge incontestablement comme le véritable prophète de la république en gestation.

Il l'annonce à maintes reprises dans les colonnes du *Mercure national*. Il y prend position à l'approche de la fête de la Fédération qui se prépare pour célébrer le premier anniversaire de la prise de la Bastille, le 14 juillet 1790. Réfutant l'idée de proclamer à cette occasion Louis XVI comme « premier roi des Français », il estime que nul ne doit être élevé à une telle distinction : « Je crois qu'une nation aussi nombreuse qu'on puisse l'imaginer, pourrait se passer de roi : ce mot, rappelle-t-il, était odieux aux vrais citoyens de Rome. » Début octobre 1790, il invite les lecteurs du *Mercure national* à lire l'ouvrage de Lavicomterie, car il « a osé nous parler le vrai langage de la liberté ; lisez-le aujourd'hui, faites comme moi, passez une nuit entière à le relire, et l'aurore vous verra libres et dégagés du funeste préjugé du royalisme ; vous serez hommes, vous serez républicains, et les nations qui nous environnent, frappées de respect et d'étonnement, croiront voir en nous des demi-dieux ». Dans un autre article, intitulé « De l'amour de la liberté », il avertit les monarchistes : « Si nous ne préférons la république à tout, si nous plaçons un homme au-dessus de la république ; si nous encensons une idole, nous en serons écrasés, tous nos frères seront foulés. » Dans l'édition du 2 novembre 1790, il annonce la publication prochaine d'un pamphlet dans lequel il entend démontrer les « dangers imminents de la royauté » et les « avantages sans nombre de l'institution républicaine ». Dans celle du 16 novembre, il écrit : « Effaçons de notre mémoire et de notre constitution jusqu'au nom de roi. Si nous le conservons, je ne réponds pas que nous puissions être libres pendant deux ans. »

L'ouvrage annoncé par François Robert paraît en décembre 1790, sous le titre *Le républicanisme adapté à la France*[3]. Il y écrit que « toute autre institution que la république est un crime de lèse-nations[4] », qu'il « faut déclarer que le chef du pouvoir exécutif n'est pas un monarque, qu'il n'est pas roi », et que « l'assemblée nationale [...] compromet tous les jours la majesté et la dignité de la nation, lorsqu'elle traite avec le pouvoir exécutif[5] ». En conclusion, il affirme que « l'opinion populaire actuelle n'est pas un obstacle à la suppression de la royauté », que « la royauté est incompatible avec la liberté », que « l'assemblée nationale ne doit porter que des lois provisoires, sujettes à la sanction nationale », que « le chef du pouvoir exécutif doit être nommé à temps » [c'est-à-dire pour un temps déterminé], et que si, comme il le réclame, cette forme de gouvernement était adoptée, « la France serait une république[6] ».

Au mois de mai 1791, il tente de fédérer les sociétés populaires au sein d'un comité central. Il est élu président de ce comité, mais le Club des jacobins, dominé par Robespierre, refuse d'y adhérer. Sur la question de la république, l'ex-avocat d'Arras, devenu l'une des figures de proue des « patriotes » à l'Assemblée constituante, reste en effet très prudent. Au soir de la fuite à Varennes, le 21 juin 1791, il condamne néanmoins les ministres que l'Assemblée nationale a eu la faiblesse de conserver et demande la démission de La Fayette, présent à la séance et qu'il accuse de faire le jeu du pouvoir monarchique. Mais, finalement, on se met d'accord pour voter une adresse, rédigée par le Grenoblois Antoine Barnave, qui se contente de blâmer « le roi, égaré par des suggestions criminelles » et qui

« s'est éloigné de l'Assemblée nationale ». L'adresse se termine par un appel au calme et à l'unité : « Toutes les divisions sont oubliées, tous les patriotes sont réunis. L'Assemblée nationale, voilà notre guide ; la Constitution, voilà notre cri de ralliement. » Il n'est pas question de la république.

Lors du débat organisé le 29 juin 1791 à l'Assemblée, une semaine après l'arrestation du roi à Varennes, on lit un message du marquis de Bouillé, l'organisateur de la fuite de la famille royale, dénonçant l'existence d'un soi-disant « parti républicain » dans l'Assemblée, dont le chef serait La Fayette ; ce que ce dernier réfute aussitôt à la tribune. Il ne se trouve ce jour-là aucun orateur pour se proclamer franchement républicain, pas même Robespierre : « Je ne veux pas répondre à certains reproches de républicanisme qu'on voudrait attacher à la cause de la justice et de la vérité », se contente-t-il de dire. « Qu'on m'accuse, si l'on veut, de républicanisme, je déclare que j'abhorre toute espèce de gouvernement où les factieux règnent. »

Les réticences de Robespierre

François Robert est donc à l'avant-garde de ce républicanisme dont Robespierre, par opportunisme politique, n'ose pas encore se réclamer. Il publie un nouveau pamphlet intitulé *Avantages de la fuite de Louis XVI et nécessité d'un nouveau gouvernement*, dans lequel il demande une république, dotée d'un gouvernement représentatif et d'un chef du pouvoir exécutif élu, affirmant que c'est le vœu « du Club des cordeliers, de diverses Sociétés d'amis de la Constitution, de toutes les Sociétés populaires, de la très grande, la majeure partie brisé ici sa couronne » et qu'il « ne faut pas profiter de la leçon à demi ». Dans celle du 26 juin, il critique la frilosité de Robespierre et de ses amis : « Les jacobins ne veulent pas passer pour des républicains. Ne disputons point sur les termes. Je ne veux pas d'autre république que cette monarchie. Les jacobins sont des républicains sans le savoir. Ils font, comme M. Jourdain, de la prose sans le savoir. Qu'importe ? la prose est excellente. »

Lorsque dans son journal *Révolutions de Paris*, Sylvain Maréchal essaie de provoquer un mouvement pétitionnaire pour la république, le journal de François Robert constate que « c'est le vœu de toutes les nombreuses Sociétés patriotiques de la capitale, à la seule exception des jacobins[8] ». D'ailleurs, le 13 juillet, Robespierre s'y défend d'être républicain : « On m'a fait trop d'honneur, je ne le suis pas. Si on m'eût accusé d'être monarchiste, on m'eût déshonoré je ne le suis pas non plus. J'observerai d'abord que, pour beaucoup d'individus, les mots de "république" et de "monarchie" sont entièrement vides de sens. Le mot "république" ne signifie aucune forme particulière de gouvernement il appartient à tout gouvernement d'hommes libres qui ont une patrie. Or on peut être libre avec un monarque comme avec un sénat. Qu'est-ce que la constitution française actuelle ? C'est une République avec un monarque. Elle n'est donc point monarchie ni république, elle est l'un et l'autre. » Le lendemain, à l'Assemblée constituante, il tient à peu près le même langage, écartant de lui le reproche de républicanisme, mais sans rien dire de désagréable aux républicains.

Au contraire, Brissot s'engage de plus en plus nettement en faveur d'un changement de régime. Dans *Le Patriote français* du 6 juillet 1791, il présente sa « profession de foi sur le républicanisme et la monarchie » : « Je crois, écrit-il, que la constitution française est républicaine dans les cinq sixièmes de ses éléments et que l'abolition de la royauté en est un produit nécessaire ; que cet office ne peut subsister à côté de la Déclaration des droits. Je crois qu'en appelant notre constitution un gouvernement représentatif, on accorde les partis de républicains et de monarchistes, et qu'on éteint leurs divisions. » Deux jours plus tard, devant le Cercle social, son ami le marquis de Condorcet, l'idéologue de ceux que l'on appelle encore les « brissotins », devenus ensuite les « girondins », fait lui aussi l'apologie de la république : « Maintenant que les Français sont éclairés, dit-il, [qu'ils sont] affranchis par un événement imprévu, des liens qu'une sorte de reconnaissance leur avait fait une loi de conserver et de contracter de nouveau délivrés de ce reste de chaîne que, par générosité, ils avaient consenti à porter encore, ils peuvent examiner enfin si, pour être libres, ils ont besoin de se donner un roi. »

L'éloquence de Vergniaud

Une fois de plus, c'est François Robert qui est à l'avant-garde. C'est lui qui rédige au Club des cordeliers, avec sa femme et quelques autres, la pétition émanant des Sociétés populaires qui est portée le 17 juillet 1791 sur l'autel de la patrie, au Champ-de-Mars, afin de réclamer une nouvelle constitution. Le mot « république » n'y figure pas mais c'est implicite. Robespierre et les jacobins, qui avaient porté la veille une pétition plus modérée, ont refusé de signer celle de François Robert. Mais, tandis que plus de six mille personnes viennent apposer dans le calme leur signature au bas de sa pétition, l'Assemblée constituante exige que la municipalité de Paris rétablisse l'ordre par tous les moyens, ce qui va se solder par une fusillade sanglante entre la garde nationale et les pétitionnaires, au prix de cinquante morts[9].

Le soir même, le Club des cordeliers est fermé et des canons sont postés devant son entrée, tandis que la garde nationale reçoit les félicitations de l'Assemblée et de la municipalité de Paris pour son comportement lors de cette journée. Le lendemain, une vague d'arrestations touche les plus radicaux, tel Jacques René Hébert, le directeur du *Père Duchesne*, ainsi que tous les collaborateurs de *L'Ami du peuple* de Marat. Puis des poursuites sont engagées non seulement contre François Robert, mais aussi contre Danton et Robespierre, les grandes figures du mouvement révolutionnaire. Mais, le 14 septembre, sur proposition de Louis XVI, qui a besoin de calmer le jeu, l'Assemblée constituante vote une loi amnistiant aussi bien le roi, les pétitionnaires que les responsables de la répression.

Les deux grands perdants politiques du moment sont La Fayette et Bailly, le maire de Paris, qui ont fait tirer sur les pétitionnaires. Le premier démissionne de son commandement de la garde nationale, et le second, de toutes ses fonctions politiques. La conséquence majeure de cette « Saint-Barthélemy des patriotes » est une rupture décisive entre les défenseurs du roi et ceux qui veulent en finir avec la monarchie. Ainsi, alors même qu'est promulguée, le 14 septembre 1791, la première Constitution française, établissant une monarchie constitutionnelle et censitaire, le Paris révolutionnaire, les sections, les clubs préparent la mise à l'écart de Louis XVI. Pierre Vergniaud, brillant avocat bordelais, proche de Brissot et de Condorcet, porte un coup décisif au principe monarchique lors d'un magnifique discours prononcé dans les séances des 25 et 26 octobre 1791 à l'encontre des émigrés contre-révolutionnaires, et qui se termine par une injonction au souverain, soupçonné de complaisance à leur égard : « On parle de la douleur profonde dont sera pénétré le roi. Brutus immola des enfants criminels à la patrie. Le cœur de Louis XVI ne sera pas mis à une si rude épreuve ; mais il est digne du roi d'un peuple libre de se montrer assez grand pour acquérir la gloire de Brutus. […] Dans cette grande occasion, leur conduite lui dévoilera le fond de leur cœur, et s'il a le chagrin de n'y pas trouver les sentiments d'amour et d'obéissance qu'ils lui doivent, qu'ardent défenseur de la constitution et de la liberté il s'adresse au cœur des Français, il y trouvera de quoi se dédommager de ses pertes. » Ce discours, très acclamé, fait un tel effet sur l'assemblée législative qu'elle demande l'impression du discours et du décret proposé par Vergniaud, et que, dès le lendemain, elle le nomme à la présidence.

On retrouve ses talents d'orateur à l'occasion d'un nouveau grand discours de défense patriotique, le 3 juillet 1792, alors que la guerre fait rage. C'est le plus violent des réquisitoires contre Louis XVI, accusé de trahir la patrie en danger : « Ô roi ! qui, sans doute, avez cru […] que la vérité ne valait pas mieux que le mensonge, et qu'il fallait amuser les hommes par des serments, ainsi qu'on amuse les enfants avec des osselets, qui n'avez feint d'aimer les lois que pour parvenir à la puissance qui vous servirait à les braver ; la Constitution, que pour qu'elle ne vous précipitât pas du trône où vous aviez besoin de rester, pour la détruire ; la nation, que pour assurer le succès de vos perfidies, en lui inspirant de la confiance ; pensez-vous nous abuser aujourd'hui avec d'hypocrites protestations, nous donner le change sur la cause de nos malheurs, par l'artifice de vos excuses et l'audace de vos sophismes ? […] Non, non ; homme que la générosité des Français n'a pu émouvoir, homme que le seul amour du despotisme a pu rendre sensible, vous n'avez pas rempli le vœu de la Constitution ; elle est peut-être renversée, mais vous ne recueillerez point le fruit de votre parjure ; vous ne vous êtes point opposé par un acte formel aux victoires qui se remportaient en votre nom sur la liberté ; vous ne recueillerez point le fruit de ces indignes triomphes ; vous n'êtes plus rien pour cette Constitution que vous avez si indignement violée, pour ce peuple que vous avez si lâchement trahi. » Ce discours résonne comme un coup de grâce au règne de Louis XVI, quelques semaines avant que ne soit proclamée l'abolition de la royauté, le 21 septembre 1792.

L'heure de Danton

Lorsque les sans-culottes parisiens se soulèvent au son du tocsin, dans la nuit du 9 au 10 août 1792, se précipitant aux Tuileries pour s'emparer de la famille royale, c'est Georges Danton qui apparaît comme le chef de l'insurrection et celui qui va en recueillir tous les lauriers. Au soir du 10 août, les députés de l'Assemblée législative le récompensent en le nommant ministre de la Justice du Conseil exécutif provisoire de six membres, chargé de remplacer le roi. Il y siège aux côtés des « brissotins » Roland, Servan et Clavière, ainsi que du mathématicien Gaspard Monge et du patriote liégeois Pierre Lebrun, mais c'est lui qui en est la véritable incarnation. Il est celui qui représente le Paris des sections populaires, celui qui fait le lien avec la Commune insurrectionnelle, comme le souligne Condorcet : « Il fallait dans le ministère un homme qui eût la confiance de ce peuple dont les agitations venaient de renverser le trône [...] qui par son ascendant pût contenir les instruments très méprisables d'une révolution utile, glorieuse et nécessaire [...] qui par son talent pour la parole, par son esprit, par son caractère, n'avilît point le ministère. Danton seul avait ces qualités[10]. »

Sa trogne de brigand labourée de petite vérole, son torse de lutteur et sa parole bouillonnante font de lui le plus grand tribun depuis Mirabeau, disparu l'année précédente. Avocat aux conseils du roi depuis 1787 grâce à la dot de sa femme Antoinette, Danton était totalement inconnu à la veille de la Révolution. Mais il s'est vite fait un nom et une réputation à la tête des assemblées de son quartier et au Club des cordeliers, dont il est devenu le principal orateur. Ses harangues improvisées et son charisme tribunicien électrisent ses auditeurs, comme l'écrit Thibaudeau : « Je fus frappé de sa haute stature, de ses formes athlétiques, de l'irrégularité de ses traits labourés de petite vérole, de sa parole âpre, brusque, retentissante, de son geste dramatique, de la mobilité de sa physionomie, de son regard assuré et pénétrant, de l'énergie et de l'audace dont son attitude et tous ses mouvements étaient empreints... Il présidait la séance avec la décision, la prestesse et l'autorité d'un homme qui sent sa puissance[11]. »

Il est d'ailleurs le seul ministre à prendre la parole au lendemain de l'insurrection, en demandant que cessent « les vengeances populaires » et s'engageant « devant l'Assemblée nationale » à « protéger les hommes qui sont dans son enceinte ». À la fin du mois d'août, lorsque les Autrichiens passent la frontière et que les Prussiens s'emparent de Longwy, il monte à nouveau à la tribune « en ministre du peuple, en ministre révolutionnaire », appelant à « une grande convulsion nationale », exhortant les députés à mener « une guerre plus terrible » sur tous les fronts et à s'en prendre aux 30 000 « traîtres » qui complotent à Paris contre la patrie en danger. Comme l'écrit Levasseur, « cette voix de stentor retentissait au milieu de l'Assemblée comme le canon d'alarme qui appelle les soldats sur la brèche[12] ». À son appel, on se rue dans les prisons pour y égorger les prêtres réfractaires, les Suisses des Tuileries et même les femmes à la Salpêtrière. C'est ainsi que commence la première Terreur, par le verbe de Danton, terrible et sans pitié.

Où est alors Maximilien de Robespierre, l'ex-avocat d'Arras devenu l'une des figures de proue du camp des « démocrates » ? Lui qui s'est placé au cœur des événements révolutionnaires depuis sa première intervention à la tribune, le 18 mai 1789, avant même que le Tiers État ne se proclame Assemblée nationale. Lui qui n'a cessé d'y prendre la parole, des centaines de fois, défendant l'abolition de la peine de mort et de l'esclavage, le droit de vote des gens de couleur et des juifs ainsi que le suffrage universel masculin et l'égalité des droits. Lui qui a été avec Mirabeau l'un des premiers orateurs du Club breton à Versailles, puis du Club des jacobins, dont il est devenu la vedette. Lui, le procureur méthodique et implacable de la monarchie absolue, serait-il désormais éclipsé par le tribun Danton ?

Loin de là, car il parle lui aussi le 10 août aux Jacobins, où il demande la convocation d'une Convention nationale élue par tous les citoyens, ainsi que la création de sociétés populaires qui feront connaître la volonté du peuple à ses représentants. Le 15, à l'Assemblée, il prône la création d'un tribunal d'exception pour juger les traîtres, « ces hommes qui se sont couverts du masque du patriotisme pour tuer le patriotisme ». Le 17, aux Jacobins, il dénonce « le côté droit » de l'Assemblée, ceux qui n'entendent pas le « cri de la nation entière » et qui protègent La Fayette et ses amis « félons ». Lorsque commencent les opérations électorales pour désigner les députés de la future Convention nationale, le 5 septembre 1792, il est à la manœuvre à Paris. Comme le vote se fait à voix haute et en public, mieux vaut ne pas s'opposer à Robespierre, l'idole des sans-culottes, si l'on tient à la vie. Et il est d'ailleurs le premier choisi par les électeurs parisiens élus de la capitale, dès le 5 septembre, au premier tour de scrutin, par 338 voix sur 525, suivi le lendemain par Danton, élu à son tour avec 638 voix sur 700. Et c'est ainsi que les deux hommes, d'un côté le héraut patriote, de l'autre la voix des sans-culottes, l'élu de la plèbe, apparaissent désormais comme les deux figures de proue de la Révolution.

Les girondins à l'offensive

Le 21 septembre 1792, au lendemain de la bataille de Valmy, lorsque la Convention nationale nouvellement élue entre en république, ce ne sont pas les députés de la Montagne, Danton, Robespierre, Marat et leurs amis, ainsi désignés parce qu'ils siègent en haut de la salle des séances, qui sont majoritaires. Ce sont les girondins, Brissot, Vergniaud, Roland, Condorcet, qui dominent les débats, parce qu'ils sont soutenus par les députés de la Plaine, les indécis, les hésitants, le parti des « girouettes ». C'est néanmoins un député montagnard, l'ancien comédien et dramaturge Jean-Marie Collot d'Herbois, élu troisième député de Paris après Robespierre et Danton, qui propose le premier l'abolition de la royauté. Personne ne s'y oppose, tant on sait la déchéance de Louis XVI irréversible. Tout au plus Claude Basire, lui aussi député de la Montagne et ami de Danton, s'efforce-t-il de tempérer l'enthousiasme en recommandant une discussion préalable.

Mais l'abbé Grégoire, évêque constitutionnel de Blois, qui avait réclamé en avril 1791 le suffrage universel en compagnie de Robespierre, lève les réticences : « Qu'est-il besoin de discuter quand tout le monde est d'accord ? Les rois sont dans l'ordre moral ce que les monstres sont dans l'ordre physique. Les cours sont l'atelier du crime, le foyer de la corruption et la tanière des tyrans. L'histoire des rois est le martyrologe des nations ! » Il est appuyé par le girondin Jean-François Ducos, estimant que toute explication serait bien inutile « après les lumières répandues le 10 août ». La décision d'abolir la royauté est donc prise par acclamation à l'unanimité.

Dans cette même séance décisive du 21 septembre 1792, Danton monte à la tribune pour résilier ses fonctions de ministre de la Justice qui lui avaient été conférées par l'Assemblée législative, « au bruit du canon », s'exprimant désormais comme simple « mandataire du peuple », député de la Convention. Par ailleurs, il en appelle au calme et à la modération. « Abjurons ici toute exagération ! », lance-t-il à la cantonade, sous les applaudissements unanimes de l'assemblée[13]. Le 25 septembre, il intervient dans un débat houleux sur l'élection des juges, qui voit un député de province accuser Robespierre d'être le chef d'une « faction qui aspire à la dictature ». Sans citer ce dernier, Danton, reconnaissant les « exagérations » de Marat et quelques autres « excellents citoyens » de la députation de Paris, qui « ont pu être républicains par excès » au cours des journées de septembre, demande que cessent les polémiques entre la capitale et la province et que l'on reconnaisse la France comme « un tout indivisible » afin de ne pas opposer les sans-culottes parisiens au reste de la nation[14].

Dans une lettre « à ses commettants », datée de la même époque, François Robert essaie lui aussi d'apaiser les tensions, au nom de « l'esprit de liberté, d'égalité, de justice publique » et de « républicanisme » qui anime la Convention nationale, ayant proclamé « l'unité de la République française ». Il s'étonne de l'acharnement de la majorité des membres de la Convention « contre Paris et ses vingt-quatre députés montagnards ». S'il reconnaît « les actes arbitraires » commis par « le pouvoir révolutionnaire de la capitale », notamment par Marat, qui « est presque toujours exagéré » et qui « a souvent prêché l'insurrection sans mesure », il n'en déplore pas moins le danger mortel de « rendre Paris odieux au reste de la République » et de revenir aux divisions de l'Assemblée constituante, au détriment de l'unité nationale, essentielle à ses yeux. C'est pourquoi il appelle les sans-culottes parisiens à désigner des commissaires qui rédigeront une adresse destinée aux « quarante-quatre mille municipalités de la République » et à organiser « une grande fête civique » où seront invités « les députés de chaque district » afin de jurer, « sur l'autel de la patrie », un « contrat inviolable d'attachement, d'unité, de fraternité, d'égalité », une sorte de nouvelle fête de la Fédération, cette fois républicaine[15].

Mais alors que les montagnards comme Danton et Robert essaient de calmer le jeu avec les girondins, ces derniers refusent la main qu'ils leur tendent. Roland, qui fut son collègue au Conseil exécutif provisoire, attaque Danton sur sa gestion des fonds secrets au ministère de la Justice. Ce dernier se défend le 18 octobre en arguant de l'utilisation de ces fonds pour la défense patriotique. Robespierre est lui aussi l'objet des attaques virulentes des girondins. Louvet, député de la Somme, l'accuse le 29 octobre de « vouloir toujours parler, parler sans cesse, exclusivement parler [...] de son mérite, des perfections, des vertus sans nombre dont il est pourvu », se prenant « pour le peuple lui-même, ruse aussi grossière que coupable, ruse dont se sont servis les usurpateurs, depuis César jusqu'à Cromwell ».

Le 8 novembre 1792, c'est au tour de Condorcet de railler Robespierre dans son journal *La Chronique de Paris* : « On se demande quelquefois pourquoi tant de femmes à la suite de Robespierre, chez lui, à la tribune des Jacobins, aux cordeliers, à la Convention ? C'est que la Révolution française est une religion et que Robespierre y fait une secte : c'est un prêtre qui a des dévotes mais il est évident que toute sa puissance est en quenouille [...] il se dit l'ami des pauvres et des faibles, il se fait suivre par les femmes et les faibles d'esprit, il reçoit gravement leurs adorations et leurs hommages, il disparaît avant le danger et on ne voit que lui quand le danger est passé : Robespierre est un prêtre et ne sera jamais que cela. » Mais la découverte des documents de l'armoire de fer des Tuileries attestant de la trahison de Louis XVI, le 20 novembre 1792, va faire oublier ces polémiques. Le procès du roi devient en effet inévitable, et ce sont Robespierre et ses amis montagnards qui prennent alors l'ascendant sur la Convention.

La providence nationale contre l'appel au peuple

François Robert est l'un de ceux qui poussent avec le plus d'ardeur au procès. Il considère que la Constitution monarchique de 1791 qui proclamait l'inviolabilité du roi est désormais caduque, du fait que cet « acte constitutionnel » n'a jamais été « consenti par le peuple, puisqu'on ne le lui a jamais présenté ». En voulant s'affranchir des conditions qui le liaient à la nation française, Louis XVI a selon lui « déclaré la guerre à la nation » et donc la nation a le droit de le juger en tant que « prisonnier de guerre ». En revanche, il estime que « la nation » n'a pas « le droit d'assassiner » le roi captif, sauf si celui-ci, s'évadant de sa prison, se mettait à nouveau « en état de guerre[16] ».

Robespierre, au contraire, demande la mort du roi dès la séance parlementaire du 3 décembre 1792, par son discours « sur le parti à prendre à l'égard de Louis XVI ». La rhétorique en est implacable, car il commence par présenter le procès du roi, non pas comme « une sentence à rendre pour ou contre un homme », mais comme « une mesure de salut public à prendre, un acte de providence nationale à exercer ». Si l'on veut « cimenter la République naissante », il faut, dit-il, « graver profondément dans les cœurs le mépris de la royauté » et « frapper de stupeur tous les partisans du roi ». Il n'y a donc pas de discussion possible : « Louis a été détrôné par ses crimes ; Louis dénonçait le peuple français comme rebelle ; il a appelé, pour le châtier, les armes des tyrans, ses confrères ; la victoire et le peuple ont décidé que lui seul était rebelle : Louis ne peut donc être jugé ; il est déjà jugé. Il est condamné, ou la république n'est point absoute. » C'est pourquoi, conclut Robespierre, « Louis doit mourir parce qu'il faut que la patrie vive[17] ».

À la proposition des girondins, qui demandent que la décision de la Convention soit ratifiée par les assemblées primaires d'électeurs, le chef des montagnards oppose dans son discours du 28 décembre l'urgence de la situation. « Chaque instant de retard amène pour nous un nouveau danger ; tous les délais réveillent les espérances coupables, encouragent l'audace des ennemis de la liberté, nourrissent au sein de cette assemblée la sombre défiance, les soupçons cruels ; citoyens, c'est la voix de la patrie alarmée qui vous presse de hâter la décision qui doit la rassurer. [...] Je ne vois, moi, dans ce prétendu appel au peuple, qu'un appel de ce que le peuple a voulu, de ce que le peuple a fait, au moment où il déployait sa force, dans le seul temps où il exprimait sa propre volonté, c'est-à-dire dans le temps de l'insurrection du 10 août, à tous les ennemis secrets de l'égalité, dont la corruption et la lâcheté avaient nécessité l'insurrection elle-même. » Et Robespierre de conclure que « la minorité a partout un droit éternel, c'est celui de faire entendre la voix de la vérité ou de ce qu'elle regarde comme tel[18] ». Argumentaire paradoxal, qui s'appuie sur l'insurrection populaire des sans-culottes parisiens pour refuser le vote populaire de la nation proposé par les girondins.

Au nom de ces derniers, Vergniaud lui répond le 31 décembre par un discours d'une magistrale élévation, qui pose, au-delà du sort du monarque, la question même de l'appel au peuple en démocratie. Il s'appuie sur la « souveraineté du peuple », rappelant que « tout acte émané des représentants du peuple [c'est-à-dire de la Convention] est un acte de tyrannie, une usurpation de la souveraineté, s'il n'est pas soumis ou à la ratification formelle, ou à la ratification tacite du peuple ». Ainsi, conclut-il, « le jugement que vous rendrez sur Louis doit être soumis à l'une de ces deux ratifications ». Il demande donc que soit organisée une consultation des électeurs, réunis dans ce que la Constitution de 1791 a dénommé les « assemblées primaires », afin de ratifier le choix des députés. « S'il est vrai, ajoute-t-il, que Louis ne peut se prévaloir de l'inviolabilité qui lui a été promise [par la Constitution] contre le peuple qu'il a trahi, il n'est pas moins certain que le peuple seul peut punir

Louis sans avoir égard à l'inviolabilité dont lui-même l'avait investi. »

À ceux qui, à l'instar de Robespierre, objectent « qu'il y aurait des difficultés insurmontables » à organiser un tel référendum, « que ce serait arracher les laboureurs à leurs charrues ; les ouvriers, à leurs ateliers, que ce serait fatiguer les citoyens », il répond qu'il s'agira tout simplement de « la confirmation ou du changement de la peine prononcée par le jugement ». À ceux qui prétendent qu'une telle consultation serait source « de discordes, d'intrigues, de guerre civile », il répond au contraire par « l'amour de tous les Français pour la patrie, par leur dévouement à la cause de la liberté, par leur fidélité inébranlable à la loi », qu'« il n'en est pas un seul qui se permette de murmurer contre le résultat proclamé ». Il interpelle les montagnards : « À votre avis, la souveraineté des peuples est donc une calamité pour le genre humain ? » Et, s'adressant à Robespierre, qu'il soupçonne d'utiliser le procès du roi afin de parvenir au pouvoir, il s'exclame : « Je vous entends ! Vous voulez régner. »

Mais cette proposition d'en appeler au peuple est ressentie par bon nombre de députés comme une contestation de leur légitimité. Robespierre écrit aux chefs des girondins, Brissot, Vergniaud, Gensonné, une longue lettre, les traitant de « fripons » qui ne songent qu'à « enlever le tyran à la sévérité des lois, étouffer la république dans son berceau ». Il les accuse de « parodier la souveraineté du peuple en la poussant aux derniers excès de la démocratie absolue, telle qu'elle n'exista jamais chez aucun peuple, pas même à Sparte ni à Athènes ». Selon lui, si les girondins sont « si ingénieux à trouver des moyens d'appel ou de révision », en multipliant les « exceptions déclinatoires, dilatoires, péremptoires ou rescisoires », c'est qu'ils sont hostiles au jugement de la Convention. C'est donc qu'ils sont des « ennemis de la liberté » et qu'ils n'aiment pas la république[19].

Ses arguments font mouche auprès de nombreux députés indécis, qui soupçonnent les girondins de vouloir s'appuyer sur les assemblées primaires de province pour s'opposer à la révolution parisienne. La plupart des députés de la Plaine rejoignent alors les positions extrêmes des montagnards. Le 15 janvier 1793, à l'issue des débats, ils sont 642 sur 718 présents à voter oui à la première question : « Louis Capet est-il coupable de conspiration contre la liberté publique et d'attentats contre la sûreté générale de l'État ? » Ils ne sont que 286 à approuver la proposition de Vergniaud de soumettre le jugement de la Convention nationale à la ratification du peuple, tandis qu'une majorité de 423 la rejettent. Le 19 janvier, après de nouvelles discussions enflammées, ils sont 380 contre 310 à voter l'exécution immédiate, réclamée par Robespierre. Condorcet s'est distingué dans le débat en proposant l'abolition de la peine de mort, ainsi que des lois sur l'adoption et l'extinction de la mendicité. « Ne voulant pas faire tomber ma tête avec la sienne, je serai parmi ceux qui le condamneront », aurait alors confié Danton à Théodore de Lameth[20] : Quant à François Robert, il est lui aussi l'un de ces députés régicides, au nom de la République.

La première Constitution républicaine

Quelle république ? C'est une longue histoire qu'il ne nous appartient pas de raconter ici. Rappelons simplement que les girondins Vergniaud, Brissot, Condorcet, Gensonné, Pétion et l'Américain Thomas Paine sont majoritaires au sein de la commission législative chargée de proposer la nouvelle Déclaration des droits qui sera le prélude à la première Constitution républicaine. Leur projet, rapporté par Condorcet devant la Convention, le 15 février 1793, se distingue de la déclaration de 1789 par l'adjonction des droits sociaux tels que l'instruction et les secours publics, de même que le droit de résistance à l'oppression. Leur proposition de Constitution, qui ne comporte pas moins de quatre cents articles, instaure un droit de suffrage très large, incluant les domestiques, au scrutin direct. Une grande nouveauté tient également au fait que les ministres eux-mêmes sont soumis au renouvellement par l'élection populaire, le Conseil exécutif étant subordonné à l'Assemblée législative. Celle-ci est étroitement contrôlée par le peuple, qui élit le Conseil exécutif et peut voter sur toute loi constitutionnelle ou abroger une loi existante.

Mais ce projet est combattu par Robespierre et Saint-Just, ce dernier s'opposant notamment à l'élection du Conseil des ministres par le peuple, dans laquelle il voit un risque d'autonomie de l'exécutif. Dans son discours du 10 avril 1793, Robespierre mène l'offensive contre les girondins, ceux qu'il appelle « les dominateurs », « maîtres du gouvernement et de toutes les places », accusés d'avoir tout fait pour « étouffer » la république « dans sa naissance » et d'avoir tramé, avec l'aide du général Dumouriez, passé quelques jours plus tôt à l'ennemi, une « conspiration contre notre liberté ». C'est pourquoi il demande que Brissot, Vergniaud, Gensonné et Guadet soient traduits devant le tribunal révolutionnaire comme complices du traître Dumouriez[21]. Mais c'est au contraire Marat qui est décrété d'accusation trois jours plus tard par la Convention, sur l'initiative des girondins, qui restent très influents.

Robespierre contre-attaque alors le 24 avril, profitant de l'acquittement de « l'ami du peuple » et de la grande manifestation des sans-culottes qui l'accompagne. Il propose une nouvelle Déclaration des droits qui ajoute à celle de 1789 l'obligation pour la société « de pourvoir à la subsistance de tous ses membres » (article XI), « les secours nécessaires à l'indigence » (article XII), mais aussi « la souveraineté du peuple », le gouvernement étant « son ouvrage » et les « fonctionnaires publics », ses « commis » (article XV), ainsi que le droit à l'insurrection « quand le gouvernement opprime le peuple » (article XXIV)[22]. Le 8 mai, au Club des jacobins, il appelle le « peuple immense des sans-culottes bien pur, bien vigoureux » à se débarrasser de « la partie gangrenée de la Convention », c'est-à-dire les girondins. « Celui qui n'est pas pour le peuple est contre lui, celui qui a des culottes dorées est l'ennemi de tous les sans-culottes », s'exclame-t-il. Deux jours plus tard, à la Convention, il oppose le peuple à ses représentants « corruptibles », préconisant dans la nouvelle Constitution un contrôle étroit des citoyens sur leurs mandants, révocables à tout moment, et la construction d'un bâtiment capable d'accueillir 12 000 personnes pour assister aux débats de l'assemblée[23].

Les journées d'émeutes organisées par la Commune de Paris, du 31 mai au 2 juin 1793, font véritablement basculer la situation en faveur de Robespierre. Sous la menace des canons pointés sur elle, la Convention vote l'expulsion de 29 députés girondins et de deux ministres, Lebrun et Clavière. Si Robespierre n'a pas pris part au coup de force qui a conduit à leur élimination, cela lui permet néanmoins de renforcer son emprise sur la Convention et sur le Comité de salut public, créé le 6 avril pour exercer le véritable pouvoir exécutif. Jusqu'alors dominé par Danton, qui s'est réservé la conduite des affaires étrangères, ce comité de neuf membres, plus ou moins neutres, s'élargit aux proches de Robespierre, Saint-Just, Couthon et Jeanbon Saint-André, ainsi qu'au dantoniste Hérault de Séchelles. Le projet constitutionnel des girondins est désormais abandonné, et c'est celui des montagnards qui s'impose.

Ainsi est présenté le 10 juin à la Convention le texte de la première Constitution républicaine de notre histoire, précédée d'une nouvelle Déclaration des droits de l'homme et du citoyen. Celle-ci consacre la souveraineté populaire, le droit à l'insurrection « quand le gouvernement viole les droits du peuple », reprenant mot pour mot la proposition de Robespierre, le devoir de résistance à l'oppression, ainsi que la mutabilité de la Constitution par la volonté populaire : « Une génération ne peut assujettir à ses lois les générations futures. » Par ailleurs, cette Constitution dite « de l'an I » institue un régime d'assemblée, le pouvoir étant concentré entre les mains d'une seule Assemblée renouvelable tous les ans au suffrage universel direct. Un Conseil exécutif de 24 membres est chargé d'exécuter les lois et décrets de cette Assemblée toute-puissante. Celle-ci est élue par les citoyens domiciliés depuis six mois au moins dans chaque canton et répartis dans des assemblées primaires. Les projets de loi de l'Assemblée nationale sont envoyés à toutes les communes de la République, sous le titre « Loi proposée », et si, dans les quarante jours, dans la moitié des départements plus un, le dixième des assemblées primaires n'a pas émis de réclamation, alors seulement le projet devient « Loi de la République ».

Ce projet avant-gardiste, qui associe démocratie représentative et démocratie directe, est adopté le 24 juin 1793 par la Convention, qui décide de le soumettre à un vote populaire de ratification. Au terme d'un processus électoral qui court tout au long du mois de juillet 1793, un peu plus du quart de l'électorat masculin s'est déplacé, soit beaucoup plus que pour tous les autres scrutins de la décennie révolutionnaire, et c'est un raz-de-marée pour l'approbation avec 1 801 918 oui contre seulement 11 610 refus. Mais, si elle est promulguée le 4 août 1793, cette première Constitution républicaine est suspendue dès le 10 octobre suivant et ne sera jamais appliquée. C'est la fin du processus démocratique.

La Terreur au nom de la République

À l'automne 1793, Robespierre exerce déjà une dictature de fait depuis le Comité de salut public où il s'est fait élire en juillet. Lorsque les sans-culottes parisiens viennent défiler devant la Convention, le 5 septembre, réclamant des mesures exceptionnelles contre les ennemis de la République, le chef des montagnards les accueille avec enthousiasme : « Les ennemis du peuple, dit-il, provoquent depuis longtemps sa vengeance. Le peuple est debout, ses ennemis périront. » Quant à Danton, il surenchérit afin de ne pas se couper des Parisiens : « Il faut que le Tribunal révolutionnaire soit divisé en un assez grand nombre de sections [...] pour que tous les jours un aristocrate, un scélérat, paie de sa tête ses forfaits. » Mais il s'exclut lui-même du Comité de salut public en juillet et s'écarte même de la scène politique à la mi-septembre, laissant le pouvoir à Robespierre, obligé de transiger avec les « enragés ». La défense de la République se confond désormais avec la chasse aux ennemis de l'intérieur, c'est-à-dire avec la Terreur.

La plus explicite justification de cette épuration est proposée par Robespierre dans son rapport au nom du Comité de salut public, fait à la Convention le 25 décembre 1793, sur les « principes du gouvernement révolutionnaire ». Il l'oppose au gouvernement constitutionnel, dont le but est de « conserver la République », tandis que le gouvernement révolutionnaire a pour objectif « de la fonder ». C'est pourquoi « le gouvernement révolutionnaire a besoin d'une activité extraordinaire, précisément parce qu'il est en guerre » contre les « ennemis de la liberté ». S'il « doit aux bons citoyens toute la protection nationale, il ne doit aux ennemis du peuple que la mort ». Il considère, au nom du Comité de salut public, que « la loi n'est point assez prompte pour punir les grands coupables », car « la punition de cent coupables obscurs est moins utile à la liberté que le supplice d'un chef de conspiration ». Il s'agit donc de frapper à la tête, et de frapper fort[24].

Les premières victimes de la « punition » révolutionnaire sont les girondins, Brissot, Vergniaud, Gensonné et 18 autres députés, exécutés le 31 octobre 1793 au terme d'un simulacre de procès. On les soupçonne d'avoir formé « une conspiration contre l'unité et l'indivisibilité de la République, contre la liberté et la sûreté du peuple français », selon l'acte d'accusation. « Que voulez-vous que viennent faire les arguments de la saine logique et de la vérité dans un procès où nous n'avons à repousser qu'une œuvre de folie furieuse ? », proteste Vergniaud. C'est son ultime et vain plaidoyer avant de monter sur l'échafaud. À chaque couperet de la guillotine, les survivants s'écrient « Vive la République[25] ! ». Mais, cruel paradoxe, c'est au nom de la défense républicaine qu'ils sont exécutés.

« Il est temps d'apprendre aux imbéciles qui l'ignorent, ou aux pervers qui feignent d'en douter, que la République française existe », s'exclame Robespierre le 17 novembre 1793, dans son rapport au nom du Comité de salut public « sur la situation de la République[26] ». Aux Jacobins, le 28 novembre, dans son discours « sur les partis qui agitent la France », il dénonce le « complot » fomenté par « les agents détestables des cours étrangères », « ces misérables qui sèment au milieu de nous la division, l'imposture, la calomnie, la corruption, qui cherchent à immoler les fondateurs de la République et les représentants du peuple français aux vils tyrans qui les soudoient[27] ». Dans son rapport du 7 février 1794 sur « les principes de morale politique qui doivent guider la Convention », il justifie la Terreur comme une nécessité de la vertu révolutionnaire : « Si le ressort du gouvernement populaire dans la paix est la vertu, le ressort du gouvernement populaire en révolution est à la fois la vertu et la terreur : la vertu, sans laquelle la terreur est funeste ; la terreur, sans laquelle la vertu est impuissante. La terreur n'est autre chose que la justice prompte, sévère, inflexible ; elle est donc une émanation de la vertu : elle est moins un principe particulier qu'une conséquence du principe général de la démocratie appliqué aux plus pressants besoins de la patrie[28]. »

Le 7 janvier 1794, il s'en prend au « pernicieux modérantisme » de Camille Desmoulins, proche de Danton, qui a eu le tort de lancer des appels à la clémence dans son nouveau journal *Le Vieux Cordelier*[29]. Ils monteront tous deux sur l'échafaud le 5 avril 1794, au terme d'un procès expéditif et sur la base d'un rapport d'accusation rédigé par Saint-Just à partir des notes de Robespierre. Ce dernier, répondant le 31 mars au député Legendre qui demandait que Danton puisse venir s'expliquer à la tribune de la Convention, s'est exclamé : « Legendre a parlé de Danton, parce qu'il croit sans doute qu'à ce nom est attaché un privilège. Non, nous ne voulons point de privilèges ! Nous ne voulons pas d'idoles ! Nous verrons dans ce jour si la Convention saura briser une prétendue idole, pourrie depuis longtemps, ou si dans sa chute elle écrasera la Convention et le peuple français ! » Passant en charrette devant la maison de Robespierre, Danton se serait écrié : « Robespierre, tu me suis ! Ta maison sera rasée ! On y sèmera du sel ! » Et de fait, l'Incorruptible sera l'autre « idole » emportée dans les flots sanguinaires de la Terreur, trois mois plus tard, le 28 juillet 1794, 10 thermidor an II. Quant à François Robert, destitué de sa fonction parlementaire à la suite d'accusations d'accaparement, il sera envoyé à Liège par la Convention nationale entre avril et juin 1795 afin de rétablir l'ordre dans la ville et n'exercera plus de fonction importante en France à partir de ce moment. Il ne verra pas s'abîmer la République dont il avait rêvé.

CHAPITRE 2

Alexandre Ledru-Rollin, face à la monarchie

Dans l'après-midi du 24 février 1848, la Chambre des députés de la monarchie de Juillet est en effervescence. Depuis deux jours, Paris est insurgé contre le roi Louis-Philippe et son ministre Guizot, qui a interdit un banquet prévu par ses opposants pour le 19 février. Cette interdiction a mis le feu aux poudres d'une révolte qui gronde depuis plusieurs mois, sur fond de crise économique et sociale issue des mauvaises récoltes de 1845 et 1846. L'émeute de Buzançais, dans le Berry, le 13 janvier 1847, a retenti comme le prélude d'un mouvement de colère qui agite toute la société, depuis les campagnes les plus reculées jusqu'à la capitale. « Est-ce que vous ne ressentez pas, par une sorte d'intuition instinctive qui ne peut pas s'analyser, mais qui est certaine, que le sol tremble de nouveau en Europe ? Est-ce que vous ne sentez pas… que dirais-je ? … un vent de révolution qui est dans l'air ? », a prévenu Alexis de Tocqueville, député de la Manche, le 27 janvier 1848[1].

Pour protester contre l'interdiction du banquet, plus de trois mille manifestants, étudiants et ouvriers confondus, sont venus manifester au matin du 22 février aux cris de « Vive la Réforme ! À bas Guizot ! ». Louis-Philippe a cru rétablir l'ordre en concédant la démission de son ministre dans l'après-midi du 23, mais le soir même la fusillade du boulevard des Capucines, qui a fait des dizaines de victimes, a relancé l'insurrection. Sans gouvernement, incapable de maîtriser la situation, menacé par l'invasion de son palais des Tuileries, le roi s'est résolu à abdiquer le 24 vers midi, confiant la régence à sa belle-fille, la duchesse d'Orléans, dont le mari, héritier présomptif du trône, est mort en 1842. Tandis que Louis-Philippe prenait le chemin de l'exil, la duchesse est venue se réfugier à la Chambre, tenant ses deux enfants par la main. Elle venait défendre les droits à la couronne de son aîné, le comte de Paris, une hypothèse que plusieurs députés ont soutenu à la tribune, tels André Dupin et Odilon Barrot. Mais une foule d'hommes armés, gardes nationaux, étudiants, ouvriers, ont pénétré dans l'hémicycle aux cris de « La déchéance ! la déchéance ! ». Au milieu de la confusion, beaucoup de députés de la majorité ont quitté la salle. Marie, député de l'opposition dynastique, est le premier à proposer la formation d'un gouvernement provisoire, mais l'assemblée hésite encore. C'est alors qu'Alexandre Ledru-Rollin, chef incontesté de l'opposition républicaine, monte à la tribune et que tout va basculer.

« Au nom du peuple que vous représentez, je vous demande le silence », commence le député de la Sarthe, et une voix venue de la foule lui répond : « Au nom de M. Ledru-Rollin, silence ! » C'est que l'homme qui vient de monter à la tribune a gagné depuis longtemps, par son éloquence comme par son courage, le droit de parler au nom du peuple et d'être écouté. Avocat au barreau de Paris depuis 1830, il s'est affirmé comme le premier opposant à Louis-Philippe.

L'avocat des journaux républicains

Ledru-Rollin, né Ledru* le 2 février 1808, s'est fait un nom dès l'âge de 24 ans en rédigeant une consultation prouvant l'illégalité de l'état de siège instauré par le gouvernement Casimir Perier, le 6 juin 1832**. Cette mesure radicale faisait suite à l'insurrection parisienne déclenchée la veille à l'occasion des obsèques du général Lamarque, figure du parti républicain, et durement réprimée au prix de plusieurs centaines de morts. Afin que les jurys d'assises ne puissent prononcer des acquittements pour les dizaines de meneurs républicains en état d'arrestation, la déclaration de l'état de siège permettait de les traduire devant le conseil de guerre, beaucoup plus sévère. Mais la consultation rédigée par le jeune avocat protestataire a trouvé un écho auprès de la Cour de cassation, qui, dans un arrêt du 29 juin 1832, a annulé le jugement de condamnation à mort prononcé par le conseil de guerre et renvoyé les poursuites devant les juridictions de droit commun. Le jour même, Louis-Philippe abrogeait l'ordonnance d'état de siège.

Le jeune ténor du barreau s'est à nouveau distingué après le terrible massacre de la rue Transnonain, qui avait vu douze habitants du même immeuble massacrés par les soldats à la suite d'un coup de feu malencontreux parti d'une fenêtre, le 14 avril 1834. À la demande de son client Charles Breffort, qui avait perdu son frère et son neveu dans ce massacre, il a publié

* Rollin est le nom de jeune fille de sa grand-mère maternelle. Il l'a ajouté afin de n'être pas confondu avec un autre avocat très connu à l'époque, Charles Ledru.

** Cette consultation, datée du 9 juin 1832 et reproduite le lendemain dans la *Gazette des tribunaux*, obtint l'adhésion des notabilités du barreau de Paris : Mauguin, bâtonnier de l'ordre, Paillet, Marie, Paillard de Villeneuve, Coffinière, Benoit, Stourm, etc.

trois mois plus tard un Mémoire, vendu à plus de quarante mille exemplaires en quelques jours, qui était un véritable réquisitoire contre le gouvernement Guizot. Sur la foi des multiples témoignages recueillis par le jeune avocat, il démontrait que la version officielle de cet événement tragique était tronquée et il en concluait que le pouvoir, « en faisant indistinctement et sans aucune formalité égorger des citoyens paisibles », avait « attenté à la constitution[2] ». En décembre 1835, il a été l'avocat, devant la Chambre des pairs, réunie en Haute Cour de justice, du révolutionnaire Marc Caussidière, l'un des meneurs de la deuxième révolte des canuts lyonnais en avril 1834. Par la suite, il est devenu le défenseur attitré des journalistes républicains poursuivis par Louis-Philippe.

Ses grandes capacités d'éloquence l'ont naturellement poussé dès 1839 dans la vie politique, sous les couleurs du Comité central de l'opposition démocratique. Candidat malheureux aux élections générales de 1839 dans la circonscription de Saint-Valery-en-Caux, en Seine-Inférieure, il a pris sa revanche lors de l'élection partielle du Mans, le 24 juillet 1841, étant plébiscité par le collègue électoral avec 123 voix sur 127, en remplacement d'Étienne Garnier-Pagès qui venait de mourir. L'abbé Sieyès, le marquis de La Fayette, Benjamin Constant, ainsi que le juriste Cormenin, l'ont précédé dans cette circonscription de la Sarthe, réputée pour ses idées avancées.

Le fer de lance de la réforme

Devant le collège qui l'a élu, Ledru-Rollin prononce un discours retentissant, appelant à une réforme électorale « radicale », qui fasse que « tout citoyen soit électeur », c'est-à-dire au suffrage universel masculin. Ce sera son leitmotiv jusqu'à 1848. Mais il ajoute que cette « régénération politique » par le suffrage ne peut être à ses yeux « qu'un acheminement et un moyen d'arriver à de justes améliorations sociales ». C'est par « cette tendance fraternelle et sympathique » qu'il entend distinguer son « parti démocratique » des autres partis éclos de la révolution de Juillet, pour qui « le peuple n'est qu'un mot, le comparse de la pompe théâtrale, l'esclavage antique escortant le char du triomphateur ». C'est donc au nom du peuple qu'il propose « la plus capitale des réformes », « la révision de l'impôt » qui « écrase surtout les classes pauvres », l'abolition du remplacement au service militaire qui « crée au profit des riches un odieux privilège », ainsi qu'une « autre question d'une plus haute gravité encore, d'où dépend l'avenir des sociétés modernes », la hausse des salaires ouvriers.

Cette profession de foi, reproduite dans le *Courrier de la Sarthe*, lui ayant valu un procès pour « attaque contre le principe et la forme du gouvernement », il se défend devant la Cour de cassation, le 8 octobre 1841, au nom de « cette idée généreuse », « la démocratie » qu'il veut faire entrer « à la Chambre non plus visière baissée, dissimulant son écu et sa devise, mais en conquérante ». Devant la cour d'assises du Maine-et-Loire, le 25 novembre suivant, il prône une « réforme radicale », seule à même « d'empêcher une révolution ». *La Réforme :* c'est justement le titre du quotidien qu'il lance le 29 juillet 1843 avec Ferdinand Flocon et Eugène Baune comme directeurs de la publication et Godefroy Cavaignac comme rédacteur en chef, afin de rassembler « tous les amis de la souveraineté du peuple [...] dans une voie qui a la réforme électorale pour point de départ, et pour but, le suffrage universel[3] », ainsi que « l'abolition du cens d'éligibilité » et l'octroi d'une « indemnité aux députés[4] », au nom « des principes de souveraineté nationale, de liberté et d'égalité, consacrés par les deux révolutions de 1789 et de 1830[5] ».

Ce journal au tirage restreint, jamais plus de deux mille exemplaires, compte néanmoins parmi ses collaborateurs les meilleures plumes de l'opposition radicale, tels Étienne Arago, Félicité de Lamennais, Victor Schœlcher, Edgar Quinet, ainsi que des socialistes tels Louis Blanc, Pierre Leroux, Pierre-Joseph Proudhon et même Karl Marx. La ligne éditoriale, inspirée par Ledru-Rollin, est celle de l'héritage libéral et égalitaire de 1789, vers le suffrage universel et la réforme sociale, affirmant notamment « le droit au travail ». Il le souligne d'ailleurs dans son manifeste aux travailleurs, publié dans l'édition du 2 novembre 1844 : « *La Réforme*, la *Revue indépendante*[6] seront, dans la presse périodique, l'appui des principes que nous défendrons à la tribune, et qui, nous osons l'espérer, obtiendront le concours nécessaire de tous les journaux démocratiques en France[7]. »

C'est donc sur cette ligne que le nouveau député de la Sarthe ne tarde pas à s'imposer comme le principal orateur de l'opposition républicaine à la Chambre. Dès sa première intervention à la tribune, le 10 mars 1842, il dénonce l'utilisation des « fonds secrets » demandés par le gouvernement dominé par Guizot, ministre des Affaires étrangères, la « censure brutale, inintelligente » imposée à la presse et aux imprimeurs, concluant par cette formule assassine : « Vous n'êtes point un ministère de conservation, vous êtes un ministère de contre-révolution[8]. » Le 27 mai suivant, il s'inquiète du coût des fortifications érigées à Vincennes, en s'élevant « énergiquement contre ce redoutable progrès d'embastillement[9] ». Le 18 août, il combat le projet d'établissement d'une régence pour consolider la monarchie de Juillet, protestant, « au nom du peuple », contre ce qui n'est à ses yeux « qu'une téméraire usurpation[10] ». Et ainsi de suite, tout au long de ses trois mandats de député de la Sarthe, car il sera réélu lors des élections législatives du 9 juillet 1842 puis du 1er août 1846. Prenant la parole dans la discussion de l'adresse au roi du 10 janvier 1846, il dresse un bilan catastrophique de la politique de Guizot, en marche « vers la banqueroute à pas précipités », incapable de donner du travail aux 158 000 pauvres assistés à Paris et par ailleurs entachée de « fraudes scandaleuses et d'énormités électorales[11] ». Dans la séance du 1er juin 1846, il s'attaque à « la corruption entretenue par le pouvoir dans l'administration et la magistrature », « la corruption des députés et des électeurs, l'intimidation des fonctionnaires[12] ».

Dans celle du 26 avril 1847, il défend à la tribune la pétition lancée par Victor Schœlcher en faveur de l'abolition de l'esclavage dans les colonies, « le plus tôt possible », dénonçant les « prêtres des colonies » qui « possèdent des esclaves, les font battre, châtier publiquement ». En bon avocat, il donne des exemples de maltraitance insupportable, tel celui de « cette vieille mère attachée par les quatre membres, nue » pour recevoir « dix-neuf coups de fouet » et dont le « sang rejaillit sur son fils, sur son propre fils, qu'on a contraint à tenir les mains de sa mère pendant ce supplice ». Il parle de cette autre femme fouettée elle aussi, « seize jours après ses couches et rentrant mourante à l'habitation ». Il décrit enfin une « femme enceinte de cinq mois », placée « en croix sur une échelle », « un billot de bois gros et court sous le ventre, pour que son corps ainsi repoussé en arrière et rendu saillant reçoive plus sûrement les coups terribles qui lui sont assenés », provoquant « l'avortement » de cette « malheureuse ». C'est l'une des plaidoiries les plus émouvantes de l'avocat Ledru-Rollin.

Le tribun des banquets

Fort de ses talents d'orateur, il va ensuite s'affirmer comme l'un des tribuns les plus ardents de la campagne des banquets lancée en juillet 1847 et qui va provoquer la chute de Louis-Philippe. Contournant la loi qui interdit les réunions politiques, les opposants au régime multiplient pendant quelques mois ces rassemblements qui, sous des apparences festives, sont un moyen de porter des revendications politiques. C'est le libraire Laurent-Antoine Pagnerre, secrétaire de l'association pour la liberté de la presse et animateur du comité des électeurs républicains de la Seine, qui a sollicité les directeurs des journaux d'opposition pour les organiser. Le premier a lieu le 10 juillet 1847 à Paris, salle du Château-Rouge, réunissant mille deux cents convives autour du chef de l'opposition dynastique, le libéral Odilon Barrot. Par la suite, soixante-dix autres banquets sont organisés, rassemblant au total plus de dix-sept mille personnes, non seulement dans la capitale mais dans des villes moyennes comme Orléans, Arras, Rouen, Dijon, mais aussi dans de plus petites localités généralement calmes, comme Compiègne ou Saint-Germain-en-Laye.

Ils peuvent durer toute une journée, au cours de laquelle des centaines de toasts sont portés, comme autant de revendications politiques. C'est la raison pour laquelle les républicains comme Ledru-Rollin, au départ discrets, se sont peu à peu imposés dans ces manifestations. Et c'est donc au banquet de Lille, le 7 novembre 1847, que Ledru-Rollin intervient pour la première fois, portant un toast « à l'amélioration du sort des classes laborieuses et aux travailleurs », prélude à un discours très offensif. Il y déploie toute son éloquence tribunicienne, nourrie par l'expérience du barreau, colorée d'images fortes, de paradoxes et d'interpellations enflammées : « Barbares !, s'exclame-t-il. Ils ont jeté ce mot au peuple comme la plus outrageante des injures. Ah, si barbares signifie toujours hommes pleins de naïveté, de sève, d'énergie communicative et rajeunissante, ces barbares seuls peuvent sauver votre vieux monde officiel qui se dissout dans l'impuissance et la corruption ! »

Décrivant les « enfants rachitiques, les jeunes filles fanées, les hommes affaiblis, brisés sous le fardeau de leurs travaux prématurés », il s'émerveille que « de ces populations physiquement déchues, ce qui aura pu échapper à l'énervation, à la maladie, ce qui aura pu pousser jusqu'à la taille légale, ira bravement, pour défendre le pays, se faire tuer sous les drapeaux ». Rejetant les « demi-mesures » de l'opposition libérale, qui se borne à demander un abaissement du cens électoral, il exige une « réforme complète, radicale », c'est-à-dire le suffrage universel. Invoquant « l'immortel symbole » de la devise de 1789, il réclame sous les bravos de plus en plus répétés « la Liberté pour tous, liberté de conscience, liberté de l'association », « l'Égalité pour tous aussi, égalité dans la loi civile, égalité dans la loi politique, égalité dans l'éducation », « la Fraternité enfin, source inépuisable d'où découleront de grandes institutions de crédit, d'association, de solidarité », afin que « le travail ne soit plus seulement un droit » mais un « devoir » et « qu'il n'y ait plus de revenus que par le travail et pour le travail[13] ». C'est le programme de la République radicale dont il est devenu l'orateur incontesté.

Au banquet de Dijon, le 21 novembre suivant, son toast porte sur « la souveraineté du peuple », donc il a concentré son propos sur le suffrage universel, « un principe à la fois sain et pacificateur pour la société ». Répondant à ceux qu'il appelle les « petits réformistes », les libéraux de l'opposition dynastique, qui l'accusent d'être un « ultraradical », il répond que, s'ils entendent « par ce mot le parti qui veut faire entrer des abstractions philosophiques dans la réalité de la vie, le grand symbole de la liberté, de l'égalité et de la fraternité, sans se laisser annuler par les vieillis ou les corrompus, oh oui, nous tous qui sommes ici, sommes des ultraradicaux[14] ».

À Chalon-sur-Saône, le 19 décembre, il développe la même thématique de la réforme électorale, devenue le cheval de bataille de la campagne des banquets. Prônant l'union de tous les démocrates, « véritables enfants de la Révolution française », il la revendique « dans son indivisibilité », associant dans un commun héritage « l'Assemblée nationale, qui a brisé la tyrannie cléricale et nobiliaire », « la Législative, qui a combattu vaillamment pour la défense du peuple, précipité du trône la monarchie parjure » et « la Convention, qui non seulement a sauvé le pays dans cet héroïque et gigantesque élan qu'on appelle la levée en masse, mais qui a doté la France et le monde des plus grandes, des plus vitales institutions[15] ! ». Il se veut néanmoins rassurant pour les hésitants et les indécis : « Aujourd'hui plus de Terreur à redouter », car « il ne reste plus que deux forces véritables, le peuple et la bourgeoisie, et que le peuple et la bourgeoisie, dans ces patriotiques réunions, ne semblent plus animés que de la même idée : réaliser les grands principes de notre Révolution[16] ».

Dans son discours du 9 février 1848, confronté aux tracasseries administratives du régime à l'encontre des banquets, il défend le droit de réunion comme « étant de droit naturel », s'abritant derrière un texte solennel, fondamental, qui en protège la liberté et en considère l'usage comme un devoir pour le citoyen, à savoir « la Constitution de 1791 ». Il l'oppose à la charte de 1830, « qui n'est point un monument complet, équilibré, harmonieux, une table de tous les droits de la nation » et « ne sera toujours que le drapeau blanc troué, dépecé par les balles de Juillet[17] ». En conclusion de ce discours de résistance, il avertit le gouvernement Guizot : « Prenez-y garde ! Oui, le droit est pour nous, et vous ne pouvez le violer sans attirer sur votre tête la plus lourde des responsabilités. Tous, nous irons jusqu'au bout, et si nous sommes brisés dans la lutte, aux mêmes moyens d'oppression, il faut opposer les mêmes armes[18]. » Et, de fait, la réaction populaire à l'interdiction par le préfet de police du banquet prévu à Paris le 19 février va au-delà de ses espérances. Afin d'éviter que les libéraux ne profitent une nouvelle fois de la révolte parisienne du 22 février, Ledru-Rollin et ses amis radicaux doivent s'appuyer sur la foule pour imposer la République. Son intervention dans la séance tumultueuse du 24 février est donc décisive pour écarter l'idée d'une régence et obtenir un régime républicain.

Le porte-parole des révoltés

C'est « au nom du peuple partout en armes, maître de Paris quoi qu'on fasse », que Ledru-Rollin refuse la régence de la duchesse d'Orléans, cette « espèce de gouvernement qu'on est venu proposer à cette tribune ». Il y voit « un expédient qui n'a pas de racines dans le pays. Au nom du droit, du droit que dans les révolutions mêmes, il faut savoir respecter, car on n'est fort que par le droit, je proteste, au nom du peuple, contre votre nouvelle usurpation. [...] Aujourd'hui le pays est debout, et vous ne pouvez rien faire sans le consulter. Je demande donc, pour me résumer, un Gouvernement provisoire, non pas nommé par la Chambre mais par le peuple ; un Gouvernement provisoire, et un appel immédiat à une convention qui régularise les droits du peuple ».

Lui succède à la tribune l'illustre poète Alphonse de Lamartine, député de Saône-et-Loire, devenu l'icône de l'opposition depuis la publication en 1847 de son *Histoire des girondins*. De toute son emphase lyrique, il appuie la proposition d'un gouvernement provisoire, « de nécessité, d'ordre public, de circonstance, d'un gouvernement qui étanche le sang qui coule, d'un gouvernement qui arrête la guerre civile entre les citoyens ». Les applaudissements fusent, mais une nouvelle vague d'émeutiers fait alors irruption dans l'une des tribunes publiques en criant : « À bas la Chambre ! Pas de députés ! » Un de ces hommes abaisse le canon de son fusil dans la direction du bureau. « Ne tirez pas ! Ne tirez pas ! C'est M. de Lamartine qui parle ! », lui dit-on, et l'homme relève son fusil. Devant le tumulte, le président lève la séance, la duchesse d'Orléans, les princes et Odilon Barrot quittent les lieux, mais le peuple, les gardes nationaux et les députés de gauche, dont Ledru-Rollin, restent dans la salle.

Au bout d'un long moment, Lamartine annonce sous les acclamations que le Gouvernement provisoire va être proclamé nominativement. Le vétéran octogénaire Dupont de l'Eure, qui fut député sous le Directoire et l'un des chefs de l'opposition à Charles X puis à Louis-Philippe, s'installe au fauteuil de président de la Chambre et commence à lire la composition du gouvernement dont il fait partie avec Lamartine, François Arago* et Adolphe Crémieux**, premiers nommés. Mais la

* Député des Pyrénées-Orientales, le savant François Arago siège à l'extrême gauche.

** Encore quelques heures plus tôt, le grand avocat et député d'Indre-et-Loire a vu Louis-Philippe et s'est affirmé partisan de la régence de la duchesse d'Orléans, mais au début de la séance, devant la tournure des événements, il a été le premier à se rallier publiquement à la proposition de son collègue Marie.

foule renâcle. « Il faut qu'on sache que le peuple ne veut pas de royauté. La République ! », s'exclame un citoyen. « Délibérons immédiatement ! », crient quelques autres. « Assis ! assis ! allons nous asseoir ! Prenons la place des vendus ! Des ventrus ! », comme Honoré Daumier les a caricaturés dans un célèbre dessin. Ceux qui étaient jusque-là restés debout dans l'hémicycle ou pressés sur les marches de la tribune et du bureau s'assoient alors en riant sur les bancs des ministres et des députés du centre. « Plus de Bourbons ! Un Gouvernement provisoire, et ensuite la République !, s'écrient-ils, il faut conduire le Gouvernement provisoire à l'Hôtel de Ville. »

Lamartine décide alors de s'y rendre, accompagné d'un grand nombre de citoyens. Mais, comme le tumulte continue après son départ, Ledru-Rollin reprend la parole et il propose à la foule massée dans l'hémicycle d'approuver par oui ou par non une nouvelle liste plus conforme à leurs souhaits. Puis il conclut : « Le Gouvernement provisoire, qui vient d'être nommé, a de grands, d'immenses devoirs à remplir. On va être obligé de lever la séance pour se rendre au centre du gouvernement et prendre toutes les mesures nécessaires pour que l'effusion du sang cesse, afin que les droits du peuple soient consacrés. » La foule lui répond : « Vive la République et M. Ledru-Rollin ! À l'Hôtel de Ville ! à l'Hôtel de Ville ! » C'est ainsi que se clôt cette séance décisive, qui enterre définitivement toute perspective de restauration monarchique.

À l'Hôtel de Ville, envahi là aussi par les manifestants, une âpre négociation commence ensuite entre les modérés, Lamartine, Dupont de l'Eure, Crémieux, Marie, Arago, et les plus radicaux, dont Ledru-Rollin est le chef de file, pour faire entrer dans le Gouvernement provisoire le socialiste Louis Blanc et l'ouvrier Albert, de son vrai nom Alexandre Martin, qui représentent la foule des insurgés. Ils n'auront que des postes subalternes de « secrétaires », mais Ledru-Rollin obtient le ministère clé de l'Intérieur. Après bien des atermoiements, ils se mettent d'accord vers minuit sur un texte indiquant que le Gouvernement provisoire « veut la République, sauf ratification par le peuple, qui sera immédiatement consulté ». La proclamation est jetée sur des centaines de feuilles volantes par les fenêtres de l'Hôtel de Ville sous les vivats de la foule qui l'attendait impatiemment. La Seconde République est faite, grâce à Ledru-Rollin ! Deux jours plus tard, elle est officiellement proclamée, et, le lendemain dimanche 27 février 1848, une fête, place de la Bastille, la consacre solennellement.

L'organisateur de la République

Pendant les premiers mois de la révolution, c'est Lamartine, le poète national, qui incarne la République aux yeux des Français, mais c'est Ledru-Rollin qui l'organise, notamment en nommant les nouveaux commissaires de la République substitués à ceux de Louis-Philippe. Le 8 mars 1848, il leur envoie ses instructions, leur recommandant « la modération après la victoire » afin de faire comprendre que la République est exempte de toute idée de vengeance et de réaction. Mais il leur rappelle néanmoins que « les fonctions politiques, à quelque degré de la hiérarchie que ce soit, ne peuvent être confiées qu'à des républicains éprouvés », avec pour objectif « l'ordre, la sécurité, la confiance au gouvernement républicain[19] ». Ainsi assume-t-il la tâche ingrate et difficile du maintien de l'ordre dans une période chaotique où se multiplient les révoltes, dans les centres industriels comme dans les campagnes pauvres. Ouvriers et paysans voient avant tout dans la République une occasion de prendre une revanche sur les riches. C'est pourquoi les expressions de violence sociale sont nombreuses, comme l'incendie du château du banquier Rothschild à Suresnes ou de la filature Croutelle à Reims, la destruction de l'imprimerie du journal *La Presse*, l'invasion de la préfecture à Lille ou à Perpignan. À Lyon comme dans d'autres régions, on brise les machines, les canuts se révoltent, s'installent dans les forts militaires et hissent le drapeau rouge sur la mairie, le 26 février. Dans les campagnes éclatent de véritables émeutes, comme dans les dernières années de la monarchie de Juillet. Il revient au ministre de l'Intérieur de les juguler, tout en manifestant sa compréhension face aux revendications légitimes des couches populaires qu'il a toujours défendues.

C'est ainsi qu'il combat, le 16 avril, la manifestation de l'extrême gauche républicaine qui tente de repousser les élections prévues une semaine plus tard. Membre de la Commission exécutive qui remplace le Gouvernement provisoire à partir du 9 mai, il s'oppose à nouveau à la manifestation organisée six jours plus tard par l'extrême gauche en faveur de la Pologne et qui tourne à l'émeute. Mais, lorsqu'il s'explique le 25 août à l'Assemblée nationale, à la suite du rapport d'enquête qui lui reproche de ne pas avoir été assez ferme dans la répression, c'est pour défendre les revendications du peuple et la nécessité « des institutions sociales qu'il nous faut[20] ». La séance du 12 septembre lui donne l'occasion de plaider avec brio en faveur de l'inscription du droit au travail dans la Constitution, comme le réclament Louis Blanc et ses amis. Réfutant l'accusation d'« utopie socialiste » lancée par la droite, il se place au contraire parmi « les continuateurs, vrais, sérieux, fidèles, de la grande révolution[21] ». Considérant que « l'homme est à la fois matière et intelligence », il demande que « dans la Constitution il y ait la satisfaction pour l'intelligence et pour la matière, par l'éducation et par le droit au travail ». Et de conclure par une formule, comme il se doit pour un maître du barreau : « On a dit que le droit au travail, c'est le socialisme. Je réponds non ; le droit au travail, c'est la République appliquée[22]. »

Dix jours plus tard, lors du banquet commémorant la proclamation de la République du 22 septembre 1792, il se présente à nouveau comme l'héritier direct de la grande Révolution, avec pour « mission » de la « rendre à jamais durable » en lui donnant dans les institutions sociales une base indestructible. Sa République est celle « des déshérités de la grande famille humaine », celle qui prône « le droit au travail, car il n'y a pas de peuple souverain là où il n'y a pour la société qu'un devoir d'assistance », celle qui « doit amener pour chacun un juste équilibre de dignité et de bien-être ![23] ». C'est pourquoi il n'a pas participé à la répression de la révolte des ateliers nationaux, qui a fait des milliers de morts du 24 au 26 juin, ce qui lui a valu d'être exclu du nouveau gouvernement formé par Eugène Cavaignac, l'artisan de cette répression. Il se présentera contre ce dernier, candidat des républicains modérés, et contre Louis-Napoléon Bonaparte, lors de l'élection présidentielle de décembre 1848, recueillant 381 026 voix, soit environ 5 % des suffrages.

Le temps de l'exil

Les conditions particulières de cette élection présidentielle, marquées par la peur sociale et par l'ombre de l'Empereur, expliquent le score relativement faible de celui qui portait les espoirs de la gauche. Mais ses qualités de tribun et d'organisateur lui permettront de mener avec succès la campagne des républicains « démocrates-socialistes », ou « démoc-soc », lors des élections législatives des 13 et 14 mai 1849, obtenant plus de cent cinquante sièges tandis que les républicains modérés de Cavaignac plafonneront à soixante-quinze. À la tête de ces nouveaux « montagnards », il s'oppose vigoureusement aux conservateurs du parti de l'Ordre, largement majoritaires au Palais-Bourbon. Le 11 juin 1849, il dénonce à la tribune l'expédition lancée sur Rome par le gouvernement d'Odilon Barrot. C'est l'occasion d'une nouvelle plaidoirie en défense de la République, mais cette fois en faveur de la jeune République romaine, encerclée par les armées autrichienne, napolitaine et espagnole, et assiégée par le corps expéditionnaire français du général Oudinot.

« La question n'est pas de savoir, dit-il, si la force brutale d'une nation de 56 millions d'hommes peut s'emparer d'une ville ; la question est de savoir si nous avons pour nous le droit et la justice ; la question est de savoir si, en allant attaquer Rome, un peuple de frères, une république comme nous, nous ne manquons pas au plus sacré des principes. » C'est au nom de ces principes bafoués qu'il termine son intervention en proposant vainement la mise en accusation des ministres et du président de la République Louis-Napoléon Bonaparte. Sa demande ayant été bien sûr refusée, les montagnards décident d'organiser le 13 juin une manifestation de protestation qui rassemble environ six mille personnes aux cris de « Vive la Constitution ! ». Mais ils sont très vite dispersés par les troupes du général Changarnier, commandant de l'armée de Paris et des gardes nationaux de la Seine. C'est en vain que Ledru-Rollin et une trentaine de députés tentent d'organiser la résistance depuis le Conservatoire national des arts et métiers, où ils rédigent une proclamation constituant un gouvernement provisoire. Rapidement délogés par Changarnier, ils s'enfuient à travers les jardins du Conservatoire. Ledru-Rollin parvient alors à s'échapper et à gagner Londres pour un exil qui durera plus de vingt ans.

Très affecté par son échec et son exil, le père de la Seconde République ne jouera plus jamais les premiers rôles dans la vie politique française, même après son retour en France et sa réélection comme député sous la Troisième République, en 1871. Selon l'historien Georges Wormser, on lui aurait proposé de présider le Gouvernement de la Défense nationale au soir du 4 septembre 1870, mais il aurait refusé[24]. Après avoir été réélu le 1er mars 1874 député du Vaucluse, il intervient une dernière fois à l'Assemblée nationale, le 3 juin, pour combattre un projet de loi du gouvernement d'ordre moral visant à supprimer *de facto* le suffrage universel, l'œuvre de sa vie. Il s'agirait en effet de relever l'âge légal du vote de 21 à 25 ans et d'imposer des conditions de durée de résidence qui excluraient du vote plusieurs millions d'électeurs, très majoritairement républicains. C'est pourquoi Ledru-Rollin dénonce dans ce projet la volonté d'effacer la république pour rétablir la monarchie, alors même que celle-ci a été condamnée par l'histoire.

Il revient au passage sur les événements de 1848, encore brûlants dans sa mémoire, considérant que la république n'a pas eu le temps d'y être « essayée sérieusement », tant elle fut « attaquée par les partis monarchiques ». Il explique que les hommes de 48, dont il était le porte-parole, ont installé le suffrage universel pour « faire disparaître les classes, les castes » et « rendre tous les citoyens égaux devant la loi politique, comme ils l'étaient déjà devant la loi civile ». Il accuse le gouvernement d'ordre moral de vouloir semer « des divisions [...] là où nous voulions des frères » et d'en « faire des ennemis, des gens qui, perpétuellement jaloux seront à couteaux tirés. Cela est immoral, dit-il, mais cela surtout est dangereux[25] ». Et l'on reconnaît dans ce triple argumentaire de l'héritage historique, de l'harmonie sociale et de la morale républicaine le fil conducteur de la rhétorique de Ledru-Rollin depuis son entrée en politique. Quelques mois avant sa disparition, le 31 décembre 1874, on peut lire ce dernier discours parlementaire de Ledru-Rollin comme une sorte de testament politique, la transmission d'un héritage remontant à la Révolution française et dont il a été en 1848 un acteur essentiel.

CHAPITRE 3

Léon Gambetta, face à l'ordre moral

« Quand la France aura fait entendre sa voix souveraine, croyez-le bien, Messieurs, il faudra se soumettre ou se démettre. » Telle est la conclusion du fameux discours prononcé par Léon Gambetta lors du banquet privé organisé à l'hôtel de l'Europe, à Lille, le 15 août 1877, à l'apogée de la campagne électorale décisive pour l'avenir de la République. Répondant à son ami, le sénateur Testelin, il a commencé son intervention en se félicitant d'avoir su réaliser « l'union du parti républicain dans toutes ses nuances, ne distinguant plus, ne cherchant plus les thèses, les programmes, les antagonismes, les querelles personnelles et ayant fait cesser tout à coup des débats mesquins et misérables pour ne s'occuper que du salut de la patrie, qu'on ne sépare pas du salut de la République ». C'est là son œuvre et son obsession depuis des années. Face aux manigances des ministres du gouvernement de Broglie, « qui s'ingénie de toutes les façons à ramener dans ce pays la monarchie », il salue « la tranquillité d'esprit, la certitude de l'avenir qui anime le parti républicain ». À l'instar de Ledru-Rollin, il y voit « une véritable fusion du peuple et de la bourgeoisie » qui garantit la victoire électorale, tandis que « l'Europe entière assiste avec une sympathique anxiété qui nous honore à cette suprême épreuve de la démocratie républicaine et libérale pour établir en France un gouvernement pacifique au-dehors et progressif au-dedans ». C'est un discours d'union et de modération qu'il envoie à destination de l'électorat conservateur et des monarchies européennes. Et il conclut par cet avertissement solennel au chef de l'État Mac-Mahon, qui s'est engagé personnellement dans la campagne contre les républicains : « Ne croyez pas que quand ces millions de Français, paysans, ouvriers, bourgeois, électeurs de la libre terre française, auront fait leur choix [...] il y ait personne, à quelque degré de l'échelle politique ou administrative qu'il soit placé, qui puisse résister[1]. » Dans la bouche de celui qui incarne depuis des années la République, cet avertissement résonne comme un ultimatum.

L'avocat de l'opposition républicaine

Dès l'âge de 11 ans, ce fils d'immigré italien, alors en classe de sixième au petit séminaire de Montfaucon, a manqué de se faire renvoyer après avoir mis le feu en pleine nuit à une effigie de Louis-Napoléon Bonaparte, qui venait d'être élu président de la République. Il a ensuite poursuivi ses études au lycée de Cahors, où son père tenait un commerce, le « Bazar génois », puis à la faculté de droit de Paris. Élève doué mais turbulent, déjà féru d'éloquence au point d'apprendre par cœur plusieurs discours du grand orateur Démosthène, il a obtenu sa licence en droit en janvier 1860, trois mois après la nationalité française. Engagé comme secrétaire en mai 1861 par maître de Jouy, l'un des meilleurs avocats de Paris, il a prêté serment en juin et fait son entrée au barreau de Paris, présenté par le bâtonnier Jules Favre. Ce dernier, député de Paris et l'un des chefs de l'opposition républicaine au régime de Napoléon III, l'a bien sûr poussé vers la politique.

C'est ainsi que Gambetta fait partie en juillet 1862 du groupe des avocats au procès des « cinquante-quatre », une affaire de complot présumé visant à enlever l'empereur Napoléon III et pour laquelle sont mobilisées les plus grandes figures du barreau républicain, dont Jules Ferry. Sa dénonciation des méthodes de la police impériale, en défense de Louis Buette, un jeune ouvrier républicain, lui vaut la reconnaissance de ses pairs et notamment d'Adolphe Crémieux, ténor du barreau et ancien ministre de la Seconde République, qui l'engage comme secrétaire. Puis, en 1863, il intègre le comité chargé de désigner les candidats républicains aux élections législatives.

Mais c'est véritablement le « procès Baudin » qui le fait connaître du grand public en novembre 1868. Il y défend le journaliste Charles Delescluze, inculpé pour avoir ouvert une souscription publique afin d'ériger un monument à la mémoire du député Alphonse Baudin, tué le 3 décembre 1851 sur les barricades en s'opposant au coup d'État de Louis-Napoléon Bonaparte. Gambetta, s'enthousiasme l'écrivain Jules Claretie, « s'anime, s'exalte, couvre de sa voix sonore la voix de son adversaire, l'anéantit, le submerge, et, les cheveux épars, la robe en désordre, sa cravate enlevée, son col nu », il « menace, tempête, accuse, écrase et retombe, épuisé sur son banc, tandis que les applaudissements éclatent, saluant à la fois la réparation qui commence et le tribun qui s'est révélé[2] ». Répondant au réquisitoire de l'avocat impérial Aulois, qui présente les républicains comme « des vaincus de la nation, du suffrage universel », Gambetta s'exclame : « Ah ! Ce n'est donc pas assez que d'avoir chassé les républicains de la République ! Vous voudriez encore les chasser hors de la nature humaine ! » Et il conclut par une formule propre à frapper les esprits : « Vous pouvez nous frapper, mais vous ne pourrez jamais ni nous déshonorer ni nous abattre[3]. » Bien que Delescluze soit condamné à six mois de prison et 2 000 francs d'amende, ce plaidoyer vibrant, reproduit à plusieurs dizaines de milliers d'exemplaires, installe Gambetta parmi les grands espoirs du parti républicain. « Le lendemain, Gambetta était illustre », conclut Jules Claretie.

C'est comme tel qu'il se présente aux élections législatives de 1869, à la fois à Marseille et dans le quartier populaire de Belleville, première circonscription de la Seine, car la loi de l'époque autorise les candidatures multiples. Il ne craint pas d'affronter dans la cité phocéenne deux personnalités aussi prestigieuses que Ferdinand de Lesseps, créateur du canal de Suez et candidat officiel du pouvoir, et Adolphe Thiers, ancien ministre de Louis-Philippe, qui représente l'opposition libérale. À Belleville, il est opposé à un autre grand nom, Hippolyte Carnot, ancien ministre de la Seconde République. C'est l'occasion pour lui de prononcer son premier grand discours politique en présentant le programme de son comité électoral, connu sous le nom de « programme de Belleville[4] ». Dans une démarche qui anticipe ce que l'on appelle aujourd'hui la démocratie participative, il s'engage à faire appliquer ce *Cahier de mes électeurs*, qui revendique « l'application la plus radicale du suffrage universel ». Ce n'est qu'une énumération de réformes, mais celles-ci vont servir de fil conducteur à tous les républicains pendant plusieurs décennies. Y figurent notamment les libertés de réunion, de presse et d'association, la suppression des armées permanentes, l'élection de tous les fonctionnaires publics, l'instruction primaire gratuite et obligatoire et la séparation des Églises et de l'État. Élu triomphalement à Belleville dès le premier tour du 24 mai, puis au second tour du 7 juin à Marseille, il choisit de représenter la préfecture des Bouches-du-Rhône, par fidélité, dit-il, aux électeurs marseillais. Il laisse donc vacant son siège parisien, qui reviendra lors d'une élection partielle en novembre au turbulent journaliste Henri Rochefort.

Au bout de quelques mois, ses talents d'orateur lui valent de s'imposer comme le chef des républicains au Corps législatif. Dès sa première intervention à la tribune, le 10 janvier 1870, il s'attaque au nouveau chef du gouvernement, l'ex-républicain Émile Ollivier, qui vient d'accepter une semaine plus tôt de diriger le gouvernement impérial afin de libéraliser le régime : « Il y a incompatibilité entre le système que vous défendez et les principes, les droits et les aspirations du suffrage universel, s'écrie alors Gambetta. [...] Vous n'êtes qu'un pont entre la République de 1848 et la République à venir, et nous passerons le pont[5]. » Puis il revient à la charge le 5 avril 1870 pour commenter le projet de sénatus-consulte proposé par Napoléon III et visant notamment à instaurer la responsabilité des ministres devant les Chambres. Refusant « l'accouplement du suffrage universel et de la monarchie sous le drapeau de l'Empire », il exige « des institutions conformes aux principes qu'on veut faire triompher ». Ce discours est son bâton de maréchal, salué en termes élogieux par *Le Figaro*, pourtant hostile à ses idées : « Il y a vraiment en France un grand orateur de plus ! C'est monsieur Gambetta[6]. » Néanmoins, comme la plupart de ses amis républicains, il accepte de voter la mobilisation et les crédits de guerre contre la Prusse, le 15 juillet 1870. Et c'est en tant qu'incarnation du patriotisme républicain qu'il va acquérir dans les mois suivants une notoriété nouvelle, le faisant accéder au statut d'homme d'État.

Père fondateur et patriote

La journée du 4 septembre 1870 le fait émerger comme l'un des pères fondateurs de la Troisième République. Au nom du Corps législatif assommé par la capitulation militaire de Sedan et la capture de Napoléon III par les Prussiens, deux jours plus tôt, il s'adresse à la foule menaçante des Parisiens, massés aux grilles du Palais-Bourbon : « Paris tient entre ses mains non seulement le salut du pays, mais le sens de la Révolution française[7]. » Là encore, l'ombre de Ledru-Rollin plane sur lui, le seul capable de calmer la foule. Lorsque les émeutiers envahissent l'hémicycle aux cris de « La déchéance ! La déchéance ! Vive la République ! », c'est lui qui monte à la tribune pour déclarer « que Louis-Napoléon Bonaparte et sa dynastie ont à jamais cessé de régner sur la France[8] ». Puis, à l'instar de Ledru-Rollin, il se rend à l'Hôtel de Ville, le cœur historique de la révolte parisienne, pour y proclamer la République en compagnie de Jules Ferry et des autres chefs républicains. Face au groupe des intransigeants, Auguste Blanqui, Charles Delescluze, Félix Pyat, il arrive à modérer les ardeurs révolutionnaires, notamment en imposant le drapeau tricolore face au rouge des insurgés parisiens. Il fait admettre à ces derniers que la présidence du gouvernement de Défense nationale soit confiée au général Trochu, gouverneur militaire de Paris, chargé de continuer la guerre contre la Prusse. C'est ainsi qu'il donne à cette révolte parisienne du 4 septembre 1870 une légitimité politique dont la Troisième République pourra ensuite se prévaloir.

Reste à défendre cette République née de la capitulation, mais toujours en guerre contre l'envahisseur prussien. Ministre de l'Intérieur dans le Gouvernement de la défense nationale, il s'est fait le chantre de la patrie en danger. Le 21 septembre 1870, célébrant la naissance de la Première République, il exalte dans une dépêche « nos pères » qui « se juraient à eux-mêmes, en face de l'étranger qui souillait le sol de la patrie, de vivre libres ou de mourir en combattant ». Le 7 octobre 1870, emmitouflé dans une veste de fourrure, il s'envole de la butte Montmartre à bord d'un ballon dirigeable qui porte le nom du grand républicain « Armand Barbès ». C'est sans doute le moment le plus fort de la légende gambettiste, immortalisé par son ami photographe Félix Nadar. Après un voyage mouvementé en ballon, en voiture à cheval et en train, il arrive à Tours pour prendre la direction des armées. C'est là, le 9 octobre, qu'entre en scène l'orateur populaire, jusque-là connu surtout des élites par ses plaidoiries ou par ses discours parlementaires. « Que tous les intérêts particuliers disparaissent. Que chacun fasse abnégation de tout sentiment personnel, pour ne songer qu'au salut du pays [...]. Si nous ne pouvons faire un pacte avec la victoire, faisons un pacte avec la mort ! », déclare le tribun, héritier de Danton, au balcon de la préfecture, face à la foule qui l'acclame.

Cumulant désormais le portefeuille de l'Intérieur et celui de la Guerre, il devient l'apôtre de la défense patriotique. Au lendemain des victoires de Champigny et de Bry-sur-Marne, sa proclamation du 2 décembre 1870 exalte « le génie de la France », « la grande nation, qui veut garder intacte la gloire de son passé, qui ne verse son sang et celui de l'ennemi que pour le triomphe du droit et de la justice dans le monde[9] ». Mais, lorsqu'il revient à Bordeaux le 29 janvier 1871 après avoir organisé l'armée des Vosges, puis celle de la Loire, puis celle du Nord, il apprend que ses collègues du gouvernement ont signé l'armistice, réduisant à néant tous ses efforts. S'adressant directement aux Français le 31 janvier, il proteste contre « ce pacte infâme », appelant à l'élection d'une « assemblée vraiment nationale, républicaine » et « prête à tout plutôt que d'aider à l'assassinat de la France[10] ». Il préfère même démissionner le 6 février 1871, n'étant plus « en communion d'idées ni d'espérance » avec le gouvernement[11].

Deux jours plus tard, il est néanmoins vainqueur dans dix départements à l'occasion des élections générales organisées à la hâte à la demande des Prussiens. Par patriotisme, il choisit de représenter le Bas-Rhin, en passe d'être annexé au nouvel empire allemand, puis il démissionne très vite de son mandat, le 1er mars, pour protester contre la signature des préliminaires de paix du 28 février. C'est donc depuis l'Espagne, à Saint-Sébastien, où il est parti se reposer, qu'il suit les événements de la Commune de Paris, dont il désapprouve les excès, puis la répression de la Semaine sanglante, déclenchée par Adolphe Thiers. Il fait son retour à l'occasion des élections partielles du 2 juillet 1871, qui lui permettent d'être trois fois élu dans les départements du Var, des Bouches-du-Rhône et de la Seine. Il choisit cette fois de représenter la circonscription de Belleville, où il sera réélu jusqu'à sa mort. C'est alors que commence une nouvelle phase de son combat pour la République.

Le « commis voyageur » de la République

« C'est maintenant que commence notre tâche la plus difficile, la plus ingrate, celle qui réclame le plus de patience, de fermeté et d'études, fonder un vrai parti républicain et garder la République », a écrit Léon Gambetta le 18 mars 1871, le jour même où éclatait l'insurrection communarde[12]. Une fois la Commune écrasée, il décide de mener ce combat pour la défense de la République sur trois fronts : à l'Assemblée nationale, en essayant de rassembler tous les républicains dans un parti unique ; dans la presse, en créant avec ses amis Arthur Ranc et Eugène Spuller le quotidien *La République française* ; et surtout dans la France profonde, qu'il va sillonner pendant des années pour expliquer et convaincre des bienfaits du régime républicain. « Dès aujourd'hui, dit-il à ses partisans, mettons-nous à l'œuvre, faisons des prosélytes, allons partout dans les villes, dans les campagnes, dans les marchés, dans les cercles, les réunions, les veillées ; parlons, causons ; démontrons, faisons connaître qui nous sommes ; malgré les calomnies et les injures, ne craignons pas de dire ce que nous voulons : asseoir la République sur les institutions démocratiques[13]. » Il se veut le missionnaire d'une « religion » républicaine, s'appliquant à « faire comprendre ce qu'il y a de beau, ce qu'il y a de grand dans l'homme, et surtout dans ses rapports avec ses semblables au triple point de vue de la famille, de la cité et de la patrie[14] ». Ces tournées que lui-même qualifie d'« apostolat » républicain[15] lui vaudront, de la part de ses adversaires, le surnom de « commis voyageur de la République ».

Sa première allocution importante a lieu dans le Nord, à Saint-Quentin, le 16 novembre 1871, après l'évacuation des troupes allemandes. Gambetta le patriote y évoque « le chemin de la revanche » mais exhorte ses partisans à travailler d'abord à « l'établissement définitif de la République », car « vous ne serez véritablement en mesure de vous faire respecter en Europe que le jour où vous serez puissants à l'intérieur[16] ». Ensuite il traverse le pays vers la Provence puis les terres royalistes de l'Ouest où il présente en janvier 1872 la politique républicaine comme « protectrice de l'ordre, de la liberté et de tous les intérêts[17] ». Il enchaîne à l'automne avec une longue tournée à Saint-Étienne, puis Lyon, Chambéry et surtout Grenoble, où il prononce, le 26 septembre 1872, un discours qui va passer à la postérité. Il y annonce en effet « la venue et la présence, dans la politique, d'une couche sociale nouvelle », faite d'instituteurs, de médecins, d'avocats, de commerçants, d'employés, appelés à remplacer les notables traditionnels.

Alors que la presse monarchiste s'indigne de cette « offense à l'Assemblée nationale », le chef de l'État Adolphe Thiers reconnaît au contraire dans son message présidentiel du 13 novembre 1872 que la République est désormais « le gouvernement légal du pays ». C'est la porte ouverte à un rapprochement ostensible avec Gambetta et au ralliement des conservateurs au régime républicain. Adolphe Thiers est obligé de quitter la présidence le 24 mai 1873, aussitôt remplacé par le monarchiste Mac-Mahon, mais peu à peu se dégage à l'Assemblée une majorité qui va voter de février à juillet 1875 les lois constitutionnelles établissant la Troisième République. Gambetta n'y est pas pour rien car c'est lui qui a poussé ses amis républicains à concéder aux monarchistes la création du Sénat, assemblée des notables, qui permettra aux yeux des conservateurs de contrebalancer la Chambre des députés. Lors du banquet annuel en l'honneur du général de la révolution Lazare Hoche, à Versailles, le 24 juin 1875, il se félicite que les républicains aient « réussi à transformer le fait en droit » grâce au vote des lois constitutionnelles, et que prenne corps « une république de justice et de progrès » appuyée sur la « réconciliation de tous les Français[18] ».

En accord avec Thiers, il coordonne la première campagne électorale pour l'élection de la Chambre des députés prévue en mars 1876. Une nouvelle fois candidat dans plusieurs circonscriptions, à Belleville, Lille, Avignon, Bordeaux et Marseille, il reprend ses pérégrinations à bord des trains de nuit qui le mènent d'un bout à l'autre du pays. « Voilà cinq nuits que je n'ai pas couché dans un lit », confie-t-il le 15 février 1876 à ses électeurs de Belleville. Par ailleurs, il fait aussi campagne pour ses amis, tel Eugène Spuller, qu'il vient soutenir dans le IIIe arrondissement de Paris. Il lui faut surmonter par ailleurs les obstacles déployés par le gouvernement d'ordre moral du duc de Broglie, comme à Marseille et à Aix, où les banquets électoraux sont interdits par l'autorité militaire au nom de l'état de siège. C'est alors dans son hôtel qu'il reçoit les délégations républicaines.

Mais il lui faut aussi pacifier son propre camp, rongé par les divisions entre radicaux et modérés. Sans relâche, il exhorte les militants républicains à « faire céder les petites ambitions personnelles, les rivalités qui ne sont pas sérieuses », à « se rallier à l'intérêt du parti pour aboutir au succès par l'unité d'action et l'unité de liste ». L'idée est de rassurer la France rurale, en faisant « justice » des « déclamations sur le péril social, sur les programmes révolutionnaires » et en montrant que les candidats républicains ne remettent nullement en cause « la propriété, la liberté de conscience, l'ordre public et la famille ». Par ailleurs, il les encourage à « ramener » dans le giron républicain ceux « qui ont été trompés, circonvenus par l'empire », en sachant « pardonner et désarmer devant des frères égarés[19] ».

C'est un orateur sans pareil, « le visage pesant, disproportionné, aux traits gros, frappant le regard de loin », « un de ces masques de colosse, comme les acteurs antiques en avaient pour enfler leur figure et leurs voix », écrit Camille Pelletan, fasciné[20]. Ils sont trois mille à l'applaudir près d'Avignon, dans les anciens locaux des usines Pierre, et le même nombre à Orange, où le parc du notable républicain qui l'héberge est envahi par la foule[21]. « Ce sont bien là les auditoires que j'aime, écrit-il ; des travailleurs, des paysans, des humbles, chez lesquels le contact de la civilisation n'a pas encore altéré la générosité native, la virginité de la raison. […] Et quel choc, quelle solidarité, quel amour mutuel ! Nous nous sommes bien souvent compris, pénétrés, traversés l'un l'autre, cet auditoire et moi[22]. » À Marseille, le 16 février 1876, la foule s'assemble devant le Grand Théâtre lyrique où il assiste à la représentation du *Moïse* de Rossini. Lorsque Pharaon s'exclame « Voilà le soleil, il paraît et tout s'incline dans la nature », les spectateurs se lèvent comme un seul homme en criant « Vive Gambetta ! Vive la République[23] ! ». C'est ainsi qu'il mène les républicains à une victoire sans appel, le 5 mars 1876, avec 350 sièges contre 155 pour les monarchistes.

Le combat décisif

Le maréchal de Mac-Mahon, qui siège à l'Élysée, est un monarchiste de cœur. Néanmoins, après avoir tergiversé quelques mois après les élections législatives, il s'est résolu à appeler le républicain Jules Simon à la tête du gouvernement, le 12 décembre 1876. Cette « cohabitation » entre d'un côté un Président monarchiste et de l'autre côté un gouvernement et une Chambre républicaine ne peut pas durer. C'est pourquoi Gambetta lance l'offensive à partir de janvier 1877, dénonçant la complicité entre le chef de l'État et l'agitation antirépublicaine menée par le pape et par la hiérarchie de l'Église catholique. Dans la séance du 4 mai 1877, il condamne avec virulence cette offensive contre la République : « Comment se fait-il que des évêques, sortant de leurs églises, de leur rôle, de leur mission, s'adressent directement aux fonctionnaires du pays, à des maires, à des juges de paix, à des préfets, à des sous-préfets, et leur parlent des ordres, des injonctions qu'ils ont reçus de Rome ? » Et il conclut par cette formule fameuse, inspirée par son ami journaliste Alphonse Peyrat : « Le cléricalisme ? Voilà l'ennemi[24] ! » À l'issue de ce discours mémorable, un ordre du jour blâmant « les manifestations ultramontaines » est voté par une large majorité de 346 voix contre 114.

Mais Mac-Mahon réplique le 15 mai en adressant une lettre pleine de reproches à Jules Simon, le convoquant à l'Élysée pour une explication. Le lendemain, lors de cette entrevue, il lui annonce : « Nous ne pouvons plus marcher ensemble. J'aime mieux être renversé que de rester sous les ordres de M. Gambetta. » Jules Simon ne peut alors que démissionner, ouvrant une crise politique et institutionnelle connue sous le nom de « crise du 16 Mai ». C'est Gambetta qui mène aussitôt la contre-offensive contre le chef de l'État. Le soir même, il fait voter par 300 députés républicains une motion rappelant la « prépondérance du pouvoir parlementaire » sur celui du Président. Le 30 mai, il demande à son ami Eugène Spuller de rédiger un manifeste, cette fois signé par 363 députés, et qui appelle les Français « à se prononcer entre la politique de réaction et d'aventure », incarnée par Mac-Mahon et par le nouveau gouvernement monarchiste du duc de Broglie, « et la politique sage et ferme, pacifique et progressive » des républicains.

Mis au défi d'une nouvelle élection, Broglie commence par changer 62 préfets en un jour, puis, le 16 juin, il saisit le Sénat d'une demande de dissolution de la Chambre. Mais Gambetta réplique le même jour par un nouveau discours retentissant, tenant la tribune pendant plus de deux heures en dépit des dizaines d'interruptions du député bonapartiste Paul de Cassagnac, qui le traite de « d'ami de tous les coquins, de tous les incendiaires, de tous les assassins de la Commune ». Sans se démonter le moins du monde, le tribun républicain brocarde « le gouvernement des prêtres », « le ministère des curés », terminant par un appel à la défense républicaine, aux yeux du monde entier. Il quitte la tribune, épuisé, au bord du malaise, mais sous les vivats. Deux jours plus tard, au terme de la discussion, les 363 votent une motion de défiance contre le gouvernement de Broglie, considéré comme « un danger pour l'ordre et la paix ». Le Sénat ayant néanmoins approuvé la dissolution par 150 voix contre 130, la Chambre se sépare le 25 juin 1877, dans l'attente des nouvelles élections.

C'est évidemment Gambetta qui prend à nouveau la direction de la campagne républicaine, à la tête d'un comité électoral de 18 députés, appuyé par tous les journaux républicains. « Gambetta a été admirable ! Admirable ! Du commencement à la fin, c'est lui qui a tout organisé », reconnaîtra Georges Clemenceau, chef de file des radicaux, pourtant avare de compliments[25]. Il a fort à faire car le gouvernement d'ordre moral multiplie les sanctions et les brimades contre la presse républicaine, contre les vendeurs de journaux, contre les débits de boissons où on les lit, ainsi qu'à l'encontre des fonctionnaires et des maires, dont 1 700 sont révoqués ou déplacés. Gambetta lui-même est la cible du pouvoir, qui diffuse à des milliers d'exemplaires une affiche le représentant comme un ogre. Mais c'est lui qui, le 15 août 1877, à Lille, prononce le discours marquant de la campagne, évoqué en ouverture de ce chapitre.

Ce discours en forme d'ultimatum à Mac-Mahon lui vaudra une condamnation à trois mois de prison et 2 000 francs d'amende pour insulte au président de la République, mais le jugement sera cassé en appel. Beaucoup plus grave est la disparition soudaine d'Adolphe Thiers, le 3 septembre 1877, lui qui était devenu le principal allié de Gambetta dans ce moment décisif de la défense républicaine. Devant ses électeurs, ce dernier donne un sens politique aux grandioses obsèques du défunt : « Ce jour mémorable où un peuple entier accompagnait ce glorieux cercueil [...], n'est-il pas vrai que c'était le suffrage universel qui faisait là sa première manifestation électorale, en attendant celle du 14 octobre[26] ? » En dépit du manifeste publié par Mac-Mahon à deux jours du scrutin, le résultat des votes des 14 et 28 octobre sera en effet sans appel : 323 sièges pour les républicains contre moins de 200 pour les monarchistes. C'est un succès décisif pour la République et une victoire personnelle pour Gambetta, qui a d'ailleurs augmenté son score dans sa circonscription de Belleville. Après avoir une nouvelle fois tergiversé pendant quelques mois, Mac-Mahon finira par se « soumettre » en nommant le 13 décembre 1877 à la présidence du Conseil l'octogénaire Jules Dufaure, favorable à la République. Gambetta a définitivement gagné le combat de sa vie.

L'incarnation de la République

Pour la plupart des républicains, il semble alors évident que le destin de Gambetta est de prendre en mains les rênes du pays. « Étant la personnification la plus incontestée, le représentant le plus autorisé de notre démocratie française, vous êtes devenu son guide », peut-on lire sur une brochure diffusée partout[27]. D'ailleurs, sa tournée triomphale dans le Sud-Est, lors des vacances parlementaires de l'été 1878, est une sorte de sacre républicain, alors qu'il n'occupe encore aucune fonction majeure dans la République. La presse n'a pas de mots assez forts pour décrire l'enthousiasme qu'il suscite. À Andancette par exemple, des arcs de triomphe sont dressés avec les inscriptions « Vive Gambetta ! Vive la République ! ». À Romans, point d'orgue de la tournée, le 18 septembre, on lui lance des fleurs depuis les fenêtres. Dans un amphithéâtre de bois spécialement construit pour l'occasion, il prononce devant 6 000 personnes un grand discours-programme, qu'il présente comme « le crayon de la deuxième étape du parti républicain ». Il y insiste surtout sur le primat de l'éducation, qui doit être « la passion de tous les députés républicains » afin de former non des savants mais des citoyens et des citoyennes animés par la raison et les valeurs de la « République invincible[28] ».

Il est donc celui qui incarne la République, non seulement parce qu'il la pense, plus clairement, plus fortement, plus lisiblement que les autres, mais aussi, et c'est capital, parce qu'il est celui qui en parle le mieux : « Ah !, messieurs, déclare-t-il à Grenoble le 10 octobre 1878, si nous n'avions combattu que pour établir une forme de gouvernement, la forme républicaine, notre rôle serait fini, car ce gouvernement va être définitivement fondé. […] Mais nous n'avons pas seulement voulu fonder une forme de gouvernement. Nous voulons que, sous l'égide de la République, les capacités de tous les citoyens puissent librement se développer. Et ce n'est certainement pas à Grenoble, où j'ai constaté l'avènement des nouvelles couches sociales, que je pourrais dire que notre tâche est terminée. Elle ne le sera jamais. Après une première couche, une seconde viendra, puis d'autres, car maintenant le travail des peuples consiste à attirer, à faire monter sans cesse ceux qui sont en bas vers la lumière, le bien-être et la moralité[29]. »

Afin de cultiver cette incarnation républicaine, son journal *La République Française* publie en 1880 la première édition de *L'Almanach Gambetta*, vendu 15 centimes par les colporteurs dans toute la France. Les monarchistes, outrés par cette idolâtrie gambettiste, dénoncent le « César de Cahors », sa « fatuité brouillonne et impérieuse » qui instaure « la dictature sans le génie » et « sans la gloire[30] ». Ces accusations de dictature sont aussi reprises dans le camp républicain, notamment dans l'entourage de Jules Grévy, qui remplace le maréchal de Mac-Mahon à l'Élysée, le 30 janvier 1879. À cette occasion, Gambetta est élu président de la Chambre des députés, mais Grévy, craignant sa forte personnalité, se refuse à l'appeler à la tête du gouvernement. Quand il se voit enfin confier la présidence du Conseil, le 14 novembre 1881, son projet de « grand ministère » est boudé par les autres ténors de la République, à commencer par Jules Ferry, qui lui refuse son concours. Il sera renversé dès le 30 janvier 1882 par la coalition des droites, de l'extrême gauche et des amis de Jules Grévy. Cet échec gouvernemental contraste singulièrement avec les « centaines d'adresses » qui lui sont envoyées de province, ainsi qu'avec « la presse des départements » « presque unanime à blâmer le vote de la Chambre[31] ». Déplorant sa démission, les journalistes rappellent qu'il avait gagné la confiance des républicains, « jour par jour depuis dix ans par une vie entièrement consacrée à la République, c'est-à-dire à la France[32] ».

C'est pourquoi sa disparition soudaine, le 31 décembre 1882, à la suite d'une blessure compliquée en péritonite, sera un coup de tonnerre. Dans les jours qui suivent le décès, c'est un défilé ininterrompu de sympathisants à son domicile des Jardies, où s'amoncellent des montagnes de fleurs. La dépouille ayant été transférée au Palais-Bourbon, des dizaines de milliers d'admirateurs se pressent le lendemain pour voir le catafalque, installé dans la salle des fêtes du palais[33]. « Jamais pareil adieu ne fut adressé par une nation à un homme », commente la presse à propos des funérailles du 6 janvier 1883. Du Palais-Bourbon au

Père-Lachaise, c'est la même foule compacte et recueillie, « les toits noirs de monde, des grappes humaines dans les arbres », sans doute un million de personnes pour suivre le cortège[34]. Conformément à la volonté du père du défunt, il sera inhumé à Nice et non à Paris. Dans chaque gare où s'arrête le train funéraire, à Lyon, Valence, Avignon, Marseille, la foule est nombreuse pour l'accueillir. Les funérailles niçoises confirmeront, si l'on en croit les manifestations de deuil affichées par la population, boutiques fermées, drapeaux voilés aux fenêtres, foule recueillie, la résonance nationale du deuil gambettiste[35].

Seule la disparition de Victor Hugo, plus tard celles de Jean Jaurès ou du général de Gaulle, aura occasionné une telle émotion nationale. Comme eux, Gambetta aura ses hagiographes, tel Joseph Reinach, qui fut son chef de cabinet au moment du « grand ministère », et qui écrira dans sa préface de l'édition des discours choisis de son mentor : « C'est l'âme même de la France », celle de « la France régénérée par la République pour reprendre sa place dans le monde[36] ». Il aura une multitude de statues et de monuments à sa gloire, ainsi qu'un culte entretenu par ses fidèles, réunis chaque année aux Jardies pour honorer l'ensemble de sa vie et de son œuvre. Enfin, le 11 novembre 1920, son cœur sera transféré au Panthéon dans un coffret de cristal, sur un char précédant le corps du soldat inconnu, ultime hommage national au héros républicain et patriote[37].

CHAPITRE 4

Jules Ferry, face au boulangisme

« Où va cette association de mécontents dont le syndic est un cheval noir ? Où vont-ils, tous ces mécontents ? Où vont-ils, tous ceux que la République a dépossédés de leur influence, tous ceux à qui elle a enlevé leur place ou leurs espérances ? Où vont les naïfs, où vont les fourbes, où vont les aigrefins, où va tout ce monde ? Aux pieds d'un maître, et quel maître ! Oui, voilà, à la veille du grand Centenaire, le doute qui nous prend au cœur : si le mal se poursuit et s'achève, si le coup se fait, messieurs, il faudra, pour cette année 1889, assister, en guise d'anniversaire, au plus grand, au plus abject, au plus colossal reniement de tout ce que la France a recherché, aimé, adoré, servi pendant cent ans ! Mais, messieurs, cela ne sera pas si tous les républicains, unis cette fois, radicaux et modérés, comprennent que la cause de ce mouvement n'est pas dans une poussée d'idées nouvelles et de réformes quelconques ; s'ils comprennent que la cause en est ailleurs : dans la lassitude de la nation, dans le besoin de repos et de gouvernement qu'éprouve la France ; s'ils comprennent que le devoir de tous, radicaux et modérés, est de travailler ensemble à la restauration, dans ce pays, des principes, des traditions et de la pratique du gouvernement[1]. »

Ainsi parle Jules Ferry, député des Vosges, ancien ministre et président du Conseil, le 21 décembre 1888, devant les militants de l'Association nationale républicaine, qui l'applaudissent à tout rompre. L'heure est grave car la République est en danger. Il est urgent d'entendre celui qui en fut l'un des pères fondateurs au côté de Léon Gambetta, disparu depuis cinq ans. Il s'agit d'un nouveau combat à mener, peut-être le dernier, contre les monarchistes qui n'ont pas renoncé à abattre le régime républicain. Ils disposent depuis quelques mois d'un nouvel allié, qui entre leurs mains peut se révéler comme une arme redoutable : le général Boulanger. Ce personnage inconnu deux ans plus tôt, propulsé en janvier 1886 au ministère de la Guerre par la volonté de Georges Clemenceau, qui pensait le contrôler, est devenu en quelques mois la coqueluche des soldats mais aussi de l'opinion publique. Surnommé le « général Revanche », il incarne aux yeux de beaucoup de Français l'espoir de renouer avec la grandeur, la perspective de se venger un jour de l'humiliation de la défaite de 1871.

Sur les conseils d'une poignée de députés radicaux en rupture de ban avec la majorité gouvernementale, Boulanger s'est lancé dans une aventure politique personnelle, à la tête d'un Comité républicain national qui l'a fait élire lors de plusieurs élections partielles depuis avril 1888. Pour le combattre, Jules Ferry a fondé l'Association nationale républicaine, rassemblant modérés et radicaux afin de barrer la route à ce démagogue, qui n'est que le « syndic des mécontents ». Le combat que mène le père de l'école laïque en annonce bien d'autres, que les républicains vont mener jusqu'à nos jours contre les dangers du populisme. C'est un moment crucial de la défense républicaine, car Boulanger a décidé de se présenter à Paris pour une nouvelle élection partielle. Il revient tout naturellement à Jules Ferry de prendre la tête de « l'arc républicain » de l'époque, car il est depuis un quart de siècle l'un des avocats les plus ardents de la République.

Face au Second Empire

L'engagement républicain de Jules Ferry date du temps de ses études à la faculté de droit de Paris, où son père Charles-Édouard s'est installé dans les années 1850, venant de Saint-Dié, le berceau de la famille. Sous le Directoire et l'Empire, son grand-père François-Joseph, fabricant de tuiles, avait été le maire de cette petite ville des Vosges, où son père, libre-penseur, a ensuite exercé la profession d'avocat. Reprenant avec brio le flambeau paternel, Jules Ferry, bachelier à 16 ans, se fait inscrire au barreau de Paris le 20 décembre 1851, à l'âge de 19 ans. Il vient d'assister quelques jours plus tôt au coup d'État de Louis-Napoléon Bonaparte et à la répression sanglante qui a suivi. « J'ai vu le 2 Décembre, dira-t-il. J'ai vu des soldats égarés, soudoyés peut-être, fusiller sur les boulevards les républicains et jusqu'aux passants inoffensifs[2]. » Ce souvenir va le hanter toute sa vie, confortant sa haine du césarisme et sa volonté de défendre la République contre la résurgence de ce péril dont le général Boulanger sera l'incarnation.

Secrétaire de la Conférence des avocats en 1854, il est chargé par l'illustre bâtonnier Pierre Antoine Berryer, opposant monarchiste emprisonné par Louis-Napoléon Bonaparte après le 2 Décembre, de prononcer le discours de rentrée en décembre 1855. Ayant choisi pour sujet « De l'influence des idées philosophiques sur le barreau du XVIIIe siècle », il ne se prive pas d'y inclure quelques allusions au régime impérial, ce qui lui fait perdre toute chance de devenir magistrat[3]. Auditeur au Corps législatif, dont il suit les débats avec assiduité, secrétaire du célèbre Édouard Thureau, avocat à la cour d'appel de Paris, qui lui apprend l'art du discours, il organise à partir de 1858, dans son appartement de la rue Mazarine, une réunion hebdomadaire de jeunes républicains, dont Ferdinand Hérold, futur préfet de la Seine, Jean-Jules Clamageran, futur ministre des Finances, et Charles Floquet, futur président du Conseil.

Avec ceux-là et quelques autres, il s'engage dans la campagne électorale de 1863 en constituant un comité dit du « Manuel électoral », destiné à donner des consultations de droit public au peuple, et qui soutient la candidature des républicains sortants, Jules Favre, Émile Ollivier, Ernest Picard, Alfred Darimon et des nouveaux tels Jules Simon et Eugène Pelletan. Ils seront tous élus, sauf ce dernier. Au lendemain des élections, il rédige un pamphlet intitulé *La Lutte électorale en 1863*, dans lequel il montre comment les opposants à Napoléon ont été stigmatisés comme « ennemis de l'Empire et de l'Empereur et victimes des pressions des préfets sur les électeurs, sur les pompiers, sur les facteurs ou des malversations des maires au moment du vote[4] ». Cette brochure retentissante lui vaut de devenir l'étoile montante du parti républicain mais aussi de subir les foudres du régime.

Avec ses amis avocats et les vétérans de 1848 tels Louis-Antoine Garnier-Pagès et Hippolyte Carnot, il est l'un des accusés du fameux « procès des treize », qui s'ouvre le 5 août 1864 à Paris et se solde par des amendes de 500 francs pour chacun, pour réunions non autorisées. Avocat de plusieurs journaux et de militants républicains, tel André Lavertujon, directeur du quotidien *La Gironde*, il écrit lui-même dans les grands journaux d'opposition, dont *Le Courrier de Paris*, *La Presse* et *Le Temps*. Il y publie en janvier 1866 une série d'articles répudiant l'héritage de Robespierre et de la Terreur : « Toute secte est hautaine, dogmatique, intolérante, écrit-il. Celle-ci s'intitule l'école de la tradition révolutionnaire. Mais il en est d'elle comme de ces enfants qui n'ont retenu du type paternel que ses travers. Ces continuateurs de la Révolution n'ont hérité que de ses sophismes, de ses déclamations et de ses haines[5]. »

Toujours dans *Le Temps*, de décembre 1867 à mai 1868, il dénonce par une série d'articles très documentés ce qu'il appelle ironiquement « les comptes fantastiques d'Haussmann », c'est-à-dire les malversations et la corruption qui accompagnent les grands travaux de transformation de Paris menés par le préfet de la Seine. Puis, afin de préparer les élections de 1869, il lance en juin 1868 avec Ernest Picard un nouvel hebdomadaire intitulé *L'Électeur*, s'attaquant dès son premier numéro au Second Empire, « qui ressemble à une république par la base et qui est une monarchie très monarchique au sommet[6] ». Il écope pour ce brûlot d'une amende de 5 000 francs. Le journal ayant été rebaptisé *L'Électeur libre* en mars 1869, il reprit sa plume pour fustiger « le gouvernement personnel le plus énergiquement constitué que l'on ait jamais connu », « la plus grande réaction de ce siècle, non pas seulement contre les libertés politiques, mais contre les libertés qu'on peut appeler, plus spécialement, les libertés sociales, parce qu'elles sont particulièrement l'apanage des déshérités, l'instrument du progrès économique, le bien du plus grand nombre[7] ».

Un jeune loup de la République

Il se présente dans la sixième circonscription de Paris, avec une profession de foi qui prône « une libre démocratie », c'est-à-dire « l'entière liberté de la presse, l'entière liberté de réunion, l'entière liberté d'enseignement, l'entière liberté d'association », « la décentralisation administrative, la séparation absolue de l'État et de l'Église », ainsi que la transformation des armées permanentes*. Élu au second tour, le 7 juin 1869, contre le conservateur Augustin Cochin, il fait son entrée au Corps législatif en tant que chef de file d'une cohorte de jeunes républicains, dont Léon Gambetta, aux côtés des anciens Ernest Picard, Jules Simon, Jules Favre ou Garnier-Pagès. Il se fait remarquer dès sa première intervention à la tribune en contestant la validation de Guilloutet, le candidat officiel élu irrégulièrement dans les Landes contre le vétéran républicain Victor Lefranc[8]. Dans la séance du 12 janvier 1870, il s'élève contre le simulacre de la Haute Cour de justice réunie pour juger le prince Pierre Bonaparte, cousin germain de l'empereur, qui avait tué deux jours plus tôt le jeune journaliste républicain Victor Noir.

Par ailleurs, il intervient dans des réunions publiques, comme celle du 10 avril 1870, salle Molière, où il prononce un discours prophétique sur l'égalité d'éducation. Lorsque est déclarée la guerre à la Prusse, il combat au nom de la liberté de la presse le projet tendant à imposer le secret des opérations militaires, le 19 juillet 1870 : « La publicité, permettez-moi de

* Sa première rédaction indiquait la suppression des armées permanentes avant que son ami Gambetta lui ait conseillé une formule moins radicale afin de ménager l'avenir.

vous le dire, c'est d'abord un droit ; ceux qui ont leurs fils, leurs époux à la bataille ont le droit de tout savoir, comment les opérations sont conduites, de les connaître et même de les critiquer. [...] Non seulement, messieurs, la publicité est un droit pour tous, mais c'est une force, sachez-le bien, car elle seule peut tenir en communion perpétuelle d'idées l'armée qui combat et le pays qui est derrière elle[9]. » Il n'aura pas gain de cause, mais très vite la guerre franco-prussienne va tourner à la catastrophe. Le 9 août, trois jours après le désastre militaire de Reichshoffen, une foule mécontente menace d'envahir le Palais-Bourbon, et Jules Ferry figure parmi les députés qui viennent haranguer les manifestants pour les décider à se retirer.

Le lendemain, alors qu'est constitué un nouveau gouvernement de guerre, confié au général Charles Cousin-Montauban, comte de Palikao, il proteste contre l'état de siège imposé aux Parisiens, « qu'anime à cette heure une seule pensée, un seul délire, le délire du patriotisme ». Il ajoute : « Je vous l'atteste sur mon honneur et sur ma conscience, cette population de Paris, que je connais mieux que vous, n'a qu'un cri et qu'un vœu : des armes ! Des armes pour repousser l'étranger ! Si donc Paris n'est pas en insurrection, je demande à quoi sert l'état de siège ? À quoi servent ces régiments qui seraient beaucoup mieux à la frontière ? » Et c'est tout naturellement qu'avec Gambetta et quelques autres il se trouve aux premières loges, le 4 septembre 1870.

Sans revenir dans le détail sur cette journée décisive, déjà évoquée au chapitre précédent, rappelons qu'il fait partie de la délégation des députés républicains qui quittent ce jour-là le Palais-Bourbon pour aller proclamer la Troisième République à l'Hôtel de Ville, au milieu du peuple parisien. Dans le gouvernement provisoire de la Défense nationale qui est alors constitué, il obtient le titre de délégué à l'administration de la Seine, auprès de son ami Gambetta, ministre de l'Intérieur. Devenu maire de Paris, le 16 novembre, il lui revient la tâche périlleuse de gérer la capitale assiégée, affamée et en ébullition permanente. Dès le 5 septembre, l'extrême gauche parisienne a constitué un Comité de vigilance, qui se présente comme un contre-pouvoir communal. Par deux fois, le 31 octobre 1870 et le 22 janvier 1871, Jules Ferry doit faire face à des mouvements insurrectionnels, mais il reprend le contrôle de la situation. Au surnom de « Ferry-Famine », qui lui a été affublé pour avoir instauré le rationnement des vivres, les Parisiens ajoutent celui de « Ferry-Massacre », qui lui collera longtemps à la peau. Et lorsque éclate la révolte des communards, le 18 mars 1871, il est obligé de s'enfuir à Versailles pour échapper à l'arrestation et peut-être même à la mort. Bien qu'ayant conservé officiellement la fonction de maire jusqu'au 5 juin 1871, il ne joue plus aucun rôle dans les événements de la Commune de Paris et dans la répression menée par Adolphe Thiers du 21 au 28 mai. Élu député des Vosges, le 8 février 1871, puis réélu en mars 1876 à la Chambre des députés, il va désormais se consacrer à la défense de la République contre les monarchistes revanchards.

Aux côtés de Léon Gambetta et d'Adolphe Thiers, il mène en 1877 le combat contre le chef de l'État, le maréchal de Mac-Mahon, et le gouvernement d'ordre moral du duc de Broglie, tous deux hostiles à la majorité républicaine. Le 18 juin, répondant au message présidentiel qui demande la dissolution de la Chambre, il tient la tribune plusieurs heures durant, sans se laisser démonter par les invectives de la droite. « Il avait le physique de sa tâche et de son talent », écrit Charles de Freycinet dans ses *Souvenirs*, décrivant un Ferry « charpenté, grand, le buste un peu courbé », montant à la tribune « d'un pas de lutteur qui va montrer sa force et défie ses rivaux ». Il montre à quel point les républicains ont fait preuve de modération, contrastant avec les accusations de radicalisme dont se nourrissait la propagande gouvernementale : « Ce n'est pas avec vos argumentations, vos accusations et vos messages que vous réveillerez la peur de ce noble pays. La France aujourd'hui n'a plus peur. Elle n'a pas peur de cette majorité qu'elle a élue. » Par ailleurs, il s'en prend à Mac-Mahon, « gage et factionnaire des partis hostiles à la République », et lance un avertissement aux monarchistes : « Vous nous jetez au visage la dissolution comme une menace ? Nous l'acceptons comme une délivrance[10]. » Et c'est ainsi qu'en dépit des pressions multiples exercées par le gouvernement de Broglie et des interventions de Mac-Mahon dans la campagne les républicains triomphent une nouvelle fois lors des élections générales d'octobre 1877.

Le père de l'école laïque

Réélu dans sa circonscription de Saint-Dié, Jules Ferry devient ministre de l'Instruction publique et des Cultes dans le gouvernement de William Waddington, constitué le 4 février 1879, juste après la démission de Mac-Mahon. Dès lors, il va rester au pouvoir presque sans interruption jusqu'en mars 1885, marquant de son empreinte les grandes lois fondatrices de la Troisième République. Il ne s'agit pas de raconter ici en détail toute l'œuvre scolaire de celui qui est considéré comme le père de l'école républicaine et laïque. Montrons simplement à quel point ce combat est difficile, comme le souligne Jules Ferry dans son discours au banquet d'Épinal, le 23 avril 1879 : « Messieurs, quand on est en butte aux attaques quotidiennes d'un parti bruyant et passionné, quand on est condamné à assister en silence au déchaînement de la calomnie systématique, [...] c'est une jouissance profonde et un grand soulagement de pouvoir élever la voix au milieu de ses concitoyens, et de se sentir appuyé, comme je le suis ici, sur le vrai sol du suffrage universel. »

La grande bataille se livre sur deux projets de loi qu'il présente le 15 mars 1879, le premier excluant l'Église du Conseil supérieur de l'instruction publique et le second, le plus important, rendant à l'État la collation des grades universitaires et obligeant les élèves des établissements libres d'enseignement supérieur à prendre leurs inscriptions dans les facultés. Mais c'est essentiellement sur l'article 7 du premier projet que se cristallisent les affrontements et les polémiques, car il prévoit de soumettre à une autorisation de l'État les congrégations enseignantes, notamment les jésuites, qui sont les plus actifs dans ce domaine. Une campagne virulente de l'Église et de la droite se déclenche alors à l'encontre de Jules Ferry. Dans la discussion passionnée qui débute le 16 juin 1879 à la Chambre, il combat d'un côté les anticléricaux les plus intransigeants, qui veulent interdire d'enseignement les congrégations religieuses, et de l'autre les conservateurs, qui refusent que l'on y touche.

C'est pourquoi, dans son discours de présentation, le 26 juin, il prend soin de souligner que l'autorisation n'est pas l'interdiction, tout en montrant que, pour les jésuites, historiquement hostiles à la République, la cause lui semble « entendue ». Le 8 juillet, il s'oppose aux partisans de l'interdiction pure et simple, tel le radical Madier de Montjau, député de la Drôme, qui entend « mettre le clergé hors la loi » : « Vous avez eu tort, lui répond Jules Ferry, car les paroles qui se disent à cette tribune sont propagées, répétées, exploitées sur toute l'étendue du pays contre le gouvernement républicain. [...] Quand vous aurez fait comprendre au clergé de France que vous n'entendez diminuer en rien ni le patrimoine financier, ni le patrimoine spirituel de l'Église et que vous voulez seulement être maîtres chez vous, soyez sûrs que les choses changeront de face. Mais, pour cela, ne déclarez pas dès à présent la guerre à ces 50 000 prêtres. » Au Sénat, le 5 mars 1880, c'est à la droite qu'il oppose ses arguments, dans un discours qui va à essentiel : « Il est souverainement injuste de dire que projet du gouvernement est inspiré par l'esprit de secte, par la haine de l'enseignement chrétien, haine qui est une forme de l'esprit de secte. [...] Non ! Il est inspiré uniquement par des vues politiques. [...] Nous sommes des hommes politiques ayant charge de fonder, dans ce pays, un gouvernement qui a coûté de longues années d'efforts et de patience, en face de passions qui ne désarment pas. » C'est établir le principe de la laïcité de l'enseignement comme un pilier du régime républicain.

Le 29 mars 1880 sont publiés deux décrets, l'un dissolvant la Compagnie de Jésus et l'autre accordant trois mois aux autres congrégations pour déposer une demande d'autorisation. Il s'ensuit une très grande agitation dans le pays, un pétitionnement catholique de plus d'un million de signatures, la protestation des évêques, la démission de deux cents magistrats et une crise politique qui va durer jusqu'en 1882. Cela ne fait dévier en rien la politique de réforme scolaire menée par Jules Ferry, qui va aboutir aux lois sur l'extension aux jeunes filles de l'enseignement secondaire d'État, le 21 décembre 1880, sur la gratuité de l'enseignement primaire de 6 à 13 ans, le 16 juin 1881, et sur l'obligation et la laïcité de l'enseignement, le 28 mars 1882.

Répondant le 13 juillet 1880 à Mgr Freppel, évêque d'Angers et député du Finistère, qui critique la gratuité scolaire comme nuisible aux progrès de l'instruction, Jules Ferry lui retourne habilement son argumentation : « Si la gratuité n'a pas cette conséquence de rendre la fréquentation des écoles plus facile, de peupler les écoles dans les villages, pourquoi en faites-vous pour l'Église catholique un titre de gloire ? » Et il ajoute à son propre argumentaire ce qu'il appelle « le point de vue démocratique » : « C'est qu'il importe à une société comme la nôtre, à la France d'aujourd'hui, de mêler, sur les bancs de l'école, les enfants qui se trouveront, un peu plus tard, mêlés sous le drapeau de la patrie. » L'école est ainsi définie comme le lieu privilégié de l'apprentissage civique et patriotique.

Le rejet de « Ferry-Tonkin »

Au terme de tous ces combats pour l'école laïque, obligatoire et gratuite, qui le font surnommer « Ferry sans Dieu » par la presse cléricale, il va se voir affublé d'un nouveau sobriquet, celui de Ferry-Tonkin ou « Ferry-le-Tonkinois » qui sera fatal à son expérience du pouvoir. C'est en effet l'expédition coloniale au Tonkin qui provoque son départ de la présidence du Conseil. L'annonce de la retraite des troupes françaises à Lang Son, le 28 mars 1885, venant après celle d'une défaite à Bang Bo, provoque une crise politique qui se solde par un débat à la Chambre d'une virulence extrême, deux jours plus tard. Une députation des deux groupes parlementaires qui le soutiennent, l'Union républicaine et la Gauche républicaine, l'ont pourtant supplié de démissionner avant la séance, mais il a refusé de se retirer sans combattre.

Dans l'après-midi, il entre dans l'hémicycle sous les invectives de ses adversaires de la droite et de l'extrême gauche, et tente de justifier sa demande de crédits militaires supplémentaires. « Nous devons venger notre échec à Lang Son, dit-il. Nous devons le faire non seulement pour assurer notre emprise sur le Tonkin, mais aussi pour sauvegarder notre honneur dans le monde. » Mais le député conservateur Raoul Duval s'écrie : « Qui l'a compromis, notre honneur ? » Et comme Ferry revient à la charge, c'est au tour du radical Georges Clemenceau de s'exclamer : « Qui pourra jamais vous croire ? Nous en avons complètement fini avec vous ! Nous ne vous écouterons plus jamais ! Nous n'allons pas débattre des affaires de la nation à nouveau avec vous ! Nous ne vous reconnaissons plus ! Nous ne voulons pas vous reconnaître ! Vous n'êtes plus des ministres ! Vous êtes tous accusés… de haute trahison ! » Par 306 voix, venus de la gauche radicale et de la droite conservatrice, contre 149 modérés, la Chambre rejette alors la motion proposée par Jules Ferry, contraint à démissionner le soir même. En quittant le Palais-Bourbon, il passe à travers une foule furieuse de manifestants réunis par le bonapartiste Paul de Cassagnac, aux cris de : « À bas Ferry ! Mort à Ferry ! » Ils sont alors des milliers sur le pont de la Concorde, hurlant « Jetez-le dans la Seine ! Mort au Tonkinois ! ».

La haine contre lui va ensuite connaître un autre pic deux ans plus tard à la suite de la démission du président de la République Jules Grévy, compromis par son gendre Daniel Wilson dans le scandale du trafic des décorations. Jules Ferry apparaissant comme le favori de l'élection présidentielle prévue le 3 décembre 1887, les partisans du général Boulanger et les radicaux de Georges Clemenceau se mobilisent pour lui barrer la route de l'Élysée. De son côté, le Conseil municipal de Paris, lui aussi en majorité radicale, installe à l'Hôtel de Ville un bureau révolutionnaire décidé à proclamer une nouvelle Commune s'il était élu. Dans le journal socialiste *Le Cri du peuple*, la polémiste Séverine écrit, le 2 décembre : « Il est impossible que certains noms ne soulèvent pas un hoquet de dégoût, une tempête de huées. Le nom de Ferry est de ceux-là. À bas Ferry Famine ! À bas Ferry Tueur de Peuple ! À bas Ferry la Défaite, Ferry le Mensonge, Ferry la Honte ! » Ce sont quelques-uns des slogans repris par la foule des militants d'extrême gauche, Louise Michel en tête, qui manifestent aux portes du Palais-Bourbon les 1er et 2 décembre, aux accents de la *Carmagnole*. Résultat, il est battu le lendemain lors de la réunion du congrès électoral réunissant députés et sénateurs à Versailles, distancé dès le premier tour par Sadi Carnot, plus consensuel, pour qui il accepte de se désister au second tour. C'est ainsi qu'il est « remercié » d'avoir été l'un des pères fondateurs de la Troisième République.

Le dernier combat contre le boulangisme

Pourtant, un an plus tard, le voilà à la tête de ceux qui combattent le général Boulanger, devenu une menace pour la République. Devant les deux mille militants de l'Association nationale républicaine, réunis à l'Hôtel Continental, il annonce pour les élections générales de 1889 une « mêlée confuse où il y aura beaucoup de fausses cocardes et de faux pavillons arborés », car les boulangistes « viendront, sous le drapeau républicain, avec l'arrière-pensée, qu'ils déguisent à peine, d'égorger la République ! ». C'est pourquoi, dans le discours cité en introduction de ce chapitre, il en appelle à l'unité de tous les républicains face au danger populiste.

Dans la continuité de ce discours de combat, il est à l'initiative du grand congrès républicain antiboulangiste, qui rassemble à Paris, rue de Rennes, plus de 600 élus de la Seine, le 7 janvier 1889. Il s'agit de mobiliser modérés et radicaux face au général qui s'est porté candidat pour l'élection partielle organisée dans la capitale, le 27 janvier. Mais le petit peuple parisien se reconnaît dans cette candidature de protestation, qui lui permet d'exprimer sa colère face à ceux qui gouvernent. C'est ainsi qu'en dépit des avertissements prodigués par Ferry comme par Clemenceau, devenu son allié face au péril boulangiste, bon nombre d'anciens communards des quartiers ouvriers vont voter pour un général qui a pourtant participé en mai 1871 à la répression de la Commune. Boulanger l'emporte avec 245 236 voix contre 162 875 à son adversaire, le radical Édouard Jacques. C'est une extraordinaire humiliation pour ceux qui incarnent la République et notamment pour Jules Ferry, toujours détesté par les Parisiens.

Il reste néanmoins un combat décisif à mener pour défendre le régime républicain à l'occasion des élections générales qui se profilent pour le mois de septembre 1889. Les républicains de gouvernement peuvent profiter des célébrations du centenaire de la Révolution française, notamment de la grandiose Exposition universelle organisée à Paris à partir du mois de mai et dont le clou sera l'inauguration de la tour Eiffel. Par ailleurs, le général Boulanger commet l'erreur fatale de s'enfuir en Belgique, le 1er avril 1889, sous la menace fictive d'une arrestation pour complot contre la sûreté de l'État. Non seulement sa fuite est interprétée comme un aveu de culpabilité, mais surtout elle désorganise totalement ses partisans, privés de leur chef emblématique.

Il est temps pour Jules Ferry d'enfoncer le clou, à l'occasion d'un nouveau discours à l'Association nationale républicaine, le 11 avril 1889. « L'heure est décisive, et j'ajoute, messieurs, qu'elle est favorable, se réjouit-il. Depuis bien longtemps – cela a l'air d'un paradoxe – elle n'a jamais été aussi favorable. Parfois, le bien sort de l'excès du mal : eh bien, il est permis de dire que de ce grand désastre des élections parisiennes du 27 janvier – ce fut un désastre, il n'y a pas à se faire d'illusions sur ce point, – de ce désastre, dis-je, il est sorti deux choses heureuses : le réveil du gouvernement et le réveil des modérés ! » Évoquant le coup d'État de Louis-Napoléon Bonaparte, qui vit « la liberté succomber en ce pays, dans une crise qui a, avec celle-ci, trop d'inquiétantes analogies », il rappelle que désormais la République a toutes les armes pour se défendre, qu'elle est « toute-puissante », « souveraine », et qu'elle ne doit pas se laisser « émietter, amoindrir, déshonorer, effondrer, enliser » par la crise boulangiste.

Candidat à la réélection dans la circonscription de Saint-Dié, qu'il a représentée sans interruption depuis 1871, il affronte l'ancien militaire Ernest Picot, « révisionniste antiferryste », soutenu par les monarchistes et les boulangistes mais aussi par les socialistes hostiles à « Ferry-Famine ». La profession de foi que ce dernier adresse à ses électeurs est celle d'un défenseur de la République, qui « voit ligués contre elle tous les ennemis du repos de la France, les prétendants, en révolte permanente contre la souveraineté nationale, les aventuriers flétris par la conscience publique, toutes les ambitions déçues, toutes les intrigues, tous les appétits ». Il les avertit que « le triomphe des révisionnistes serait le prélude de la guerre civile ». Mais, au terme d'une campagne très dure, il est battu dès le premier tour du 22 septembre 1889, ne recueillant que 6 210 voix contre 6 385 à son adversaire[11].

Dans la lettre qu'il envoie à ses électeurs au lendemain de sa défaite, l'ancien président du Conseil se réjouit néanmoins que « la politique républicaine, cette politique d'union et de sagesse pratique » qu'il a « toujours préconisée », l'ait emporté dans l'ensemble du pays et que « le boulangisme », qu'il a dénoncé « l'un des premiers », soit écrasé, la Révision, « rejetée par la France républicaine », la République, sortant « triomphante d'une crise redoutable », et « qu'importe qu'elle le laisse sur le champ de bataille ! ». De fait, les élections à l'échelle nationale sont un échec cuisant non seulement pour les boulangistes, qui ne recueillent que 42 sièges, essentiellement parisiens, mais aussi pour toute la coalition des « révisionnistes » rassemblant monarchistes et bonapartistes, sévèrement battus par l'alliance des républicains modérés et radicaux. Effondré par son désastre électoral, le général Boulanger actera en mai 1890 la dissolution de son Comité républicain national. Jules Ferry pourra se réjouir d'avoir triomphé du boulangisme.

« L'accomplissement de la promesse républicaine »

Pourtant, son élection au Sénat le 4 janvier 1891 apparaît comme une sorte de pis-aller pour ce père fondateur du régime, relégué à la chambre des notables parce que le peuple le rejette. Il faut un déploiement de forces de police considérable, le 21 mars 1891, pour éviter que les manifestants boulangistes ne viennent perturber le banquet de l'Association nationale républicaine qu'il préside dans la salle de l'Élysée-Montmartre. Dans une brochure publiée quelques jours plus tôt, Michel Morphy, fondateur du journal *L'Anti-Ferry*, voit dans ce banquet un « défi à la population parisienne », vingt ans, presque jour pour jour, après la révolution du 18 mars 1871, par « un homme, dont le nom est voué à l'exécration publique », « Ferry-Famine, Ferry-Choléra, Ferry-Tonkin[12] ». Et même s'il est élu président du Sénat, le 24 février 1893, ce qui semble à la mesure de ses ambitions politiques retrouvées, Jules Ferry reste un mal-aimé[13]. Un journal monarchiste se complaît à décrire sa déchéance : « En ce quasi-vieillard, dont le nez charnu défaille sous le front fuyant et que l'on aperçoit aujourd'hui, à l'Opéra ou à la Comédie-Française, affaissé dans l'ombre d'une loge, on ne reconnaît plus l'homme un peu insolent, cambré dans l'orgueil de sa haute taille, fier de ses favoris soignés, qui rejetait si cavalièrement les guides de son cheval quand, dans la cour du ministère des Affaires étrangères, il sautait de son élégant phaéton[14]. »

Nuançons cependant ce tableau au noir venant d'un journal qui le déteste. Lorsqu'il disparaît brutalement, le 17 mars 1893, moins d'un mois après son accession à la présidence de la Chambre haute, nombreuses sont les louanges qui viennent de tout le camp républicain. Même le radical Sigismond Lacroix salue les « talents d'homme d'État » du défunt, « figure » de la République « qu'il a si longtemps, et, il faut le dire, si puissamment incarnée[15] ». Dans la presse modérée, on rend hommage au « grand citoyen » qui a offert « à son pays ce qu'il avait de meilleur, son patriotisme élevé, sa conscience profonde et éclairée de la grandeur de la France », « cet esprit de paix et de fraternité si nécessaire à la grandeur française et qu'il avait puisé, après de longs combats, dans l'aversion même qu'ils avaient inspirée à ce noble esprit, à ce grand cœur[16] ».

Ce que confirme le caractère grandiose de ses funérailles, organisées en deux temps, le 21 mars 1893 dans la cour d'honneur du Sénat, où son catafalque a été dressé, puis le lendemain à Saint-Dié, où il a demandé à être inhumé, et où « une foule énorme » l'accompagne dans sa dernière demeure. Le choix qui a été fait par la famille Ferry de l'inhumation en province, dans son fief vosgien, indique leur défiance envers les Parisiens, qui l'ont toujours rejeté. C'est le choix de la République des paysans, dont il se voulait le porte-parole et se rêvait l'incarnation. On notera cependant que la foule parisienne se presse elle aussi aux alentours du palais du Luxembourg pour entendre les discours d'hommage qui y sont prononcés[17]. Qu'elle soit teintée de curiosité malsaine ou de sourde hostilité, la célébrité du défunt n'en est pas moins incontestable, associée à un père fondateur de la Troisième République.

C'est pourquoi Agénor Bardoux, vice-président du Sénat, déclare que « la République est en deuil », exaltant la figure du rassembleur, car, dit-il, « sauf le court passage de Gambetta aux affaires, personne n'a plus que Jules Ferry concentré la politique active du parti républicain ». Jean Casimir-Perier, président de la Chambre, l'installe lui aussi au niveau de Léon Gambetta, le référent majeur de la défense républicaine, comme « deux frères d'armes » qui « ont été nos chefs aux jours des épreuves et des luttes » et « que la postérité réunira dans son souvenir et sa reconnaissance[18] ». La première grande biographie qui lui sera consacrée, publiée en 1903 par Alfred Rambaud, son directeur de cabinet devenu lui-même ministre de l'Instruction publique, se concentre sur son œuvre scolaire, le cristal rassembleur de son incarnation[19]. Le monument inauguré par le président du

Conseil Aristide Briand le 20 novembre 1910 aux Tuileries le représente au pupitre, surplombant une maîtresse d'école et son élève. Et cette mémoire du père fondateur de l'école publique survivra à la Grande Guerre, renforcée par le sacrifice de son neveu Abel, député et ministre mort sur le front en mission parlementaire[20]. Il collectionnera tout au long du XXe siècle les noms d'écoles, plus de cinq cents, et de collèges, plus d'une cinquantaine, fabriquant l'image d'Épinal d'un idéal scolaire et de son icône, et, couronnement suprême, première figure historique honorée par François Hollande devant la statue des Tuileries, le jour même de son investiture[21]. C'est à juste titre que sa biographe Mona Ozouf observe que celui qui fut « l'homme le plus haï de la vie politique française » a su, au regard de l'histoire, « incarner tout à la fois l'autorité de l'État et l'autonomie de l'individu, l'accomplissement de la promesse républicaine et la critique du maximalisme républicain[22] ».

CHAPITRE 5

Pierre Waldeck-Rousseau, face aux ligues nationalistes

Le 26 juin 1899, un homme grand et mince à l'allure un peu nonchalante, cheveux ras et yeux globuleux, la bouche scellée sous une moustache longue et drue, monte à la tribune de la Chambre des députés pour prononcer le discours le plus important de sa carrière. Pierre Waldeck-Rousseau, ancien ministre de Léon Gambetta puis de Jules Ferry, vient en effet d'être appelé à la tête du gouvernement par le président de la République Émile Loubet, dans le contexte volcanique de l'affaire Dreyfus.

Très critiqué pour sa mollesse vis-à-vis des ligues nationalistes et antidreyfusardes, le gouvernement de Charles Dupuy a été renversé le 12 juin. Le président Loubet, qui lui-même a été agressé le 4 juin par l'un de ces adversaires de la République, le baron de Christiani, a donc décidé d'appeler Waldeck-Rousseau au pouvoir afin de remettre de l'ordre dans une France coupée en deux par l'Affaire. S'attribuant le ministère de l'Intérieur, le nouveau chef du gouvernement a aussitôt envoyé aux préfets la circulaire suivante : « L'œuvre que le ministère assume est une œuvre de défense républicaine. Elle exclut l'esprit de parti. Cela suffit à tracer votre conduite. Vous devez me signaler tout acte intéressant le respect des institutions et le bon ordre, et agir au besoin sous votre responsabilité – et d'urgence[1]. »

La défense républicaine

C'est donc un gouvernement de « défense républicaine » qu'il vient présenter à la Chambre des députés, ce 26 juin, dans un Palais-Bourbon chauffé à blanc, où les extrêmes s'en donnent à cœur joie de l'interrompre et de le conspuer. Face à ce « long hurlement d'hyènes », selon le mot de Clemenceau, il déploie toute la finesse et le sang-froid de sa longue expérience du barreau pour présenter sa mission, qui est simple : « Mettre fin à des agitations dirigées sous des dehors faciles à percer, contre le régime que le suffrage universel a consacré et qu'il saura maintenir. […] Exiger, dans tous les services, un concours fidèle, le courage des responsabilités, telle doit être la première préoccupation du Gouvernement qui se présente devant vous. »

Mais, par ailleurs, dans le respect de la séparation des pouvoirs, il s'engage à laisser la justice accomplir « son œuvre dans la plénitude de son indépendance ». En outre, il prend soin de ménager l'armée, qui est sur la sellette, « au premier rang des intérêts les plus étroitement liés à la conservation et à la dignité d'une nation ». Tout en exigeant son « inviolable attachement à la discipline », qui est « la première et l'essentielle garantie de sa propre grandeur », il s'engage à la défendre « contre les attaques dont elle serait l'objet et contre les sollicitations qui sont la plus imméritée des injures ». Enfin, il place sa politique de défense républicaine, « comme tous ceux qui font de l'unité morale de la France la condition même du rôle civilisateur qui lui est assigné », sous le signe de « l'apaisement ». C'est ainsi, conclut-il, que « la République reprendra bientôt son œuvre de progrès économique et social, et nous croirons avoir rempli notre devoir si nous avons de nouveau ouvert la voie à une politique faite, à l'exclusion de tout ce qui a divisé les républicains, de tout ce qui peut les unir[2] ».

Très applaudi par les radicaux et même par les socialistes, Waldeck-Rousseau accepte, alors que rien ne l'y oblige, de répondre directement aux interpellations des députés de droite comme à celle du socialiste René Viviani, qui l'exhorte lui aussi à pratiquer une véritable politique de « défense républicaine[3] ». Pour ce faire, il a constitué un cabinet totalement atypique dans lequel vont cohabiter le général-marquis Gaston de Galliffet, honni par la gauche, surnommé naguère « le massacreur de la Commune », et le Premier ministre socialiste de notre histoire, Alexandre Millerand, qui se voit confier le portefeuille du Commerce, de l'Industrie, des Postes et Télégraphes.

« Oui, il est parfaitement vrai que, sur un très grand nombre de points de politique, sur un très grand nombre de questions économiques, chacun de nous a des vues divergentes », reconnaît Waldeck-Rousseau en présentant ce cabinet atypique qui fait rugir la Chambre. Mais il ajoute : « S'agissant d'un intérêt supérieur à toutes nos querelles, s'agissant de la défense de la République, nous n'avons qu'un même sentiment et une même volonté. » Le but de son gouvernement, c'est « de réunir tous les républicains pour faire face à tous les réactionnaires ». C'est ainsi que, pour la première fois dans notre histoire, des hommes de droite, du centre et de la gauche vont travailler ensemble pour défendre la République et mettre fin à la crise de l'affaire Dreyfus.

« *Un orateur utilitaire* »

La défense républicaine n'aurait pu trouver de meilleur avocat que Pierre Waldeck-Rousseau. Il a de qui tenir car son père René, mort en 1874, était déjà un avocat réputé du barreau de Nantes, dont il a été le député sous la Seconde République, puis le maire au début de la Troisième. Après avoir fait son droit à la faculté de Poitiers puis à Paris, Pierre a suivi les traces de son père, prêtant serment en 1869 comme avocat stagiaire au barreau de Paris, sur présentation d'une autre grande figure républicaine, Jules Grévy, alors bâtonnier de l'ordre, et futur président de la République[4]. Pierre Waldeck-Rousseau s'imprègne alors des discours d'un autre avocat fameux, et qui deviendra lui aussi chef de l'État au tout début de la Troisième République : « J'ai lu et relu tous les discours de Thiers, écrit-il, je les ai même travaillés, prenant des notes et raisonnant avec lui. J'écris, j'écris n'importe quoi pour me familiariser avec les mots, et je crois que c'est un bon moyen pour arriver à parler[5]. » Une formule montre son obstination à parfaire son éloquence : « Si pour prendre de l'assurance dans la parole, il fallait me couper deux doigts, je crois que je n'hésiterais guère[6]. » À l'instar de son père et de ses illustres modèles, l'intérêt pour la politique est chez lui précoce, puisqu'il rédige dès cette époque un essai intitulé *Ce qui tue les Républiques*, qui ne sera publié qu'après sa mort[7]. Fermement républicain, comme la plupart de ses jeunes congénères du barreau, il n'en condamne pas moins les plus radicaux, « les exagérés qui sont aussi absurdes qu'ils sont violents[8] ». Son mentor en politique est Jules Dufaure, ancien bâtonnier de l'ordre des avocats, un proche d'Adolphe Thiers, et qui va d'ailleurs diriger le gouvernement quand ce dernier deviendra président de la République.

Pierre Waldeck-Rousseau attend néanmoins plusieurs années avant de s'engager personnellement en politique. Avocat stagiaire à Saint-Nazaire à partir de mars 1870, mobilisé pendant la guerre franco-prussienne mais sans combattre, il se met au service de son père pour la réélection de ce dernier à la mairie de Nantes aux élections municipales de 1871. Puis il s'inscrit au barreau de Rennes, dont il va devenir en quelques années un ténor. Sans effet de manches, sans emphase, sans pathos, son éloquence est faite de simplicité, de phrases courtes, directes, émaillées parfois d'une ironie qui fait mouche. Sa « manière », écrira à sa mort un journaliste du *Temps*, « était faite moins de l'abondance et de la beauté des images que de la vigueur et de la rigueur d'un langage dont la perfection n'était en quelque sorte que la parure, naturelle et sans effort, de la simplicité[9] ». Comme l'écrit Paul Reynaud, son biographe et lointain successeur à la présidence du Conseil, il se veut un « orateur utilitaire[10] ». C'est pourquoi il rejette toute improvisation, à la différence de son maître Dufaure ou de Léon Gambetta. Il n'empêche que son talent fait de lui l'avocat le plus recherché de Rennes, et même, dit-on à l'époque, le « premier avocat des barreaux de province[11] ».

C'est la crise du 16 mai 1877, et la menace qu'elle fait peser sur la République, qui le pousse à sortir du confort de sa notoriété professionnelle pour entrer dans le combat politique. S'appuyant sur le soutien de *L'Avenir*, le journal républicain de Rennes, dont il est l'un des administrateurs, il est triomphalement élu député de la première circonscription de la ville lors de l'élection partielle d'avril 1879[12]. Il s'inscrit quelques mois plus tard au groupe de l'Union républicaine, celui de Gambetta, alors président de la Chambre des députés. Le pragmatique Waldeck-Rousseau voit en ce dernier le rassembleur des républicains, le plus capable de défendre la République face aux attaques des monarchistes ou des radicaux. C'est pourquoi il fait de lui son champion. Après avoir fait ses preuves comme rapporteur du projet de loi réformant la magistrature, voté par une large majorité en novembre 1880, Waldeck-Rousseau s'engage au début de l'été 1881 dans un nouveau combat parlementaire en faveur du scrutin de liste, réclamé par son nouveau chef de file. C'est le thème principal de sa campagne, qui le voit facilement réélu avec 65 % des suffrages exprimés lors des élections générales d'août 1881. Et, lorsque le président de la République Jules Grévy se décide enfin à appeler Léon Gambetta à la tête du gouvernement, le député de Rennes se voit proposer le ministère de l'Intérieur.

« Que la République soit un gouvernement »

Sa nomination place Beauvau, le 14 novembre 1881, est une véritable surprise pour Waldeck-Rousseau, qui n'a que deux ans d'expérience politique derrière lui, et qui s'attendait plutôt à recevoir une offre de mission parlementaire, ou au mieux un sous-secrétariat d'État. Mais il bénéficie paradoxalement de l'échec du projet de « grand ministère » annoncé par Gambetta. Ce dernier aurait souhaité réunir les grandes figures de la coalition républicaine au sein de son gouvernement, mais il s'est heurté aux refus de Jules Ferry, de Charles de Freycinet et de Léon Say, le chef du centre gauche. Le tribun républicain s'est donc tourné vers sa jeune garde pour composer son gouvernement, se réservant les Affaires étrangères mais confiant des portefeuilles majeurs à des néophytes, les Finances à François Allain-Targé, l'Instruction publique et les Cultes à Paul Bert, le Commerce et les Colonies à Maurice Rouvier et donc le poste clé de l'Intérieur à Pierre Waldeck-Rousseau.

« J'ai cru d'abord que je rêvais, écrit ce dernier à sa mère. [...] Quant à moi, quoi qu'il arrive, je me connais et je ne serai pas au ministère depuis dix jours que je croirais y avoir toujours été[13]. » Et de fait, dès la semaine qui suit sa nomination place Beauvau, il reprend en main son administration. Dans une circulaire du 24 novembre 1881, il entend restaurer l'autonomie administrative des préfets, sous son autorité, à l'exact inverse des habitudes prises auparavant. Recevant les préfets venus, selon la coutume, prendre les ordres du nouveau ministre, il ne les ménage pas : « Votre place, messieurs, n'est pas dans l'antichambre d'un ministre, mais à vos postes respectifs ; je vous invite à retourner immédiatement à vos préfectures[14]. » C'est ainsi qu'en quelques semaines il se forge une réputation de fermeté et d'efficacité qui l'accompagnera toute sa carrière. Celle-ci s'interrompt provisoirement le 26 janvier 1882, avec la chute du « grand ministère », mais désormais tout le monde a compris que Waldeck-Rousseau avait la trempe d'un homme d'État.

Dès son retour à la Chambre, il dépose le 11 février 1882 une proposition de loi en faveur du droit d'association, premier acte d'un long processus qui aboutira à sa loi du 1er juillet 1901. Le 16 mai suivant, il la complète par une autre proposition de loi, relative à la caisse des retraites pour la vieillesse, aux caisses d'assurances en cas de décès et d'incapacité de travail et aux associations de secours mutuels : « Il n'y a pas d'œuvre plus utile à l'intérêt social, dans ce qu'il y a de plus général et de plus élevé, que celle qui consiste à enseigner aux travailleurs de tous les ordres que le gouvernement intelligent et laborieux de leurs forces, l'esprit de prévoyance, la puissance de l'économie multipliée par le fait de l'association, peuvent les soustraire aux épreuves si dures de la vieillesse, de la maladie, de l'incapacité de travail[15]. » La loi du 1er avril 1898 sera l'aboutissement de cette proposition.

Élu à la présidence du groupe de l'Union républicaine, le 8 mai 1882, il trace un véritable programme de gouvernement, appuyé sur le rassemblement de « tous ceux qui représentent les vraies forces du parti républicain[16] ». Il évoque ensuite les « solutions fermes, précises, pleinement démocratiques » qu'il propose d'adopter pour la réforme de la magistrature, le service militaire, la reconnaissance du droit d'association ou encore la politique fiscale. Mais, dit-il, pour exécuter ce programme, il faut « sortir d'un état d'indécision qui ne saurait se prolonger » et « se montrer plus préoccupé d'exécuter les volontés du pays que d'y exciter l'esprit de division et de défiance ». C'est pourquoi il veut encadrer le processus législatif, affirmant la nécessité d'un calendrier précis afin d'assurer ce qu'il dénomme la « fortune politique », c'est-à-dire l'efficacité de la gouvernance[17].

Ce sera l'objet de l'un de ses grands discours, un an plus tard, devant l'Union des sociétés de gymnastique de France[18]. Il y prône « la nécessité pour la République d'être un "gouvernement", c'est-à-dire de gouverner efficacement pour parvenir à donner au peuple la "somme de justice et de protection" qu'il attend. Que la République soit le gouvernement nécessaire, qu'un courant irrésistible entraîne successivement tous les pays où la résistance se prolongeait encore vers ce gouvernement, c'est-à-dire vers l'ordre dans la liberté, vers la garantie de tous les intérêts par le respect des volontés nationales, c'est là une vérité certaine, expérimentalement démontrée. [...] J'affirme que si l'on consultait le pays, non pas dans certaines de ses éruptions ou dans certains de ses critères, si on interrogeait le pays vrai, le pays laborieux, celui que l'on n'entend pas assez, parce qu'il ne parle pas assez, dont il faut surprendre l'opinion dans ses manifestations tout intimes et, pour ainsi dire, dans les méditations et le recueillement de son travail, on trouverait qu'au-dessus de toutes les controverses une volonté se dégage et s'affirme, la volonté de constituer enfin, après tant de souffrances, après tant d'épreuves et de sacrifices, un ordre de choses tellement définitif, tellement durable, [...] que le gouvernement républicain pût enfin, dans une paix qu'il n'a jamais connue, travailler à son organisation intérieure ».

La loi Waldeck-Rousseau

C'est dans cet esprit de rassemblement des républicains modérés qu'il accepte à nouveau le portefeuille de l'Intérieur (et des Cultes) dans le second gouvernement de Jules Ferry, le 23 février 1883. Même s'il n'est pas aussi proche de ce dernier qu'il ne l'était de Gambetta, le partage des tâches avec le président du Conseil, qui s'est attribué l'Instruction publique et les Beaux-Arts, lui permet de mener à bien les réformes qu'il envisage avec une certaine liberté. Pratiquant ce qu'il appelle « un anticléricalisme de nécessité », il soutient, mais avec modération, les lois de laïcisation scolaire du chef du gouvernement. Dans son discours de Vannes, en terre catholique, le 20 mai 1883, il affirme sa modération envers l'Église : « Messieurs, je demande comment et pourquoi, si le catholicisme est, ainsi qu'il le paraît, une religion, une foi, une croyance, une forme symbolique de certaines vérités morales, pourquoi ce catholicisme serait suspect à la République et pourquoi la République songerait à l'inquiéter : comment la liberté de penser n'admettrait pas cette liberté moindre qui s'appelle la liberté de croire ? » Mais, en complément de cette protestation de bienveillance, il dénonce le « parti non point religieux mais politique », qui prône « une Église dominante dans un État subalterne » alors que la République a besoin d'une « Église respectée dans un État impartial[19] ».

Ce qui l'intéresse surtout, ce sont les questions sociales, comme le prouvent ses vingt-huit projets de loi en deux ans. « Sans doute, les questions ouvrières sont complexes, dit-il à Elbeuf, cité du textile. Mais, là où tant de gens ne voient que des antagonismes et des antinomies, je ne vois, moi, que des solidarités. Cette union que vous recherchez dans les villes industrielles doit être l'objet des préoccupations du gouvernement, la loi de la démocratie étant l'accession incessante des classes nouvelles. Je crois à cette formule : agrandir son patrimoine de richesse en agrandissant son patrimoine de travail[20]. » C'est pourquoi il encourage les sociétés de secours mutuels, les Caisses d'épargne, et surtout la liberté syndicale, instaurée par la loi du 21 mars 1884.

Cette loi, dite « relative à la liberté des associations professionnelles ouvrières et patronales », sera une loi essentielle de notre socle républicain, au même titre que celles sur les libertés de presse ou de réunion. Pour la faire voter, il lui faut d'abord vaincre les réticences de Jules Ferry, qui ne croit pas aux réformes sociales, en lui expliquant que ces réformes sont un moyen de souder les républicains, cette « majorité dans l'unité » qu'ils ont élaborée ensemble[21]. Par ailleurs, il consulte longuement le monde ouvrier et le monde patronal. Il fait relancer en commission une proposition de 1876 relative à la reconnaissance des syndicats professionnels. Le 11 juin 1883, il est le seul ministre à prendre la parole pour défendre longuement le projet à la Chambre, puis à la fin du mois de janvier 1884 au

Sénat, où la résistance de la droite est vive. Au terme de quatre discours prononcés en deux jours, souvent dans le tumulte des opposants, il conclut : « On ne doit pas considérer les classes ouvrières comme des clientes ; on doit considérer les ouvriers comme des citoyens et des égaux, et ce n'est pas au nom d'une doctrine supérieure ou d'une sagesse transcendante qu'on peut leur refuser l'usage de la liberté[22]. » La Chambre haute ayant finalement accepté le principe de l'union des syndicats, qui suscitait les réticences, la loi est donc promulguée le 21 mars 1884, et elle portera le nom de Waldeck-Rousseau.

Le Grand Cercle républicain

La chute du gouvernement Ferry, le 30 mars 1885, emporté dans la tourmente de la défaite de Lang Son, au Tonkin, force Pierre Waldeck-Rousseau à s'éloigner un temps de la vie politique. En 1886, il s'inscrit au barreau de Paris et reprend ses activités d'avocat, se spécialisant dans les affaires financières et faisant de son cabinet l'un des plus réputés de la capitale. Mais il renoue ensuite avec la vie parlementaire en se faisant élire sénateur dans la Loire à l'occasion d'une élection partielle, le 7 octobre 1894. Son ambition est alors de reconstituer un grand parti des républicains modérés pour faire pièce aux radicaux qui ont le vent en poupe. Ses amis le voient alors comme un candidat potentiel à la succession du président de la République Jean Casimir-Perier, qui est du même bord. Mais la démission de ce dernier, le 15 janvier 1895, précipite l'élection présidentielle, deux jours plus tard, ce qui est bien trop tôt pour Waldeck-Rousseau. N'ayant obtenu que 184 voix au premier tour contre 338 au radical Henri Brisson et 244 au modéré

Félix Faure, il se retire pour ce dernier qui est finalement élu par 430 voix contre 361.

Il se consacre alors à la réforme parlementaire, qui lui tient à cœur, prônant notamment des mesures visant à l'efficacité et à l'intégrité du travail législatif, contre l'absentéisme, contre les interruptions et les violences verbales, pour la limitation du temps de parole, du droit d'amendement et d'interpellation, pour l'institution de commissions permanentes. En parallèle, il tente de fédérer les républicains modérés, dits « progressistes », autour d'une nouvelle revue lancée en juillet 1894 par le juriste et journaliste Marcel Fournier, la *Revue politique et parlementaire*, et d'une nouvelle organisation qui lui est associée, le Grand Cercle républicain, qu'il inaugure officiellement le 22 mars 1898.

Dans son discours d'inauguration en tant que président, il présente cette nouvelle organisation comme « un centre de délibérations, d'étude, d'action et de propagande », conçu comme un complément des « institutions parlementaires ». Il doit avoir pour but de « former des mœurs parlementaires », c'est-à-dire de « constituer, à côté des institutions publiques et constitutionnelles », « un grand parti, compact, homogène, ayant ses principes supérieurs et constants, ayant une règle, ayant une orientation précise, arrêtée, une discipline, une direction supérieure constante et respectée ». Sur le modèle des deux grands partis britanniques, ce sera « une sorte de grand conseil, toujours ouvert à ses délibérations, et ayant dans tous les départements, sur toute la surface du pays, ses centres de retentissement et de propagande ». Par ailleurs, il sera « inébranlablement attaché aux principes de la Révolution française » pour « les défendre contre toutes les contre-révolutions, contre-révolutions monarchiques qui finissent, contre-révolutions socialistes qui commencent ».

Le Grand Cercle républicain, ce serait en somme le grand parti des modérés dont avaient rêvé Gambetta puis Jules Ferry, auxquels Waldeck-Rousseau se réfère[23]. Malheureusement pour lui, les élections de mai 1898 ne permettent pas de rassembler les candidats modérés comme il l'avait espéré, et c'est la dispersion qui l'emporte entre les diverses composantes de ce bloc central. Dès lors, il prend ses distances avec le Grand Cercle républicain, qui va devenir, plus qu'un parti, une sorte de club mondain mâtiné de société savante. En revanche, son accession à la présidence du Conseil, le 22 juin 1899, va lui permettre de jouer le rôle de rassembleur qu'il a depuis toujours souhaité.

Le gouvernement de la « défense républicaine »

Le retour au pouvoir de Waldeck-Rousseau n'est pas tout à fait une surprise. Depuis plusieurs mois, il s'est montré de plus en plus critique vis-à-vis de la politique menée par les gouvernements modérés dans l'affaire Dreyfus. En privé, il a constitué un petit groupe informel permettant à quelques figures républicaines de se rapprocher pour évoquer l'Affaire et ses conséquences sur le fonctionnement de l'État. Y figurait notamment le socialiste Alexandre Millerand, son collègue avocat, ainsi que des modérés tels Joseph Caillaux ou Jean-Marie de Lanessan. Ces trois hommes vont se retrouver dans le gouvernement de « défense républicaine » constitué le 22 juin 1899 par Waldeck-Rousseau. Investi par la Chambre quatre jours plus tard, il a réussi le tour de force d'intégrer dans le même gouvernement le général de Galliffet et le socialiste Alexandre Millerand, aux côtés de ses proches comme Ernest Monis à la Justice ou Georges Leygues à l'Instruction publique. Pour ce dernier, Waldeck-Rousseau est l'homme providentiel qu'il fallait au pays : « Lorsqu'on vit arriver au pouvoir, avec son courage tranquille, son élégance nonchalante, cet homme qui, depuis tant d'années, se dérobait au pouvoir, tout à coup on se sentit rassuré[24]. »

D'emblée, le nouveau président du Conseil, qui s'est attribué le ministère de l'Intérieur et des Cultes, comprend qu'il faut frapper fort, comme il l'explique dans sa déclaration du 26 juin, évoquée au début de ce chapitre. Alors que les jurés de la cour d'assises de la Seine ont acquitté le 31 mai Paul Déroulède, le chef de la Ligue des patriotes, pourtant coupable d'une tentative de coup d'État en février, Waldeck-Rousseau demande au préfet de police Lépine d'enquêter sur un éventuel complot nationaliste. Il lance un vaste coup de filet parmi les militants antidreyfusards, et l'on arrête les chefs des ligues. C'est ainsi que Paul Déroulède sera traduit pour complot contre la sûreté de l'État devant le Sénat réuni en Haute Cour de justice, ainsi que seize autres accusés dont Jules Guérin, le président de la Ligue antisémitique de France. Ce dernier va se barricader dans l'immeuble du Grand Occident de France, rue de Chabrol, assiégé pendant plus d'un mois avant d'accepter la reddition rocambolesque de ce que la presse appelle le « Fort Chabrol ». Il sera condamné à dix ans de prison puis de bannissement, comme Déroulède.

De son côté, le général-marquis de Galliffet, ministre de la Guerre, se charge de remettre au pas l'armée, notamment les officiers les plus antidreyfusards, dont le général Zurlinden, gouverneur de Paris. « L'incident est clos ! », déclare Galliffet à la Chambre le 21 septembre 1899, deux jours après que le président de la République Émile Loubet a accordé sa grâce au capitaine Dreyfus. De son côté, Waldeck-Rousseau dépose en novembre une loi d'amnistie couvrant « tous les faits criminels ou délictueux connexes à l'affaire Dreyfus ou ayant été compris dans une poursuite relative à l'un de ces faits ». En dépit des critiques des uns et des autres, elle sera adoptée le 24 décembre 1900. « Lorsqu'il a pris l'engagement de clore l'ère des procès et des représailles, le gouvernement a accompli tout à la fois un acte d'humanité et un acte de haute politique », se justifie le président du Conseil. Il s'agit non seulement de mettre fin à l'affaire Dreyfus, mais aussi de rassembler à nouveau tous les républicains : « Je le dis sans hésiter, il n'est que temps aussi que tous ceux de notre parti qui se sont, dans ces derniers temps, séparés de nous, comprennent que nous ne sauverons la liberté que par l'union de tous les républicains. [...] Il faut faire disparaître ces mots et ces paroles qui ont créé entre certains d'entre nous de si funestes malentendus[25]. »

Le rassembleur

De fait, un consensus républicain se crée autour de ce président du Conseil qui a su mettre au pas les nationalistes et l'armée. Il est applaudi aussi bien dans la presse radicale, qui le trouve « admirable[26] », que dans celle des modérés, qui salue en lui un homme d'État véritable[27]. C'est ce qui lui permet de présenter en novembre 1899 son projet de loi sur les associations, dans la continuité de sa loi de 1884 sur les syndicats professionnels. Répondant le 11 avril 1900 au député conservateur Denys Cochin qui voit dans ce projet une attaque contre l'Église, il se défend d'être anticlérical : « Quand nous pensons, et nous l'avons pensé, qu'à de certaines heures on voit véritablement dans ce pays trop de moines ligueurs et de moines d'affaires, nous restons fidèles en ce point comme en tous autres à la tradition républicaine que nous avons reprise, et nous ne sortons pas du Concordat, nous y rentrons[28]. »

Dans son discours dit « des deux jeunesses », prononcé à Toulouse le 28 octobre 1900, il souligne sa volonté de rassembler les républicains : « J'ai cru qu'il y a des heures où l'on doit, avant d'être l'homme d'un parti – et sans qu'il soit besoin de rechercher si ses fautes sont nos fautes –, être républicain. J'ai cru, et l'événement a montré que j'avais vu juste, qu'en face du péril commun il se trouvait dans chaque fraction de l'opinion républicaine des hommes capables de placer l'intérêt supérieur des institutions bien au-dessus de leurs vues individuelles, ou des controverses systématiques et qu'un pacte d'union pouvait et devait être formé en vue d'une action précise et définie [...], mais en excluant tout ce qui pouvait diviser et en retenant tout ce qui pouvait unir. »

Et c'est au nom de cette unité républicaine qu'il défend sa loi sur les associations, car l'enseignement des congrégations, notamment des jésuites, amène selon lui à créer une sorte d'État dans l'État, un état d'esprit hostile à la République. D'où son développement sur les deux jeunesses : « Dans ce pays dont l'unité morale a fait, à travers les siècles, la force et la grandeur, deux jeunesses, moins séparées encore par leur condition sociale que par l'éducation qu'elles reçoivent, grandissent, sans se connaître, jusqu'au jour où elles se rencontreront si dissemblables qu'elles risquent de ne plus se comprendre. Peu à peu se préparent deux sociétés différentes – l'une, de plus en plus démocratique, emportée par le large courant de la Révolution, et l'autre, de plus en plus imbue de doctrines qu'on pouvait croire ne pas avoir survécu au grand mouvement du XVIIIe siècle – et destinées un jour à se heurter. [...] C'est là une situation intolérable et que toutes les mesures administratives ont été impuissantes à faire cesser. Tout effort sera vain aussi longtemps qu'une législation rationnelle efficace n'aura pas été substituée à une législation à la fois illogique, arbitraire et inopérante. Si nous attachons tant d'importance à une loi sur les associations, c'est encore parce qu'elle entraîne avec elle la solution d'une partie, tout au moins, du problème de l'enseignement[29]. »

Répondant, le 21 janvier 1901, à Albert de Mun, grande figure de la droite catholique, il réfute toute accusation d'anticléricalisme : « Je n'imagine pas la liberté de penser proscrivant la liberté de croire et on ne me trouvera pas coupable de fanatisme à rebours. » Il considère tout simplement que « personne n'a sur la République ni un droit de privilège, ni un droit de préférence, qu'elle ne doit repousser aucun de ceux qui embrassent avec sincérité ses principes, [...] qu'elle demeure ouverte, mais pour qu'on y puisse entrer et non pas pour qu'on en puisse sortir ». Et il définit son objectif : « Ce que nous voulons, le but que nous poursuivons, c'est d'assurer par une mesure nécessaire la paix et le développement régulier de la société qui est sortie de la Révolution française[30]. » Au terme de débats souvent houleux, notamment au Sénat, la loi relative au contrat d'association est finalement promulguée le 1er juillet 1901. Son article 13, le plus controversé, soumet les congrégations religieuses à une autorisation légale, ce que la plupart d'entre elles vont d'ailleurs accepter. Sur le terrain purement politique, l'adoption de cette loi a permis à Waldeck-Rousseau de rassembler modérés et radicaux autour du thème de la laïcité.

« Le culte de la concorde »

Son grand discours de campagne, tenu à Saint-Étienne le 12 janvier 1902 pour préparer les élections générales du mois de mai suivant, rappelle une nouvelle fois la nécessité de l'union des républicains[31]. C'est la raison pour laquelle il a donné quelques mois plus tôt son parrainage à une nouvelle organisation, l'Alliance républicaine démocratique, « dont le but est de grouper tous les hommes qui, soit dans la majorité parlementaire, soit dans le pays, ne sont ni radicaux, ni socialistes dans le sens étroit ordinairement attaché à ces mots, mais qui profondément républicains et démocrates, sont bien décidés à entreprendre les réformes économiques et sociales ».

Ce nouveau parti de centre gauche est partie prenante du Bloc des gauches qui associe le Parti radical et les socialistes réformistes de Jean Jaurès et d'Alexandre Millerand lors des élections législatives des 27 avril et 11 mai 1902. Mais la victoire de cette coalition est d'abord celle des radicaux et de leurs épigones, tandis que les « waldeckistes » de l'Alliance républicaine démocratique n'obtiennent qu'une quarantaine de sièges. Les républicains conservateurs, dits « progressistes », rassemblés derrière Alexandre Ribot, ont préféré constituer une alliance à droite avec les catholiques de l'Action libérale populaire. En dépit du succès du Bloc des gauches, cette scission avec les « progressistes » sanctionne l'échec du projet de grand parti républicain modéré dont rêvait Waldeck-Rousseau.

Par conséquent, il démissionne de la présidence du Conseil le 3 juin 1902, laissant la place au radical Émile Combes, grand vainqueur des élections. Ce dernier applique une interprétation très anticléricale et rigoureuse de la loi sur les associations, ce que réprouve Waldeck-Rousseau. À la tribune du Sénat, le 27 juin 1903, il déplore que son successeur ait transformé une « loi de contrôle en loi d'exclusion ». Il rappelle que la loi de 1901 visait simplement à « restaurer dans leur plénitude les prérogatives nécessaires de l'État » et à « fonder une société civile assez forte pour qu'elle pût se montrer respectueuse de tous les droits de la conscience ». Il estime que l'on s'exposerait « à un véritable péril » si, « après avoir fait rentrer la société religieuse dans ses frontières, on paraissait vouloir l'y poursuivre[32] ». C'est pourquoi il s'oppose à ce que l'on appelle le « combisme », qui exclut au lieu de rassembler, au risque de disloquer cette majorité du bloc des gauches qu'il s'est évertué à consolider.

Son dernier discours à la tribune du Sénat, le 20 novembre 1903, est pour réfuter un amendement de son collègue radical Auguste Delpech, par ailleurs président du conseil de l'ordre du Grand Orient de France, qui propose d'étendre l'interdiction d'enseigner à toutes les congrégations, autorisées ou non. C'est à ses yeux une interprétation totalement abusive, et dangereuse de sa loi de 1901 : « Elle a produit des résultats, et tout le monde le reconnaîtrait si nous avions la notion du temps et si nous perdions l'habitude de croire, nous les incrédules, que par la vertu d'un texte législatif, on transforme ou on supprime soudain tout un passé, tout un présent, toute une époque, la vitesse et la force acquises, et jusqu'aux états d'esprit les plus anciens et les plus invétérés. » Et il déplore que l'anticléricalisme du président du Conseil fasse exploser la coalition majoritaire, le poussant lui-même, « par un phénomène singulier, en état d'opposition imprévue ».

C'est donc en opposant que s'éteint le 10 août 1904, à 57 ans, terrassé par un cancer du pancréas, celui que le grand quotidien modéré *Le Temps* salue comme « l'un des serviteurs les plus éminents et le plus grand orateur de la République », un homme d'État « qui n'a jamais perdu sa confiance dans la démocratie, mais l'a toujours incitée à la réflexion et au calme ». Il n'y a pas d'obsèques nationales, la famille respectant la volonté du défunt qui avait souhaité, ce qui était bien dans sa manière, une inhumation dans l'intimité. L'État est néanmoins représenté, en la personne du président de la République Émile Loubet et des présidents des deux Chambres. Quelques mois après sa mort, en novembre 1904, Charles Péguy, qui fut un ardent dreyfusard, consacre un numéro entier de ses *Cahiers de la Quinzaine* au « Testament politique de Waldeck-Rousseau », rassemblant les dernières notes et les discours de l'ancien président du Conseil. Mais il faudra attendre six ans pour qu'un monument public, largement financé par l'Alliance républicaine démocratique, sans aucun concours de l'État, soit érigé à son effigie dans les jardins des Tuileries.

C'est l'occasion pour Alexandre Millerand de rappeler « avec quel sang-froid, quelle vaillance, quelle autorité Waldeck-Rousseau assuma le pouvoir en un moment où il n'était guère enviable, où un vent de tempête sifflait et semblait présager de nouveaux troubles civils », en « homme de devoir », lui qui « avait le culte de la concorde et de l'apaisement ». Quant au président du Conseil Aristide Briand, il fait l'éloge de cet homme à la fois « si éloquent » et si « taciturne en dehors des Assemblées et du prétoire », « cet orateur-né qui ne parlait jamais pour ne rien dire ». Héritier paradoxal de Gambetta dont la « nature bouillonnante déversait sur la France pour la féconder un torrent d'idées généreuses », il « demeura fidèle toute sa vie à ces inspirations ». C'est ainsi que se construit pour la postérité le récit d'une filiation des grands avocats de la République, de Gambetta et de Ferry à Waldeck-Rousseau puis à Aristide Briand, réunis par le souci commun de bien gouverner, par les voies de la délibération la plus large et des réformes de progrès.

CHAPITRE 6

Aristide Briand, face aux cléricaux

Le 3 juillet 1905, Aristide Briand, député de la Loire, monte à la tribune de la Chambre devant un hémicycle plein à craquer, les femmes en robe de soirée et les hommes en habit. C'est son heure de gloire car il a réussi à faire voter, ce que beaucoup pensaient impossible, la séparation des Églises et de l'État. « Je n'ai pas reculé devant les concessions nécessaires. J'en ai fait aussi, dit-il à la minorité elle-même, et je m'en félicite, car nos collègues de la droite et du centre, en nous permettant d'améliorer la loi, [...] nous auront aidés puissamment à la rendre plus applicable en réduisant au maximum les résistances qu'elle aurait pu susciter dans le pays. » Ce discours de modération est à l'image de celui qui œuvre depuis deux ans, en tant que rapporteur de la commission spéciale, à cette loi décisive pour la stabilité et pour l'avenir du régime républicain. Il a fallu une persévérance et une habileté sans pareille à ce jeune député socialiste, proche de Jean Jaurès, pour convaincre à la fois les laïques les plus intransigeants et les catholiques les plus conservateurs de la nécessité et de la qualité de son texte, qui met fin à un combat politique de plusieurs décennies. Votée par une confortable majorité de 341 députés contre 233, puis par le Sénat, la loi sera promulguée le 29 décembre 1905. On n'aurait pu trouver meilleur avocat d'une cause qui semblait perdue, car, grâce à son art du compromis et de ses talents incomparables d'orateur, c'est une ère nouvelle qui s'ouvre dans l'histoire de la République.

Des meetings socialistes à la tribune de la Chambre

Le moins que l'on puisse dire, c'est qu'Aristide Briand revient de loin. Issu d'une famille modeste d'aubergistes nantais, boursier au lycée de Nantes où il a raflé les premiers prix de versions grecque et latine, il rêvait du grand large, à l'image de son oncle. « Madame, ne m'enviez pas. Je ne suis pas un homme heureux, j'ai manqué ma vie, répondra-t-il à une admiratrice au début des années 1920. Né pour être paysan ou marin, surtout marin, il m'a fallu, je ne sais trop par quel concours de circonstances, devenir avocat, puis député. À partir de ce jour, j'ai commencé à ne plus trop savoir ce qu'est la liberté ; quand on a fait de moi un ministre, la chaîne s'est resserrée ; enfin, président du Conseil, j'ai connu l'esclavage[1]... » Étrange confession de la part d'un homme qui s'était imposé comme l'un des plus grands noms de son temps ! Ce sont peut-être ses discussions avec le grand écrivain nantais Jules Verne, mentor de ses jeunes années, qui lui ont donné ce goût des grands espaces. Toujours est-il qu'après son baccalauréat, obtenu en 1880 à l'âge de 18 ans, il s'est dirigé vers de classiques études de droit, travaillant comme clerc chez un notaire de Saint-Nazaire afin de les financer.

Tout en poursuivant ses études à Paris, il a commencé à écrire à partir de 1883 dans le quotidien *La Démocratie de l'Ouest*, avec son ami, l'anarcho-syndicaliste Fernand Pelloutier. Inscrit comme avocat stagiaire au barreau de Saint-Nazaire, il s'est rapidement fait une réputation, souvent commis d'office, en défendant des causes désespérées, obtenant plusieurs acquittements dans des affaires de sang.

Son premier grand succès d'avocat est la défense d'un certain Codet, accusé d'avoir assassiné un couple d'agriculteurs pour les détrousser, et à qui il évite la peine de mort, le 6 mai 1888. « L'audience, si féconde en surprises et en coups de théâtre, nous a révélé un très grand avocat », écrit alors le reporter du *Phare de la Loire* à son propos[2]. Mais le jeune ténor du barreau est surtout passionné de politique, et il réussit à se faire élire à la tête de la liste radicale au conseil municipal de Saint-Nazaire. Fort de ce premier succès, il se présente en 1889 aux élections législatives dans la première circonscription de la ville, mais cette fois la marche est trop haute. Candidat des radicaux, il est éliminé dès le premier tour de scrutin, et c'est le républicain modéré Fidèle Simon qui l'emporte face au conservateur Maillard.

La découverte en mai 1891 de sa liaison avec Jeanne Nouteau, femme d'un notable local, puis sa condamnation à un mois de prison pour « outrage public à la pudeur » l'obligent à s'éloigner de Saint-Nazaire, même s'il est relaxé ensuite par la cour d'appel de Poitiers. Il gagne néanmoins ses galons de tribun en septembre 1892 lors du congrès du Parti ouvrier français à Marseille. Devant les chefs socialistes européens, il n'hésite pas à réfuter la stratégie révolutionnaire prônée par Jules Guesde, « vouée à notre époque au plus fatal insuccès », lui opposant « une méthode à la fois pacifique et légale » qui est celle de « l'éducation des masses » pour « recourir au suffrage universel[3] ». En février 1893, il s'installe à Paris, devenant éditorialiste au journal radical *La Lanterne*. Il se porte à nouveau candidat aux législatives dans la circonscription de la Villette, quartier ouvrier du XIXe arrondissement, mais il est largement battu au second tour par le député sortant Clovis Hugues, figure du socialisme parisien.

Promu en 1896 directeur de *La Lanterne*, il collabore par ailleurs à *La Petite République*, dirigée par Alexandre Millerand, ce qui lui permet de rencontrer Jean Jaurès, dont il devient l'ami. Il accompagne ce dernier dans son combat pour la révision du procès Dreyfus, tandis que Guesde et ses amis se tiennent en retrait d'une affaire, disent-ils, de « moralité bourgeoise ». D'ailleurs, les guesdistes le combattent lorsqu'il se présente pour la troisième fois aux élections législatives de mai 1898, cette fois dans la circonscription de Clichy-Levallois, faubourg ouvrier du nord-ouest de Paris. Résultat, il est une nouvelle fois battu par le sortant Victor Renou, qui se présente lui aussi comme socialiste. Lors du congrès de la salle Japy, en décembre 1899, il prend clairement position pour la ligne réformiste prônée par Jaurès, face à Guesde, et pour la participation de Millerand au gouvernement de défense républicaine formé par le modéré Waldeck-Rousseau. Devenu le numéro deux du Parti socialiste français dirigé par Jaurès, il a compris que le combat laïque pourrait permettre aux réformistes comme lui de prendre le pas sur les révolutionnaires intransigeants comme Guesde. « Quel que soit le détail des mesures adoptées par vous, l'enseignement laïque fait corps avec la République », déclare-t-il au congrès de Tours en mars 1902 : « La défaite de la République est la défaite de la laïcité, la victoire de la République est la victoire de la laïcité. » C'est ainsi qu'il est élu pour la première fois député le 21 avril 1902, à l'âge de 40 ans, dans la première circonscription de Saint-Étienne, face au modéré sortant et au candidat socialiste révolutionnaire. Il y sera constamment réélu jusqu'en 1919, avant de retourner à Saint-Nazaire.

À son arrivée au Palais-Bourbon, il étonne le député conservateur Charles Benoist par sa tenue débraillée et son air de « lassitude, comme s'il avait trop cheminé, tout le corps affaissé et démis, les cheveux mal coupés qui faisaient tignasse, la moustache épaisse, épatée aux bouts, en crosse de pistolet », « la lèvre inférieure provocante, au coin tordu, de laquelle pendait, collé par une parcelle de papier roussi, un vieux bout de cigarette[4] ». Mais son expérience des prétoires l'impose comme un orateur de premier plan dès sa première intervention à la tribune, le 21 octobre 1902. Il y raconte la mort d'un mineur gréviste de sa circonscription, tué par un gendarme, et la façon dont il a réussi à obtenir que les funérailles se soient déroulées sans incident. Pour un coup d'essai, c'est un coup de maître, salué par son ami Jaurès : « Il a eu un succès personnel très grand et sa logique, son émotion contenue et sobre, la souplesse et la vigueur de sa parole, ont fait de lui d'emblée un maître de la tribune parlementaire[5]. » Quant à Georges Clemenceau, qui deviendra plus tard son rival, il écrit : « Je viens d'entendre un homme que je ne connaissais pas ; il sera avant peu le plus grand talent de la Chambre[6]. »

L'homme de la séparation

Ce succès d'éloquence l'installe d'emblée parmi les figures de proue de la gauche, lui permettant d'être nommé vice-président de la Commission des congrégations, présidée par le libre-penseur

Ferdinand Buisson, fervent militant de la laïcité. De mars à juillet 1903, ils feront systématiquement rejeter toutes les demandes des congrégations non autorisées, en symbiose avec la politique anticléricale du président du Conseil Émile Combes. Et c'est encore sous la présidence de Buisson qu'il est désigné comme rapporteur de la commission spéciale de trente-trois membres, chargée de proposer un projet de séparation des Églises et de l'État, le 18 juin 1903. Quatre mois plus tard, le 8 octobre 1903, il présente un avant-projet en 42 articles, entièrement rédigé de sa main. Ce texte sera finalement le seul retenu par la commission, au détriment d'autres projets socialistes.

Lorsque Émile Combes, en conflit ouvert avec le pape Pie X, rappelle l'ambassadeur de France au Vatican, Briand dépose aussitôt une interpellation sur le bureau de la Chambre. Il prononce à cette occasion, le 27 mai 1904, un discours qui est un modèle d'habileté stratégique. Considérant que ce conflit avec le Vatican fait « éclater à tous les yeux l'incompatibilité irréductible qui existe entre l'Église traditionaliste et l'État démocratique », il demande à ses collègues de se montrer « opportunistes » en discutant les modalités de cette séparation, notamment « un régime nouveau des propriétés ecclésiastiques, une nouvelle police des cultes », sur la base de son texte, dès la rentrée des Chambres. De cette façon, conclut-il, « l'État pourra se dégager de ses liens sans violence, presque sans rupture. La séparation ne sera pas mise comme un enjeu dans nos luttes politiques[7] ».

Après plusieurs semaines de travail, les projets de la commission, c'est-à-dire celui de Briand et celui du président du Conseil Émile Combes, sont fondus en un seul, gommant les aspérités anticléricales du texte gouvernemental. Maurice Rouvier, qui succède en janvier 1905 à Combes, lui propose de devenir son ministre de l'Instruction publique et des Cultes, mais Jaurès, redoutant les critiques des socialistes intransigeants, s'y oppose. Les débats sur le rapport Briand commencent le 21 mars, lui donnant l'occasion de démontrer ses qualités d'orateur et de fin politique. Pendant quatre mois, il est sur la brèche, défendant pied à pied les 45 articles de son texte, devant des tribunes combles, impressionnées par son talent.

Le 10 avril par exemple, il s'oppose avec brio au contre-projet du député du Var Maurice Allard, socialiste révolutionnaire et libre-penseur, qui affirme « l'incompatibilité entre l'Église, le catholicisme ou même le christianisme et le régime républicain ». Réfutant cette idée de « suppression des Églises par l'État », il plaide au contraire la conciliation des « intérêts de l'État avec le souci de la liberté de conscience ». C'est d'ailleurs l'esprit des trois premiers articles du texte, affirmant que « la République assure la liberté de conscience » mais « ne reconnaît, ne salarie ni ne subventionne aucun culte », et votés sans opposition majeure de la Chambre. Plus tendue sera la discussion de l'article 4, concernant la dévolution des biens d'Église à des associations cultuelles gérées par des fidèles. Briand lève habilement les réticences des conservateurs en ajoutant à l'article que lesdites associations cultuelles devront se conformer « aux règles d'organisation du culte dont elles se proposent d'assurer l'exercice ».

Répondant aux critiques des députés anticléricaux, tel Clemenceau qui l'a traité de « socialiste papalin », Briand prononce un discours décisif, le 22 avril : « Il y a des curés dans l'Église catholique, il y a aussi des évêques, il y a même un pape. Que voulez-vous ? Ce sont des mots qui peuvent écorcher les lèvres de certains d'entre vous, mais qui correspondent à des réalités. [...] En tout cas, soyez-en certains, le pays républicain ne s'y trompera pas, il comprendra notre pensée ; il approuvera qu'au moment où nous réalisons une réforme séculaire, nous ayons pris par un légitime souci des intérêts de la République, la précaution de ménager les transitions. Vous voulez faire une loi qui soit braquée sur l'Église comme un revolver ? Ah ! Vous serez bien avancés quand vous aurez fait cela ! » Grâce à cette intervention pleine d'humour et de pragmatisme, l'article 4 est finalement voté par 482 voix contre 52[8]. « La séparation est faite », s'écrie alors Jaurès.

C'est ainsi que le 3 juillet 1905, son jour de gloire, il obtient que 341 députés, de gauche, du centre ou même de droite, votent l'intégralité de la loi. Elle sera adoptée au Sénat, le 6 décembre suivant, par 181 voix contre 102, et promulguée trois jours plus tard, le 9 décembre 1905, afin d'entrer en vigueur le 1er janvier 1906. Dans le discours précédant le vote de la Chambre, plus large que prévu, il rappelle que cette « loi est équitable et raisonnable » et que les républicains ont « tout fait pour qu'elle fût telle, toutes les concessions possibles[9] ». Son discours recevra, par un vote de la Chambre, la consécration suprême d'être affiché dans toutes les communes de France. Le surlendemain, les parlementaires de la majorité républicaine organisent un banquet en son honneur à l'Hôtel Moderne, place de la République. Tout le gratin de la vie politique est là pour acclamer le héros de l'heure. Modeste, il loue « le véritable artisan de la réussite », c'est-à-dire « l'esprit de discipline dont tous les républicains ont fait montre ». Il en profite pour en appeler à une « plateforme électorale commune à tous les républicains ». Mais Jaurès lance cette boutade révélatrice : « Messieurs les radicaux, nous vous le prêtons ; nous ne vous le donnons pas[10]. » Vaine injonction, car Briand ne va pas tarder à quitter le giron socialiste.

La République « apaisée »

Si l'on peut considérer la Loi de séparation comme la contribution majeure d'Aristide Briand à la défense de la République, ce n'est pourtant que le prélude d'une carrière politique qui va le maintenir au sommet jusqu'à l'aube des années 1930. Ministre sans interruption de 1906 à 1913, onze fois chef du gouvernement, de 1909 à 1929, il aura moult occasions de mettre en valeur ses qualités d'orateur et de stratège politique.

C'est d'abord en tant que ministre de l'Instruction, des Beaux-Arts et des Cultes dans le gouvernement du radical Ferdinand Sarrien, en mars 1906, qu'il a pour mission de faire appliquer la Loi de séparation. Il s'y attelle en compagnie de Georges Clemenceau, nommé ministre de l'Intérieur, et qui prendra la tête du gouvernement en octobre. Ils doivent affronter la crise dite « des inventaires », qui voit les catholiques intransigeants se barricader dans certaines églises, notamment à Paris et à Lille, pour empêcher les fonctionnaires publics de recenser les biens cultuels destinés aux associations. Face à cette insurrection des fidèles et à l'hostilité du pape Pie X, qui condamne la séparation, Briand va une nouvelle fois déployer des trésors de diplomatie et d'habileté aboutissant à la loi du 13 avril 1908 qui donne aux communes la propriété des églises mais autorise le clergé à les occuper.

Du ministère de l'Instruction publique à celui de la Justice dans le gouvernement Clemenceau, en janvier 1908, puis à la présidence du Conseil avec le portefeuille de l'Intérieur à partir de juillet 1909, ce n'est plus contre l'agitation catholique mais contre l'insurrection ouvrière qu'il entend défendre l'ordre républicain. Dès le mois de mai 1907, il est attaqué à la Chambre par ses anciens amis socialistes pour avoir révoqué le secrétaire du syndicat des instituteurs, qui revendiquait le droit de grève. Citant les propos de son ancien compagnon lorsqu'il était militant socialiste, Jaurès s'indigne : « Quand M. Briand a pris le pouvoir, il a dit : "J'arrive ici avec toutes mes idées, je n'en désavoue aucune." C'est donc au nom de ce langage qu'il gouverne aujourd'hui. Et c'est lui qui ose frapper ! Je n'ai plus qu'un mot à dire pour résumer toute cette politique : ou pas vous ou pas ça[11] ! » Les socialistes se lèvent alors comme un seul homme pour acclamer Jaurès, tandis que Briand quitte l'hémicycle, humilié.

Mais sa réponse sera cinglante, trois jours plus tard, le 13 mai 1907. *Mezza voce*, comme à son habitude, il commence par évoquer son amitié avec Jaurès : « C'est à vos côtés, c'est sur vos conseils, presque sous votre direction que je suis devenu l'homme que je suis. » Mais c'est pour mieux montrer que c'est son mentor qui s'est renié et non lui-même, rappelant que le tribun socialiste a fait partie du bloc des gauches aux côtés des radicaux, exerçant même en 1903 la vice-présidence de la Chambre : « C'est entendu, aujourd'hui, vous n'y pensez plus… Eh bien, monsieur Jaurès, moi j'ai persisté dans la voie où vous m'aviez engagé. » Cette voie est à ses yeux celle du progrès, de la réforme en faveur de la classe ouvrière, mais dans l'ordre, sous peine de voir la peur sociale s'emparer de l'opinion : « C'est alors que la réaction commence dans le pays. Je ne veux pas y aller », conclut Briand, sous les applaudissements de l'hémicycle[12].

Son discours du Neubourg, dans l'Eure, le 28 mars 1909, est pour lui l'occasion de marquer sa différence en matière de réforme économique et sociale, en prônant notamment la participation des ouvriers au « contrôle » et à « l'administration des entreprises », mais par étapes, car « tout progrès prématuré est un progrès mort ». Ce discours fait grand bruit, car chacun y voit un futur programme de gouvernement. Moins de quatre mois plus tard, le 27 juillet 1909, le voilà à la tribune de la Chambre en tant que président du Conseil, exposant ses projets de réforme, notamment les retraites ouvrières et l'impôt sur le revenu, et concluant sur la République comme « condition nécessaire de la prospérité nationale et du progrès social[13] ». Mais c'est à Périgueux, le 10 octobre 1909, qu'il prononce son discours de gouvernement le plus important, autour de l'idée qui lui est devenue chère de la République apaisée, « à une heure où le pays sent un grand, un irrésistible besoin d'union, de concorde et de fraternité ». Donnant la séparation en modèle, il estime qu'il ne faut pas « courir aveuglément aux réformes, ne pas établir une sorte de surenchère » et attendre « que le peuple apprenne peu à peu à se servir des réformes faites pour lui ». Et de conclure sur cette phrase qui fera les choux gras de la presse : « À travers toutes les petites mares stagnantes, croupissantes, qui se forment et s'élargissent un peu partout dans le pays, il convient de faire passer au plus vite un large courant purificateur qui dissipe les mauvaises odeurs et tue les germes morbides. »

Cette politique de la réforme tranquille, ou du « juste milieu », qui séduit au centre gauche comme au centre droit, lui permet non seulement de réformer, obtenant le vote de la loi sur les retraites ouvrières en avril 1910, mais aussi d'être reconduit à la tête du gouvernement au lendemain des élections générales, deux mois plus tard. Mais, à quelques jours de la rentrée parlementaire d'octobre, il est confronté à une grève des cheminots soudaine, émaillée de violences, et qui menace de s'étendre à tout le réseau du Nord. Il y répond par la fermeté, exigeant que les grévistes soumis aux obligations militaires soient aussitôt requis pour une période de vingt jours. Il s'ensuit une séance parlementaire tumultueuse, le 29 octobre 1910, qui le voit assailli par les députés socialistes, Jaurès en tête, mais une fois de plus droit dans ses bottes : « Et je vous dirai une chose, messieurs, qui va vous faire bondir peut-être d'indignation : si, pour défendre l'existence de la nation, le gouvernement n'avait pas trouvé dans la loi de quoi rester maître de ses frontières, s'il n'avait pu disposer à cet effet de ses chemins de fer, c'est-à-dire d'un instrument essentiel de la défense nationale, eh bien, aurait-il dû recourir à l'illégalité, il y serait allé. »

Hurlements dans les rangs de l'extrême gauche. « Vous êtes un dictateur ! Vous ne parlerez plus ! », s'écrie Compère-Morel, député socialiste du Gard, tandis que fusent les insultes et les cris de « Démission ! ». Malgré le tumulte, il conclut : « Ce n'est pas moi que l'on verra jamais se dresser contre un gouvernement pour l'égorger lorsqu'il est aux prises avec l'émeute et les pires ennemis de la liberté. » Sans frémir, il descend de la tribune du côté même de ceux qui le menacent et l'insultent. Il y revient le lendemain pour combattre la motion de défiance présentée par ses adversaires : « Je me présente devant vous et je dis : "Regardez mes mains : pas une goutte de sang !" » Et il conclut : « Si vous devez briser ce gouvernement, je vous supplie de le faire en plein jour et non dans une cave. » C'est un triomphe car la motion de défiance est repoussée par 348 voix contre 170[14].

« L'endormeur » patriote

Au fil de sa longue carrière gouvernementale, il ne va cesser d'être confronté à la violence verbale ou même physique de ses adversaires, de droite comme de gauche. Le 20 novembre 1910, inaugurant aux Tuileries une statue de Jules Ferry, il est ainsi giflé par Lucien Lacour, un camelot du roi, l'un des plus excités de l'Action française. Deux mois plus tard, le 17 janvier 1911, au Palais-Bourbon, alors qu'il est assis au banc des ministres, un certain Auguste Gizolme, déséquilibré, ancien greffier de justice révoqué pour troubles cérébraux, lui tire dessus depuis les tribunes, blessant à la jambe le directeur de l'Assistance publique, placé derrière lui. – « Je n'ai pas visé particulièrement M. Briand, s'écrie-t-il. J'ai tiré dans le tas[15] ! » Quant aux attaques verbales, elles viennent surtout à cette époque des radicaux-socialistes qui lui reprochent sa mansuétude envers les congrégations religieuses, si bien que, s'estimant trahi pour mener sa politique « de détente et d'apaisement », il préfère démissionner de la présidence du Conseil, le 27 février 1911.

Lui, l'homme de l'apaisement, est sans cesse attaqué de toutes parts. Le 6 mars 1913, lorsqu'il présente le projet de loi allongeant le service militaire de deux à trois ans, il croule sous les injures de ses anciens camarades socialistes. Quelques jours plus tard, c'est au tour des sénateurs de droite et du centre de l'attaquer lorsqu'il vient défendre un autre projet sensible : le retour au scrutin proportionnel. « Je n'apporte pas, dit-il, dans cette discussion, ces qualités prétendues d'habileté, de souplesse, de charme dont mes adversaires se sont plu à m'orner le col. [...] Moi, je tiens à y aller le col nu, mais droit. » Clemenceau, devenu l'homme fort de la Chambre haute, affirme au contraire que la représentation des minorités à la proportionnelle va détruire la majorité républicaine et faire le jeu des conservateurs. Désavoué par la majorité des sénateurs, Briand est une nouvelle fois poussé à la démission. Le 30 novembre 1913, il est accusé par Joseph Caillaux d'avoir fait partie des « endormeurs qui n'étaient d'aucun parti parce qu'ils voulaient les subjuguer tous », lors d'un banquet du Parti radical[16]. Il réplique le

21 décembre à Saint-Étienne : « Ah ! j'ai fait dormir le parti républicain ! Eh bien ! pendant son sommeil, il avait tout de même certaines facultés de somnambule puisque je lui ai fait voter la séparation des Églises et de l'État[17]. »

Le voici de retour aux affaires comme vice-président du Conseil en charge de la Justice dans le cabinet de guerre formé par le socialiste indépendant René Viviani, le 26 août 1914. Lorsque ce dernier démissionne, il lui revient une nouvelle fois de former le gouvernement, le 3 novembre 1915, et, là encore, il va devoir se défendre contre ses rivaux politiques. Clemenceau notamment ne le lâche pas d'un pouce, qui l'obligera à venir s'expliquer pas moins de dix-huit fois devant la Commission de l'armée du Sénat dont il est le président. Par ailleurs, il est la cible des socialistes qui réclament une solution diplomatique à la guerre. Ils l'accusent d'être un « dictateur », tandis que la droite et les radicaux les plus bellicistes lui reprochent son inefficacité. Il obtient pourtant des majorités confortables à l'issue des comités secrets tenus par la Chambre en juin, en novembre et en décembre 1916, ainsi qu'en janvier 1917. Paul Deschanel, président de la Chambre, admire l'habileté avec laquelle Briand a négocié ces séances compliquées : « Il est le seul qui sache prendre la Chambre, et c'est surtout en comité secret qu'il faut le regarder. Pas une nuance, pas un mot, rien ne lui échappe. Il est comme l'anguille qui passe son museau entre deux pierres. [...] Il est vraiment étonnant[18]. »

Mais le talent de diplomate de Briand ne survivra pas au cinquième comité secret, qui voit son ministre de la Guerre, le maréchal Lyautey, refuser de répondre aux questions des députés, le 14 mars 1917. Résultat, le gouvernement Briand est renversé trois jours plus tard, et il est remplacé à la présidence du Conseil par le septuagénaire Alexandre Ribot. « Pendant les dix-huit mois où M. Aristide Briand a tenu en main les destinées du pays, on eût souhaité souvent une action gouvernementale plus suivie et plus ferme, mais avec ses erreurs ou ses défauts, le président du Conseil qui s'en va possède des qualités et des ressources précieuses dont le pays a souvent recueilli le bénéfice et qu'il n'a pas épuisées. Il a, par-dessus tout, le sang-froid, l'art d'attendre », lit-on dans un grand quotidien du soir[19].

Le pèlerin de la paix

Il lui faudra en effet attendre quatre ans avant de revenir au pouvoir, le 16 janvier 1921, en tant que chef du gouvernement et ministre des Affaires étrangères. Désormais sa mission n'est plus de gagner la guerre mais d'installer la paix. C'est au fond le fil conducteur de sa carrière politique depuis qu'il avait négocié la séparation, quinze ans plus tôt. Après son départ du gouvernement, à l'été 1917, il a tenté de mener des négociations secrètes avec un diplomate allemand, le baron Oskar von der Lancken, en vue d'étudier les conditions d'un cessez-le-feu. Dans son discours d'investiture, le 20 janvier 1921, il manifeste sa volonté de négocier avec l'Allemagne vaincue, de ne pas la « réduire à un état de servage qui fera que le peuple allemand se révoltera […] ou, désespéré, ouvrira la porte à la ruine avec ce qu'elle entraîne derrière elle[20] ». Cette ligne d'horizon pacifiste, héritée de sa jeunesse socialiste mais appuyée sur une vision pragmatique des enjeux, lui vaudra de devenir pendant la dernière décennie de sa carrière la bête noire de l'extrême droite nationaliste.

Lors de la rentrée parlementaire, le 18 octobre 1921, le voilà en butte aux attaques de Léon Daudet, député de Paris et directeur du journal *L'Action française*, qui l'accuse de faiblesse envers les agitateurs allemands en Silésie. Il lui répond trois jours plus tard par un nouveau discours de haute volée, salué en ces termes par la presse : « Pendant trois heures, avec un prestigieux talent, sans aucun de ces portefeuilles bourrés de documents qui compensent parfois le vide des pensées par l'abondance des papiers, gros ou petits, sans une note, il a passé en revue point par point, dans un ordre admirable, tous les actes de son ministère, tous les problèmes qui se sont posés depuis trois mois, et qui se posent, aux heures actuelles, à l'attention d'un chef du gouvernement[21]. » On en retiendra surtout ce qu'il appelle sa « politique de paix » : « Est-ce celle qui se contente de s'affirmer telle ? Non. C'est un état d'esprit, c'est une atmosphère, c'est un ensemble d'actes qui créent, dans ce pays, cette ambiance grâce à laquelle on peut éviter que certains événements tournent mal. [...] Lorsqu'on se promène autour d'un baril de poudre, avec une cigarette à la main, sans avoir le désir ni l'intention de le faire éclater, on provoque tout de même des risques d'explosion. Or, dans l'Europe, je pourrais presque dire dans le monde, il y a encore pas mal de barils de poudre, et vouloir la paix c'est éviter tout ce qui peut faire tomber une étincelle sur l'un de ces barils. Vouloir la paix, c'est dans un pays qui, comme la France, a tant souffert de la guerre et, depuis l'armistice, a été soumis à un régime de défis et de provocations qui justifierait l'impatience, c'est se montrer patient. Si un pays a le droit d'être nerveux, le devoir d'être calme et d'éviter tout acte impulsif qui entraînerait des conséquences irréparables s'impose d'autant plus à son gouvernement[22]. » Ce sera son credo tout au long des années 1920.

Auréolé du succès des pourparlers avec l'Allemagne sur la question des réparations, il se rend en novembre 1921 à

Washington pour participer à une grande conférence sur le désarmement naval, espérant franchir un nouveau pas vers la pacification des relations internationales. Il souhaite notamment combler le vide laissé par la non-ratification du traité de Versailles par le Congrès américain. Mais grande est sa déception de voir les États-Unis rechigner à nouveau à signer un traité de sécurité mondial. Cela le conforte dans l'idée que l'avenir de la paix passe d'abord et avant tout par la réconciliation franco-allemande dans une Europe pacifiée. Écarté du pouvoir en janvier 1922, à l'heure où la France durcit ses positions vis-à-vis de l'Allemagne, il revient au premier plan deux ans plus tard grâce à la victoire du Cartel des gauches, dont il a soutenu la campagne. En septembre 1924, le président du Conseil, le radical Édouard Herriot, le désigne comme délégué de la France à l'assemblée générale de la Société des Nations, à Genève, en compagnie de Léon Bourgeois et de Joseph Paul-Boncour. Très vite, il s'y impose comme le porte-parole des pacifistes européens : « Nous disons au monde : il n'est pas admissible que demain la paix soit troublée, il n'est pas admissible que par la volonté d'un pays une nouvelle catastrophe comme celle que nous avons traversée retombe sur le monde. » Rappelé en avril 1925 au ministère des Affaires étrangères, il poursuit son œuvre de pacification en négociant en octobre le pacte de non-agression signé à Locarno avec son homologue allemand Gustav Stresemann, et qui sera ratifié en février 1926 par la Chambre des députés. Cela lui vaut d'être rappelé à la tête du gouvernement en novembre 1925, mais l'opposition incessante de la droite comme de la gauche le conduit à démissionner au bout de huit mois à peine.

Redevenu une énième fois ministre des Affaires étrangères en juillet 1926, c'est à Genève qu'il connaît son plus grand triomphe, le 10 septembre suivant, à l'occasion de l'entrée de l'Allemagne à la Société des Nations. En veston noir, sans notes, légèrement voûté comme à son habitude, il prononce un discours mémorable : « Messieurs, la paix pour l'Allemagne et pour la France, cela veut dire : c'en est fini de la série des rencontres douloureuses et sanglantes dont toutes les pages de l'Histoire sont tachées ; c'en est fini des longs voiles de deuil sur des souffrances qui ne s'apaiseront jamais ; plus de guerres, plus de solutions brutales et sanglantes à nos différends. » Puis, étendant ses longues mains devant son visage : « Arrière les fusils, les mitrailleuses, les canons ! Place à des conciliations, à l'arbitrage, à la paix[23] ! » Des tonnerres d'applaudissements crépitent, tout le monde a les larmes aux yeux, et le représentant du Canada, agitant un foulard, lance trois fois « hourra ! ». C'est l'heure de gloire du « pèlerin de la paix », couronné trois mois plus tard par le prix Nobel de la Paix, en compagnie de Stresemann.

À la différence de son homologue allemand, Briand, qui n'aime pas les honneurs, n'ira pas chercher son prix à Oslo, même s'il l'a accepté avec reconnaissance. Ce qui l'intéresse, ce sont les actes. Le 27 août 1928, dans le salon de l'Horloge, au palais d'Orsay, il se félicite d'avoir négocié avec le secrétaire d'État américain Kellogg, un traité mettant « la guerre hors la loi » : « Pour la première fois, dit-il, à la face du monde, dans un acte solennel engageant l'honneur de grandes nations, ayant toutes derrière elles un lourd passé de luttes politiques, la guerre est répudiée sans réserves en tant qu'instrument de politique nationale, c'est-à-dire dans sa forme la plus égoïste et volontaire. […] C'est l'institution même de la guerre qui se trouve ainsi attaquée directement, dans son essence propre. Il ne s'agit plus seulement d'organisation défensive contre le fléau, mais d'une attaque du mal à sa racine même[24]. »

Malheureusement, ce pacte Briand-Kellogg ne sera pas suivi d'effet. Raison de plus pour s'orienter vers une nouvelle initiative de paix, qui sera aussi le premier projet précis d'organisation fédérale de l'Europe. Il en donne les principales orientations, le 5 septembre 1929, à la tribune de la Société des Nations. « Entre les peuples qui sont géographiquement groupés comme les peuples d'Europe, il doit exister une sorte de lien fédéral ; ces peuples doivent avoir à tout instant la possibilité d'entrer en contact, de discuter leurs intérêts, de prendre des résolutions communes, d'établir entre eux un lien de solidarité, qui leur permette de faire face, au moment voulu, à des circonstances graves, si elles venaient à naître. C'est ce lien que je voudrais m'efforcer d'établir[25]. »

Ce discours historique sera suivi d'un *Mémorandum sur l'organisation d'un régime d'Union fédérale européenne*, rédigé par son directeur de cabinet, Alexis Léger, dit Saint-John Perse. Il sera présenté et approuvé par l'assemblée plénière de la Société des Nations, le 11 septembre 1930. C'est l'occasion de prononcer son dernier grand discours, marqué par cette formule fameuse : « Tant que je serai où je suis, il n'y aura pas de guerre[26]. » Mais le projet du « pèlerin de la paix » ne verra jamais le jour, emporté dans la tourmente de l'histoire, écrasé par les ambitions impérialistes des régimes totalitaires italien et allemand. Profondément déçu par l'échec de son idéal pacifiste, battu par Paul Doumer à l'élection présidentielle de mai 1931, épuisé par des crises fréquentes d'urémie, il restera pourtant en charge des Affaires étrangères jusqu'en janvier 1932, deux mois avant sa disparition, le 7 mars suivant.

On a oublié aujourd'hui le rôle majeur qu'a joué Aristide Briand dans notre construction républicaine. Pas seulement parce qu'il est resté au pouvoir quasiment sans interruption de

1906 à 1929, conduisant la politique étrangère de la France à un moment crucial de son histoire. Pas seulement parce que, « pèlerin de la paix », il fut, après Victor Hugo, l'incarnation du rêve européen. Mais aussi, et peut-être surtout, parce que ce socialiste révolutionnaire de conviction a su construire à travers ses discours et sa pratique politique une méthodologie de la réforme pragmatique qui a influencé plusieurs générations. Pour défendre la République et pour la consolider, il avait compris, à l'instar de l'« opportuniste » Gambetta, que le débat démocratique et la conciliation des points de vue étaient la seule issue, sans renier les principes fondamentaux de l'édifice républicain. On lui doit l'un des piliers de cet édifice, la Loi de séparation de 1905, qui est la référence historique de l'efficacité du parlementarisme. C'est pourquoi Aristide Briand, qui fut tellement critiqué de droite et de gauche, mérite amplement sa place au panthéon des grands avocats de la République.

CHAPITRE 7

Pierre Cot et Jean Zay, face à Hitler

Au début des années 1930 surgit un courant réformateur qui veut faire bouger les lignes du vieux Parti radical, installé depuis le début du siècle dans la fréquentation du pouvoir. Ceux que l'on appelle les « Jeunes Turcs », par analogie avec les réformateurs de l'Empire ottoman dans les années 1910, sont pour la plupart issus du barreau, comme d'ailleurs une grande partie du personnel politique de l'époque. L'un d'entre eux, Pierre Mendès France, accédera aux plus hautes fonctions à la Libération puis sous la Quatrième République. Mais il ne faudrait pas oublier les autres, et notamment Jean Zay et Pierre Cot, qui vont eux aussi jouer des rôles de premier plan dans la vie politique française.

Le premier sera, à 32 ans à peine, l'une des figures les plus marquantes du Front populaire, en tant que ministre de l'Éducation nationale et des Beaux-Arts, et le second, son aîné de presque dix ans, sera plusieurs fois ministre de l'Air entre 1933 et 1938, artisan majeur du réarmement aéronautique de la France. L'un et l'autre, brillants orateurs issus du barreau, sont avant tout de grands patriotes républicains, comme l'illustrent les discours qu'ils prononcent à la Chambre des députés dans le contexte troublé de la marche à la guerre.

C'est ainsi que Pierre Cot, député de la Savoie depuis 1928, prend la parole à la tribune le 20 janvier 1939 pour avertir ses collègues que la victoire de Franco en Espagne sera aussi celle d'Adolf Hitler, et qu'il est urgent de former une grande coalition des démocraties avec les États-Unis et la Pologne afin de résister à l'expansionnisme de l'Allemagne nazie[1]. Un an plus tard, le 19 avril 1940, à l'occasion d'un comité secret de la Chambre, c'est au tour de Jean Zay d'exhorter le gouvernement d'Édouard Daladier à ne pas se laisser endormir par la « drôle de guerre » et d'insuffler à la nation un esprit combattant, appuyé sur la perspective d'un véritable changement de société pour l'après-guerre[2].

Nous reviendrons plus loin et en détail sur ces deux discours emblématiques. Hélas, ni l'un ni l'autre ne seront entendus. Jean Zay, cible privilégiée des antisémites, paiera de sa vie en juin 1944 son combat contre l'Allemagne hitlérienne et la collaboration. Quant à Pierre Cot, il subira tout au long de sa carrière les accusations de l'extrême droite le soupçonnant d'être un agent à la solde de Staline. Mais l'un et l'autre auront laissé une trace profonde dans l'histoire de la défense républicaine, et c'est pourquoi leurs parcours méritent d'être ici racontés.

Le surdoué et l'idéaliste

Le point commun d'origine entre Pierre Cot et Jean Zay, c'est bien sûr leur connaissance du droit et leur expérience du barreau. Le premier, né en 1895, descend d'une longue lignée d'hommes de loi savoyards, et c'est tout naturellement qu'il s'inscrit à la faculté de droit de Grenoble, où il milite activement au sein de l'Association catholique de la jeunesse française. Orateur précoce, il prononce à l'âge de 17 ans un discours remarqué devant des centaines d'auditeurs lors du congrès cantonal de la jeunesse catholique[3]. Dès l'année suivante, il participe à la campagne électorale de Joseph Delachenal, avocat réputé et candidat de la droite à Chambéry. Mobilisé en 1914, il exerce ses talents de juriste et d'orateur comme avocat au Conseil de guerre et obtient sa licence de droit en novembre 1918[4]. Après avoir effectué toute la guerre sur le front, il est nommé en 1920 chevalier de la Légion d'honneur pour sa bravoure tout en obtenant la même année son doctorat en droit. L'année suivante, il se voit octroyer le titre très convoité de premier secrétaire de la Conférence du stage des avocats à la cour d'appel de Paris et il est également reçu au concours des secrétaires de la Conférence du stage des avocats aux « Conseils », c'est-à-dire le Conseil d'État et à la Cour de cassation. Ces deux concours, d'une extrême difficulté, récompensent les capacités d'éloquence et de conviction des candidats, souvent promis à de belles carrières politiques, à l'exemple de ses prédécesseurs Alexandre Millerand et Raymond Poincaré.

L'un de ses jeunes collègues avocats, Paul Weill, évoque l'apparition de ce surdoué de l'art oratoire : « Il était inscrit depuis trois mois à peine au barreau de Paris lorsqu'il prononça son premier discours à la conférence du stage. Personne ne connaissait ce petit provincial timide et réservé, et, dès les premiers mots, ce fut dans la vieille salle une véritable stupeur : la voix chaude et grave, la forme impeccable, la diction nuancée qui fait à chaque mot le sort qui lui convient – et cela mis au service des idées les plus fermes et de la pensée la plus clairement juridique. Rien n'y manquait, et dès ce moment, sans qu'il fût besoin d'attendre le deuxième discours, qui ne fit que confirmer l'effet de celui-ci, tout le monde sut que Pierre Cot serait premier secrétaire de la conférence[5]. » Et, de fait, il s'affirme d'emblée comme un maître du barreau, avant de devenir l'un des meilleurs orateurs de la Chambre. À l'instar de ses plaidoiries, ses discours seront toujours très préparés, mais il donnera l'impression d'une brillante improvisation.

Il va par ailleurs nourrir cet art oratoire d'une maîtrise exceptionnelle des sujets politiques. En juin 1922, il soutient sa deuxième thèse pour le doctorat ès sciences politiques et économiques[6], et cinq mois plus tard il est reçu premier à l'agrégation de droit public, à l'âge de 27 ans. Ses succès exceptionnels lui permettent d'accéder d'emblée aux cabinets des grands avocats parisiens, notamment à celui de Pierre Masse, ex-député de l'Hérault, et à celui de Jean Labbé, président de l'ordre des avocats à la Cour de cassation. Nommé par ailleurs professeur à l'université de Rennes, il s'engage dans la Ligue de la Jeune France républicaine, qui appuie le programme de l'ancien président de la République Raymond Poincaré, chef de la droite libérale. Ce dernier, qui a été très impressionné par le discours prononcé par Pierre Cot lors de la cérémonie de rentrée du palais de justice, le 2 décembre 1922, l'appelle comme jurisconsulte au ministère des Affaires étrangères. Puis il lui propose d'être candidat aux élections législatives de mai 1924, sur une liste de l'Alliance démocratique, parti de centre droit, face au Cartel des gauches. Refusé par le comité électoral de l'Isère, il se présente dans les Hautes-Alpes, mais il est battu par le candidat radical. Il s'installe néanmoins dans la vie politique, pour quasiment un demi-siècle.

Jean Zay, de neuf ans son cadet, y est aussi engagé dès cette époque, mais dans l'autre camp. Issu d'une famille juive mais élevé à Orléans dans la foi protestante, il suit les traces de son père Léon, directeur du quotidien radical *Le Progrès du Loiret*. Très tôt, il y écrit des articles, avant même d'être primé en littérature française au concours général de 1922, puis en philosophie à celui de 1923. Sa sensibilité littéraire s'est d'ailleurs exprimée dès l'âge de 9 ans par la rédaction d'un roman inachevé intitulé *Le Punching Ball*, puis d'un journal de guerre écrit en 1918, à 14 ans. Elle s'épanouit en 1925 avec la création d'une revue littéraire, *Le Grenier*, revue mensuelle d'art, de littérature et de critique, devenu ensuite *Le Mail*, dirigé par son ami Roger Secrétain, futur maire gaulliste d'Orléans. Il y écrit en première page une chronique qui fait office d'éditorial.

En revanche, le poème intitulé « Le Drapeau », qu'il compose en mars 1924, à l'âge de 19 ans, n'est pas du tout destiné à être publié. Il le sera huit ans plus tard par ses adversaires politiques, afin de le faire passer pour un mauvais Français : « Terrible morceau de drap coulé à ta hampe, je te hais férocement, Oui, je te hais dans l'âme, je te hais pour toutes les misères que tu représentes [...]. Laisse-moi, ignoble symbole, pleurer tout seul, pleurer à grand coup / Les quinze cent mille jeunes hommes qui sont morts. / Et n'oublie pas, malgré tes généraux, ton fer doré et tes victoires, / Que tu es pour moi de la race vile des torche-culs. » Lui-même dira qu'il ne s'agissait que d'un pastiche des écrits de Gustave Hervé, antimilitariste devenu pendant la guerre ultra-militariste et fascisant.

Par ailleurs, c'est vers le droit que s'orientent ses études, qu'il finance en devenant clerc d'avoué et secrétaire de rédaction au journal de son père, et qui lui permettent de s'inscrire au barreau d'Orléans en 1928. Pendant huit ans, jusqu'à son entrée en janvier 1936 dans le gouvernement d'Albert Sarraut, il ne va cesser de plaider, traitant pas moins de 289 affaires[7].

De cette activité d'avocat, il gardera une technique d'organisation méthodique de ses dossiers ainsi que le goût et le talent de la plaidoirie. Moins flamboyant peut-être que Pierre Cot, mais tout aussi efficace dans ses activités politiques. En effet, dès cette époque, il est déjà très engagé au Parti radical ainsi que dans ses organisations périphériques comme la Ligue des droits de l'homme et celle de l'enseignement, ainsi qu'à la loge maçonnique Étienne Dolet, où son père avait été initié vingt ans plus tôt. Et c'est donc tout naturellement qu'il se présente aux élections législatives de mai 1932 sous les couleurs radicales, et qu'il est élu député du Loiret à l'âge de 27 ans. Son aîné Pierre Cot y siège déjà depuis quatre ans.

Pierre Cot et la défense patriotique

Contrairement à sa candidature manquée de 1924, c'est cette fois sous l'étiquette du Parti radical que Pierre Cot s'est présenté aux élections générales d'avril 1928 dans la deuxième circonscription de Chambéry. Il a été facilement élu dès le premier tour de scrutin face à son ancien mentor conservateur Joseph Delachenal. Inscrit au groupe radical et radical-socialiste, il siège à la Commission des affaires étrangères, à celle d'Alsace-Lorraine, à celle du suffrage universel, et surtout à celle de l'aéronautique, qui devient son champ de prédilection. C'est pourquoi, après sa réélection à nouveau au premier tour en mai 1932, il est appelé le 18 décembre au sous-secrétariat d'État aux Affaires étrangères dans le cabinet de Joseph Paul-Boncour, puis le 31 janvier 1933 comme ministre de l'Air dans le premier gouvernement d'Édouard Daladier, le chef des « Jeunes Turcs » radicaux.

Il y déploie une énergie considérable à la fois pour promouvoir l'industrie aéronautique française mais aussi pour développer l'aviation militaire et réorganiser l'aviation civile. Lui-même passionné d'aviation, il passe son brevet et pilote régulièrement son avion officiel, ce qui lui vaut une popularité exceptionnelle dans le monde aéronautique. Lors des fêtes aériennes organisées pour l'inauguration de l'aéroport de Rennes, le 28 juillet 1933, il pose lui-même son monoplan Morane, escorté par des avions militaires, tandis que retentit *La Marseillaise* jouée par la musique du 41e régiment d'infanterie. Puis il porte un toast au nouvel aéroport, serre quelques mains puis repart en direction de Dinan, non sans avoir effectué quelques pirouettes aériennes, au milieu des concurrents du Tour de France aérien[8].

Du 12 au 22 septembre 1933, il est invité en URSS par le ministre soviétique des Affaires étrangères Maxime Litvinov pour une mission diplomatique et d'étude de l'aviation soviétique. Enfin, le 7 octobre 1933, il prononce à l'aérodrome du Bourget le discours de lancement de la compagnie nationale Air France, issue de la fusion des cinq principales compagnies aériennes[9]. Il conserve ensuite son portefeuille dans des gouvernements éphémères, celui formé par Albert Sarraut, le 26 octobre 1933, puis celui de Camille Chautemps, un mois plus tard, et enfin dans le second gouvernement Daladier, annoncé le 27 janvier 1934, mais qui ne survivra pas aux émeutes du 6 février.

Retourné à son banc de député, il continue bien sûr à intervenir sur toutes les questions aéronautiques, mais aussi, plus largement, sur tout ce qui concerne le réarmement du pays et la politique étrangère, notamment à l'encontre des régimes totalitaires qui menacent la sécurité européenne. C'est ainsi que le 13 décembre 1935, au nom du Parti radical, il condamne la faiblesse de la réaction de la Société des Nations face à l'invasion de l'Éthiopie par les troupes de Mussolini, deux mois plus tôt. Le plan de paix proposé par le ministre des Affaires étrangères Pierre Laval et son homologue britannique Samuel Hoare lui paraît particulièrement avantageux pour le Duce : « Nous souhaitons, dit-il, que, de ces débats, sorte la paix, mais notre pacifisme ne veut pas que puissent être sacrifiés à une amitié, même très chère, ni la sécurité de la France, ni l'avenir de la Société des nations, ni l'honneur des pays – et le nôtre en est un – qui ont signé le pacte de la Société des nations. » Et il prononce cet avertissement prophétique, quatre ans avant le conflit mondial : « Craignons, si notre pusillanimité nous empêche de jouer le rôle que notre conscience nous fait un devoir impérieux de remplir, grands ou petits, puissants ou faibles, proches ou lointains, blancs ou gens de couleur, craignons d'être un jour l'Éthiopie de quelqu'un[10] ! »

L'un des premiers à dénoncer la menace de la montée en puissance de Hitler en Europe, il retrouve le portefeuille de ministre de l'Air dans le premier gouvernement du Front populaire, le 4 juin 1936. Il a été avec Jean Zay l'un des principaux artisans du rapprochement du Parti radical avec les socialistes et les communistes. À ce titre, il bataille ferme pour obtenir le regroupement des dizaines de sociétés aéronautiques militaires en une entité nationale puissante et plus efficace. Les réticences des industriels comme Marcel Bloch, Latécoère ou Farman l'empêchent de réaliser cette fusion totale, mais il obtient tout de même la création de six sociétés nationales dans lesquelles l'État est majoritaire aux deux tiers, ainsi que la nationalisation partielle des fabricants de moteurs. Maintenu à son poste sous le gouvernement Chautemps, il le quitte néanmoins à la chute de ce dernier, le 14 janvier 1938, pour occuper celui de ministre du Commerce jusqu'à la démission du second cabinet Léon Blum le 8 avril 1938.

C'est donc en tant que simple député qu'il s'oppose aux accords de Munich puis qu'il intervient à la tribune, le 20 janvier 1939, pour prononcer le discours évoqué en introduction de ce chapitre. Il s'exprime dans un moment crucial de la guerre d'Espagne, au moment où les troupes nationalistes du général Franco sont en passe de prendre Barcelone, l'un des derniers bastions républicains. Chacun comprend en France et dans toute l'Europe que Franco a gagné la guerre, avec le soutien décisif des Italiens et des Allemands. C'est pourquoi, fort de son expérience des questions diplomatiques et militaires, Pierre Cot essaie d'exhorter les Français à agir contre les puissances de l'Axe, avant qu'il ne soit trop tard.

Il explique d'abord que, derrière la victoire de Franco et de son allié italien, c'est un nouveau succès qui se profile pour Hitler, après l'annexion de la Rhénanie, de l'Autriche et des Sudètes : « Je l'ai dit : le grand meneur du jeu, c'est Hitler. Ce qui domine dans le monde, c'est le dynamisme allemand. C'est M. Hitler qui pose les questions. C'est lui qui nous entraîne à son heure dans les voies qu'il a choisies, et qu'il a d'abord préparées. […] M. Hitler veut refaire la carte du monde, d'une manière conforme aux vues de *Mein Kampf*. Il souhaite une nouvelle répartition des territoires, des richesses, des peuples, qui assure l'hégémonie de l'Allemagne. Et M. Hitler conduit sa politique en habile homme, pour gagner peu à peu les positions qui lui permettront demain de nous dicter sa loi. »

C'est pourquoi il interpelle le ministre des Affaires étrangères Georges Bonnet, partisan de l'apaisement avec Hitler et de la reconnaissance du régime de Franco : « Vous avez essayé un rapprochement que d'autres avaient tenté avant vous. Vous avez eu peut-être raison de le faire. Mais, à l'heure actuelle, il faut nous rendre compte qu'il y a dans le monde deux conceptions de l'homme et de la civilisation : l'une est fondée sur cette doctrine barbare du racisme, l'autre, c'est la conception française, la conception humaniste fondée sur la dignité de l'individu, la liberté de tous les peuples, sur le respect de toutes les signatures, de tous les engagements, de la parole donnée, sur la vertu de cet effort que les peuples et les individus doivent accomplir et qui s'appelle précisément la civilisation. Je vous demande, monsieur le ministre des Affaires étrangères, d'affirmer hardiment la doctrine de la France : je vous demande d'apparaître et de faire apparaître la France comme l'amie des démocrates et non comme celle des dictateurs. » Et c'est, là encore d'une manière prophétique, vers les États-Unis qu'il exhorte le gouvernement d'Édouard Daladier à se tourner : « Le président Roosevelt, suivi par l'opinion publique de son pays, a, en effet, pris l'initiative d'un mouvement de protestation contre la barbarie raciste. Je demande, monsieur le ministre des Affaires étrangères, que la France participe à ce mouvement. » Par ailleurs, il lui demande « de faire entendre la voix de la France d'une manière plus vigilante et plus audacieuse à Varsovie », sachant que la Pologne pourrait être un rempart contre l'expansionnisme hitlérien vers l'Europe orientale. Enfin, il conclut par cet appel, qui résonne tragiquement au regard de l'histoire : « Formez, au plus vite, la grande coalition de la paix. Cela vaudra mieux que d'être obligé, demain, de faire appel à nos amis, dans des conditions plus difficiles, pour la grande et terrible coalition de la guerre[11]. »

Jean Zay, le ministre novateur

Lorsque Pierre Cot prononce ce discours prémonitoire, il obtient bien sûr l'approbation enthousiaste de ses amis, les Jeunes Radicaux, notamment de Jan Zay. Ce dernier occupe toujours à l'époque le poste de ministre de l'Éducation nationale et des Beaux-Arts, qui lui a été confié en juin 1936 par Léon Blum dans le gouvernement de Front populaire. Il y fait preuve d'un dynamisme et d'un esprit créatif exceptionnels, en dépit des attaques ignobles que la droite et l'extrême droite multiplient à son encontre, depuis des années. En effet, dès sa première campagne électorale, en avril 1932, le quotidien orléanais le *Journal du Loiret* a commencé à évoquer son poème de jeunesse sur « Le Drapeau ». Puis *L'Action française* du 29 mars 1933 l'a porté sur la scène nationale sous le titre « Impudence juive ». C'était d'ailleurs le lendemain du jour où le maréchal Pétain, alors inspecteur général de la défense aérienne en visite à Orléans, s'est étonné de la présence du député Jean Zay. Ce dernier ayant menacé d'interpeller le gouvernement sur cet incident inacceptable, Édouard Daladier lui a présenté ses excuses, en tant que président du Conseil et ministre de la Guerre.

Mais les attaques de l'extrême droite ont repris de plus belle, surtout lorsque Jean Zay est apparu au sein du Parti radical comme l'un des plus ardents promoteurs du Front populaire. En témoigne un tract des ligues d'extrême droite distribué dans les rues d'Orléans au mois de février 1934, à destination des anciens combattants, et qui décrit Jean Zay comme un « adolescent bouffi d'orgueil », rangé « derrière le seul drapeau qui lui convienne, le torche... quelque chose des Soviets »,

« le torchon des Sans-patrie », « le joujou du bébé juif[12] ». Lorsqu'il a été nommé sous-secrétaire d'État à la présidence du Conseil dans le gouvernement Sarraut du 24 janvier 1936, le plus jeune ministre dans l'histoire de la Troisième République, la presse d'extrême droite s'est à nouveau indignée de voir entrer « l'insulteur des morts pour la France » au gouvernement, si bien qu'il a dû s'en expliquer à la tribune de la Chambre, en tant que « fils d'un ancien combattant[13] ». Lors de la campagne pour sa réélection en mai 1936, sous les couleurs du Front populaire, son adversaire de la droite modérée Maurice Berger est entré à son tour dans la polémique, « au nom du drapeau tricolore ». Réélu néanmoins au second tour, le 3 mai 1936, puis nommé ministre de l'Éducation nationale et des Beaux-Arts, un mois plus tard, il s'est à nouveau retrouvé sous le feu des attaques de l'extrême droite, dont celles de Xavier Vallat.

En dépit des critiques et de son inexpérience en la matière, Jean Zay a été un grand ministre de l'Éducation nationale, un poste qu'il a conservé après la chute du Front populaire jusqu'au 10 septembre 1939. Son bilan peut apparaître mince, puisqu'il se résume à une loi, d'ailleurs votée un mois après son installation rue de Grenelle, le 13 août 1936. Cette loi qui prolonge jusqu'à 14 ans la durée de la scolarité obligatoire est néanmoins essentielle parce qu'elle a lancé la démocratisation des collèges et des lycées, qui sera la grande transformation de l'après-guerre. Par ailleurs, Jean Zay rénove totalement le système éducatif par décrets et circulaires. Par exemple, pour permettre l'épanouissement des élèves, il fixe à 35 l'effectif de chaque classe et il lutte contre le surmenage scolaire. En 1937, il décide d'intégrer le brevet sportif populaire au certificat d'études primaires. Un arrêté ministériel du 23 mars 1938 prévoit que trois heures seront consacrées par semaine à l'éducation physique. Un décret-loi de 1939 généralise la médecine préventive des étudiants. Par ailleurs, et en tant que responsable des Beaux-Arts, c'est-à-dire de la culture, il modernise les musées, crée un département des « arts et traditions populaires », encourage la création théâtrale et cinématographique, notamment en organisant un grand prix du cinéma français et en instituant le festival de Cannes, prévu le 1er septembre 1939 mais annulé à cause de la guerre.

D'ailleurs, Jean Zay aura préparé de nombreux projets de loi novateurs qui seront votés après la guerre. Le plus important est son grand projet de réforme de l'enseignement, déposé le 5 mars 1937 : il vise à unifier l'enseignement primaire, sanctionné par un certificat d'études indispensable pour accéder à l'enseignement du second degré, qui deviendra gratuit et couronné par le baccalauréat. Dans la même perspective de réformes fondamentales, il dépose un projet de loi tendant à créer une École nationale d'administration, voté à la Chambre le 27 janvier 1938 mais ensuite bloqué par la guerre. On lui doit aussi le Centre national de la recherche scientifique, officiellement créé le 19 octobre 1939, alors qu'il est déjà sous les drapeaux.

En effet, alors que rien ne l'y obligeait, il a refusé l'exemption à laquelle sa fonction ministérielle lui donnait droit et il a démissionné de son poste de ministre de l'Éducation nationale et des Beaux-Arts pour s'engager dans l'armée française, suivant le sort de sa classe d'âge. Sous-lieutenant rattaché à l'état-major de la IVe armée, il est alors cantonné en Lorraine pendant la « drôle de guerre ». Puis, le 10 mai 1940, jour de l'offensive allemande, il écourte une permission pour rejoindre son poste le soir même. « Volontaire pour toutes les missions périlleuses et délicates », nous disent les notes de son colonel, impressionné par le courage patriotique de Jean Zay. On est bien loin de l'image du traître entretenue depuis des années par la droite et l'extrême droite, qui ont fait de lui une cible privilégiée.

Le martyre d'un républicain visionnaire

Lui qui a été sans cesse accusé de pacifisme et d'antimilitarisme par l'extrême droite se montre sous les drapeaux d'un patriotisme exemplaire, comme le prouve le discours méconnu du 19 avril 1940, évoqué dans l'introduction de ce chapitre. Il le prononce en tant que permissionnaire lors d'une réunion de la Chambre des députés en comité secret. Il y fait preuve de ses qualités exceptionnelles d'orateur, tant par sa clarté rhétorique que par la lucidité de ses analyses et la ferveur de ses convictions républicaines. La première partie du discours est une explication de la stratégie allemande, qui consiste à entraîner la France dans une guerre longue, une guerre de pourrissement. À la différence des stratèges de l'état-major français, convaincus que le temps travaille en leur faveur, Jean Zay estime que l'enlisement dans la « drôle de guerre » est une sérieuse menace pour la cohésion nationale : « M. Hitler sait la France habituée aux sursauts héroïques. Mais saura-t-elle, se demande-t-il, s'organiser minutieusement, sévèrement pour un effort long et ingrat ? »

Il montre que Hitler mise sur la désagrégation morale de la société française, imprégnée par le pacifisme et rongée par le défaitisme d'une partie de la presse et du personnel politique : « M. Hitler fonde encore ses espérances d'une défaillance morale, d'une démission morale de la France, sur un autre raisonnement. Il voit l'Allemagne galvanisée par l'espoir de la revanche, par le vieil appétit de conquête réveillé, par des terres à reconquérir, par des revendications à faire exaucer : l'éternelle Allemagne ressuscitée, si tant est, messieurs, qu'elle se soit jamais endormie. Au contraire, il espère pour la France la fatigue du vainqueur déçu, l'immense espérance de paix qui a suivi pour nous la guerre dernière, vingt ans d'efforts d'esprit tournés uniquement vers la paix avec tant de passion et de certitude. »

C'est pourquoi il souligne la nécessité de redonner aux Français un « esprit de guerre », afin de souder le front et l'arrière, l'armée et la nation. Pour insuffler cet esprit de guerre, « il faut une communauté absolue de la nation, je ne dis pas de sort – ce serait absurde – mais de pensée entre tous les Français, entre les mobilisés et les non mobilisés, entre l'arrière et l'avant, au sens large et sommaire du mot ». Et, pour ce faire, il demande au gouvernement Daladier de proposer au pays, et notamment à la jeunesse, des transformations immédiates, ainsi que des objectifs pour l'après-guerre : « De même, messieurs du Gouvernement, que vous proposez à notre jeunesse, pour quand elle sera victorieuse, une organisation harmonieuse du monde, plus de justice dans le sort de chaque peuple, proposez-lui dès aujourd'hui, une organisation française et démocratique plus hardie, plus efficace, plus moderne. Nous nous battons pour conserver la liberté, pour garder la démocratie. C'est une des justifications de la guerre. Mais notre lutte ne doit pas apparaître comme conservatrice. [...] Proposez un nouvel et complet idéal à la jeunesse française qui combat et qui attend, elle le rendra victorieux[14]. » Très applaudi par la gauche, ce discours résonne à la fois comme le credo du « Jeune Turc » du Parti radical, tourné vers un idéal de justice et de progrès, mais aussi, et c'est ce qui est remarquable, comme la prophétie de l'État providence qui sera institué à la Libération.

Hélas, Jean Zay ne pourra participer à ce grand mouvement de rénovation dont il est à l'époque l'un des principaux promoteurs. Le 20 juin 1940, il s'embarque à Bordeaux sur le paquebot *Massilia* en compagnie de sa famille et de 25 autres parlementaires, dont Pierre Mendès France, Édouard Daladier, Georges Mandel et André Le Troquer, qui tentent de gagner le Maroc, sous autorité française, afin d'y continuer le combat contre Hitler. Mais, un mois après son arrivée à Casablanca, le 25 juillet, il apprend avec stupéfaction qu'il devra répondre devant la justice de Vichy pour « délit d'abandon de poste », alors qu'il n'a aucunement déserté. Puis il est arrêté le 15 août sans même pouvoir prévenir sa femme puis transféré cinq jours plus tard à la prison militaire de Clermont-Ferrand. « Nous demandons la condamnation à mort du juif Jean Zay », peut-on lire à cette époque dans un journal pétainiste[15].

Au terme d'un procès où tous les témoignages l'innocentent, il est néanmoins condamné par le tribunal militaire à la déportation et à la dégradation militaire, le 4 octobre 1940. Incarcéré à Clermont-Ferrand puis à la maison d'arrêt de Riom à partir de janvier 1941, il reçoit la visite de sa femme ainsi que de quelques amis radicaux tels Jacques Kayser et Gaston Monnerville. En contact avec l'organisation résistante OCM, il travaille aux plans futurs de l'Éducation nationale, et il écrit inlassablement, deux romans, une vingtaine de contes, des grilles de mots croisés, ainsi que *Souvenirs et solitude*, une sorte de journal intime, qui est aussi une réflexion sur le passé et sur l'avenir politique. Cachés au fond du landau de sa fille Hélène, née le 27 août 1940, ses textes parviendront aux presses de la Résistance et à son éditeur René Julliard.

Mais, pendant ce temps, la presse collaborationniste se déchaîne contre celui dont elle a fait le principal bouc émissaire de l'antisémitisme. « Vous savez sans doute que sous le patronage du négrite juif Jean Zay, la Sorbonne n'est plus qu'un ghetto [...]. Fumière ! Mites ! Larves ! Je vous Zay ! », écrivait déjà Louis-Ferdinand Céline dans *L'École des cadavres*, en 1938. Le 3 août 1941, l'hebdomadaire *Gringoire* publie en une « le journal secret de Jean Zay », commenté par Philippe Henriot, l'une des principales figures de la collaboration. Il s'agit des notes prises par l'ancien ministre entre septembre 1938 et septembre 1939, et qui ont été vendues à *Gringoire* par l'un de ses amis. Jean Zay est présenté comme un « petit juif » qui a « tout fait pour désarmer le pays moralement, matériellement et militairement », pour le compte de « la juiverie internationale[16] ».

C'est dans cette atmosphère de haine que, le 20 juin 1944, des miliciens viennent le chercher dans sa cellule, munis d'un ordre officiel, et l'emmènent on ne sait où. Reçue par Pierre Laval le 22 juin à Vichy, sa femme se voit informée que la voiture qui devait le transférer à la prison de Melun aurait été attaquée par des résistants dans le Cher et qu'il aurait ainsi pu rejoindre le maquis[17]. Ce n'est qu'en septembre 1946 que son cadavre sera découvert dans l'Allier, au fond d'un trou nommé « Le puits du Diable », enfoui avec deux autres personnes sous un tas de pierres. Enterré dans une fosse du cimetière communal de Cusset, ses restes seront exhumés fin 1947, ce qui permettra enfin de l'identifier grâce à son fichier dentaire. Jugé en février 1953, le milicien Charles Develle, qui l'avait abattu, sera condamné aux travaux forcés à perpétuité mais libéré deux ans plus tard.

« Qui t'a fait roi ? »

Bien différent sera le sort de Pierre Cot, qui pourtant, comme Jean Zay, s'oppose en juin 1940 à la clique de Pétain qui prône l'armistice. Ayant gagné Londres le 17 juin, un jour avant l'appel du général de Gaulle, il n'est pas le bienvenu à la France libre car ce dernier le trouve trop proche des communistes[18]. Il rejoint alors Washington, où il est reçu par le président Roosevelt, plaidant la cause d'une intervention américaine dans la guerre. Déchu de la nationalité française par Pétain, le 23 juillet 1940, il est lui aussi mis en accusation par la Cour suprême de justice de Riom, et ses biens sont confisqués par le régime de Vichy. Il lui faudra attendre trois ans avant de revenir dans la vie politique nationale, étant admis en tant que représentant de l'ex-Chambre des députés au sein de l'Assemblée consultative provisoire réunie par de Gaulle à Alger, le 25 novembre 1943.

Dès lors, il va siéger sans interruption dans cette Assemblée, transférée dans Paris libéré à partir du 8 novembre 1944, puis en tant que député élu de la Savoie dans les deux Assemblées constituantes d'octobre 1945 et juin 1946, et ensuite comme député du Rhône de 1951 à 1958. Dans chacune des assemblées où il siège, ses talents d'orateur et son expérience des dossiers font de lui un ténor de la vie parlementaire. Partie prenante des débats sur la répression des faits de collaboration et sur l'institution d'une Haute Cour de justice en 1945, il est rapporteur général du premier projet de Constitution de la Quatrième République, rejeté par le référendum de mai 1946. Puis il intervient dans tous les grands débats de politique extérieure, par exemple au moment de la création du Conseil de l'Europe en 1949, de la Communauté européenne du charbon et de l'acier en 1951, de la crise de Suez en 1956 ou de la naissance du Marché commun européen en 1957.

S'étant beaucoup rapproché du Parti communiste français, dont il est devenu un « compagnon de route » à la tête de son Union progressiste, fondée en 1950, membre du comité directeur du Mouvement pour la Paix, dirigé par Moscou, il reçoit en 1954 le prix Staline international pour la paix. Cette proximité avec les communistes et avec l'Union soviétique lui vaut depuis les années 1930 la haine de l'extrême droite qui l'attaque avec virulence. On l'accuse même d'être un agent à la solde de Moscou et d'avoir livré aux Soviétiques des armements perfectionnés par la France[19]. Ces accusations seront cependant démenties par de nombreux historiens, notamment sous la forme d'un rapport publié en 1995 concluant que « ni son patriotisme ni sa probité foncière ne peuvent être mis en doute[20] ».

Hostile au général de Gaulle, il refuse de lui voter la confiance le 1er juin 1958, déclarant en séance : « Nous avons le devoir de ne pas abandonner, à qui que ce soit, la souveraineté nationale qui réside dans l'Assemblée nationale et pas ailleurs. Et si ce soir nous la déléguons, fût-ce pour six mois, si nous remettons à un homme, quel qu'il soit, tous nos pouvoirs, y compris le pouvoir constituant, ce ne sera pas une délégation, ce sera une abdication [...]. Et quand, au général de Gaulle, on posera la question : qui t'a fait roi ?, il ne pourra honnêtement répondre que : c'est la violence, c'est l'insurrection et non le Parlement français[21]. » Cette posture d'opposant résolu à de Gaulle et à la Constitution de la Cinquième République va lui imposer, comme à Pierre Mendès France, une longue « traversée du désert ». Il est battu en Savoie lors des élections générales de novembre 1958 puis à celles de novembre 1962, il lui faudra attendre le 19 mars 1967 pour retrouver enfin un siège de député dans la 13e circonscription de la Seine, qui lui avait échappé en 1962. Élu sous l'étiquette de l'Union progressiste, mais avec le soutien de toute la gauche, non seulement du PCF, dont il est proche, mais aussi de la Fédération de la gauche démocrate et socialiste (FGDS) de François Mitterrand et du PSU de Pierre Mendès France, sa campagne a été axée sur la dénonciation du pouvoir personnel « d'un homme qui n'est pas plus infaillible qu'il n'est immortel », sur « l'union autour d'un programme commun [où] réside l'espoir de transformation et de renouveau de notre pays » et sur « la paix par le désarmement ». En somme, il voit l'union de la gauche comme l'espoir d'un nouveau front populaire.

À plus de 71 ans, l'ancien ministre de l'Air du gouvernement Blum n'a rien d'un député potiche. En quatorze mois de mandat, il n'intervient pas moins de vingt-deux fois à l'Assemblée nationale, notamment à la Commission des affaires étrangères. Mais son plus brillant discours est celui du 24 avril 1968, dans le débat sur la motion de censure déposée par la FGDS à propos du projet de loi autorisant la publicité à la télévision. *Le Monde* décrit son intervention comme une « nouvelle et magistrale démonstration » de ses talents oratoires, « d'une vigueur, d'une causticité et d'un sens de la réplique qui résistent miraculeusement aux outrages des ans ». En voici la péroraison, qui s'adresse avec une ironie cruelle au Premier ministre Georges Pompidou : « En vous voyant mardi dernier, un peu plastronnant, écouter sans aménité la motion de censure que le président Chaban-Delmas lisait avec quelque difficulté, je me disais qu'avec vos sourcils broussailleux, votre sourire sardonique, vous ressembliez un peu au diable. Faites que cette ressemblance reste purement physique – après tout il y a de bons diables – et respectez la loi et la Constitution. Nous nous en féliciterons, car nous avons assez de sujets sur lesquels vous adresser des reproches pour pouvoir vous tendre la perche qui vous évitera de vous casser le nez sur le mur du droit et de la Constitution.[22] » Ce morceau de bravoure sera d'ailleurs son dernier grand discours parlementaire car il sera battu lors des élections de juin 1968 par le candidat gaulliste Henri Modiano et ne se représentera plus par la suite.

La longévité de la carrière de Pierre Cot, décédé le 21 août 1977 à l'âge de 81 ans, contraste avec la brièveté de celle de Jean Zay, fauché par la milice à 40 ans à peine. Mais ces deux « Jeunes Turcs » du Parti radical des années 1930 incarnent un moment crucial dans la démocratisation du modèle républicain élaboré un demi-siècle plus tôt par les pères fondateurs de la Troisième République, Jules Ferry et Léon Gambetta. Leur République, si elle repose évidemment sur les bases du triptyque liberté-égalité-fraternité, hérité de la Révolution française, ne se conçoit plus sans l'émancipation sociale et l'intervention de l'État pour la garantir. C'est ce qui les pousse à l'alliance de Front populaire avec les socialistes et les communistes, qui portent depuis la fin du XIXe siècle cette dynamique d'émancipation. C'est ce qui conduit Jean Zay à prophétiser en 1940 le nouveau monde de la démocratie sociale comme le but de guerre à proposer aux jeunes générations. C'est ce qui amène Pierre Cot à devenir un « compagnon de route » du Parti communiste à la Libération, en dissidence avec le Parti radical. Jean Zay aura payé de sa vie cet engagement, authentiquement patriotique, pour une République sociale et égalitaire face au totalitarisme hitlérien et au régime réactionnaire et antisémite de Vichy. Pierre Cot paiera quant à lui sa proximité avec les communistes et sa radicalité progressiste d'une forme de marginalisation politique contrastant avec son talent exceptionnel et de polémiques récurrentes sur ses liens avec l'Union soviétique, qui le suivront bien après sa mort.

CHAPITRE 8

Léon Blum, face au régime de Vichy

« Messieurs, j'ai achevé. Vous pourrez naturellement nous condamner. Je crois que, même par votre arrêt, vous ne pourrez pas effacer notre œuvre. Je crois que vous ne pourrez pas – le mot vous paraîtra peut-être orgueilleux – nous chasser de l'histoire de ce pays. [...] Nous ne sommes pas je ne sais quelle excroissance monstrueuse dans l'histoire de ce pays, parce que nous avons été un gouvernement populaire ; nous sommes dans la tradition de ce pays depuis la Révolution française. Nous n'avons pas interrompu la chaîne, nous ne l'avons pas brisée, nous l'avons renouée et nous l'avons resserrée. [...] Et, messieurs, par une ironie bien cruelle, c'est cette fidélité qui est devenue notre trahison. Pourtant cette fidélité n'est pas épuisée, elle dure encore et la France en recueillera le bienfait dans l'avenir où nous plaçons notre espérance et que ce procès, ce procès dirigé contre la République, contribuera à préparer. »

Telle est la péroraison de la plaidoirie de Léon Blum, assurant sa propre défense lors du procès qui lui est intenté à Riom, à partir du 20 février 1942. Il en est le principal accusé, en tant qu'ancien chef du gouvernement de Front populaire de 1936 à 1938, aux côtés d'Édouard Daladier, son successeur de 1938 à 1940, du général Maurice Gamelin, ancien chef de l'état-major, de Guy La Chambre, ancien ministre de l'Air, et de Robert Jacomet, ancien secrétaire général du ministère de la Guerre. Ils se voient tous reprocher d'avoir « trahi les devoirs de leur charge dans les actes qui ont concouru au passage de l'état de paix à l'état de guerre avant le 4 septembre 1939 et dans ceux qui ont ultérieurement aggravé les conséquences de la situation ainsi créée ». En d'autres termes, ils sont jugés responsables du déclenchement de la guerre et de la débâcle militaire qui a suivi. Mais, au-delà même de cette falsification de l'histoire, Blum a tenu à dévoiler d'emblée le véritable objectif du procès, qui est la condamnation du régime républicain et du Front populaire : « Il nous incombera de montrer, de prouver à la France, qu'elle n'est pas le peuple qui, pour avoir cru à son idéal, pour avoir cru au progrès et à la justice, doit expier sa confiance et se courber sous son châtiment. [...] Si la République doit rester l'accusée, nous resterons à notre poste de combat comme ses témoins et ses défenseurs. »

C'est ainsi que l'accusé se fait accusateur, démontrant que ce procès est un procès politique intenté à la République par ceux-là mêmes qui l'ont conduit à sa perte. C'est plus que Pétain ne peut entendre, c'est plus que Hitler ne peut supporter. Le 11 avril 1942, à la demande expresse du Führer, il est mis fin au procès, et Léon Blum est reconduit dans sa cellule du château de Bourassol. Il a livré la plus belle plaidoirie de sa vie, saluée par la presse internationale et vilipendée par celle de Vichy, une plaidoirie universelle pour la défense de la République et de la démocratie.

Du Conseil d'État au Palais-Bourbon

À la différence d'un Ledru-Rollin, d'un Gambetta ou d'un Briand, avocats chevronnés, l'éloquence de Léon Blum ne vient pas que du barreau. Elle s'est nourrie de ses vingt années passées au Conseil d'État, de 1894 à 1919, en tant qu'auditeur de seconde classe, puis de première classe, puis comme maître des requêtes à partir de 1907. Il y a exercé les fonctions de commissaire du gouvernement auprès de la section du contentieux du Conseil, intervenant entre 1910 et 1919 dans près de mille huit cents affaires différentes. Sa rhétorique est imprégnée de cette expérience, consistant à convaincre par des arguments solides plutôt qu'à impressionner par des effets de manche. S'il s'est inscrit au barreau dans les années 1920, il y a peu plaidé. Il stigmatise même « la tare professionnelle de l'avocat, parlant sans avoir appris par lui-même et persuadant indifféremment de tout ce qu'il ignore[1] ». Il n'empêche qu'à l'occasion il sait en utiliser les techniques.

Il doit aussi ses talents d'orateur à sa passion de la littérature et du théâtre. Tout jeune, au lycée Henri-IV, il a créé avec ses amis André Gide et Pierre Louÿs une revue, *La Conque*, où il a publié ses premiers poèmes. Après avoir obtenu le deuxième prix du concours général de philosophie, il a été reçu en juillet 1890 à l'École normale supérieure. S'il en a été exclu un an plus tard, c'est parce qu'il était trop absorbé par son activité d'écrivain. Et, bien qu'il ait choisi une carrière de juriste au Conseil d'État, il a gardé le goût des mots chevillé au corps. Ses premières critiques de livres et de pièces de théâtre sont publiées dans la revue *Le Banquet*, où il côtoie notamment Marcel Proust, puis à *La Revue blanche*, dont il devient secrétaire de la rédaction en 1896, aux côtés de Charles Péguy, Jules Renard ou Guillaume Apollinaire. Par ailleurs, sa rencontre avec Lucien Herr, le bibliothécaire de l'École normale supérieure, le porte vers son premier engagement politique au moment de l'affaire Dreyfus.

C'est ainsi qu'il se rapproche de Jean Jaurès, devenu son maître à penser. Il participe en 1904, au côté du tribun socialiste, à la fondation et au financement du quotidien *L'Humanité*, dont le titre a d'ailleurs été trouvé par Lucien Herr. Blum y assure en alternance la rubrique « La vie littéraire » qui paraît à la une du journal. S'il s'en retire assez vite, dès juillet 1905, c'est sans doute parce qu'il est hostile à l'alliance qu'a acceptée Jaurès avec Jules Guesde, dont il condamne le dogmatisme. Lors du congrès de fondation de la SFIO, salle du Globe à Paris, il désapprouve la rupture des socialistes avec le « bloc des gauches » qui les unissait au Parti radical. Désormais, et jusqu'en 1914, il va s'écarter du militantisme socialiste, continuant néanmoins à fréquenter et à conseiller Jean Jaurès, mais refusant de se porter candidat aux élections législatives.

C'est l'assassinat de son mentor, le 31 juillet 1914, et le ralliement des socialistes à l'Union sacrée face à l'Allemagne qui le conduisent à entrer définitivement dans la vie politique en acceptant le poste de chef de cabinet de Marcel Sembat, nommé ministre des Travaux publics dans le gouvernement de guerre de René Viviani. Il le reste jusqu'en décembre 1916, tout en étant étroitement mêlé par ailleurs aux débats internes de la SFIO qui voient monter en puissance le courant pacifiste révolutionnaire. Il s'y oppose avec virulence dans l'un de ses premiers grands discours, prononcé le 31 juillet 1917 à l'occasion du troisième anniversaire de la mort de Jaurès, dans la salle des fêtes de la rue Saint-Martin : « Qu'aurait-il fait s'il avait été là parmi nous ? Qu'aurait-il été pendant la guerre ? », demande-t-il à l'assistance. Et sa réponse est sans ambiguïté : « Il aurait fait ce que nous avons fait tous. Il aurait collaboré à la défense nationale [...] et en serait devenu le chef. [...] Lui seul aurait pu nous montrer, toujours présentes, toujours lumineuses, les raisons justes de la guerre[2]. » Face à la sécession du courant pacifiste, qui menace l'unité à la fois de la SFIO et de l'Union sacrée, Léon Blum se présente à visage découvert comme le patriote rassembleur, socialiste et républicain, qu'il ne cessera plus d'être.

Au sortir de la guerre, il devient l'un des leaders du parti, prenant la parole lors du congrès extraordinaire de la SFIO à la Bellevilloise, le 27 avril 1919, afin d'en définir le programme. Dans l'héritage de Jaurès, qui, « à chaque moment », essaya de « tracer à tous nos camarades cette ligne directrice », il entend concilier les « deux pôles fixes » du socialisme, « l'un qui est la société future que nous prédisons », « l'autre, qui est la société présente, des flancs de laquelle nous voulons tirer cette société future ». C'est la continuité de la synthèse jaurésienne entre révolution et réformisme dont il est devenu l'apôtre. D'où cette péroraison lyrique marquée par l'obsession de l'unité : « Lorsque nous nous sentons parfois enfermés dans les divisions, les dissensions, les intrigues, nous n'avons qu'une chose à faire, monter un peu plus haut, nous élever, regarder le but. Et alors, nous verrons que nous sommes profondément d'accord[3]. » Et c'est sur cette thématique de l'unité du parti, mais associée à l'exigence d'une profonde réforme sociale et au refus du traité de Versailles, diktat des vainqueurs, qu'il fait pour la première fois campagne dans la deuxième circonscription de la

Seine, où il est élu député, troisième sur la liste conduite par l'ancien ministre Joseph Paul-Boncour, le 30 novembre 1919, à l'âge de 47 ans.

Du congrès de Tours au Cartel des gauches

Élu secrétaire du groupe parlementaire SFIO, il s'affirme d'emblée comme un orateur talentueux. Dès sa première intervention à la tribune, le 30 décembre 1919, il impressionne la Chambre en discourant sans consulter ses notes, pendant plus de trois heures, sur l'organisation des réseaux de chemins de fer[4]. Mais c'est devant ses camarades socialistes qu'il prononce, au congrès de Tours, le 27 décembre 1920, son discours le plus fameux[5]. Succédant à Marcel Cachin, qui a plaidé en faveur de l'adhésion de la SFIO à la IIIe Internationale communiste dirigée par Lénine, il déploie tous ses talents dialectiques pour justifier ses craintes de voir son parti aligné sur Moscou. Dans un premier temps, il montre à quel point la SFIO serait incompatible avec le modèle bolchevique imposé par les vingt et une conditions de l'Internationale. S'il reconnaît à ce modèle un « caractère de puissance et de majesté », il lui reproche de vouloir imposer aux socialistes français « la subordination à tous les degrés », « l'uniformité, l'homogénéité absolues », alors que la SFIO est au contraire « la volonté populaire se formant à la base et remontant de degré en degré », le « parti de la liberté de pensée ».

Puis, allant au fond des choses, il souligne l'opposition irréductible entre les « conceptions révolutionnaires » des bolcheviques et celles de son parti. « Nous pensons, nous, socialistes, que la transformation révolutionnaire de la propriété ne peut s'accomplir que lorsque nous aurons conquis le pouvoir politique. » C'est pourquoi il réprouve la « tactique » bolchevique « de la conquête des pouvoirs publics par un coup de surprise en même temps que par un coup de force ». Et, s'il est d'accord sur la stratégie de la « dictature du prolétariat », il la conçoit comme « impersonnelle, temporaire, provisoire », tandis que les bolcheviques en font un « système de gouvernement stable, presque régulier », « à l'abri duquel se fait tout le travail ». C'est pourquoi « il y a, conclut-il, opposition et contradiction formelles entre ce qui a été le socialisme et ce que sera demain le communisme ».

D'où la formule fameuse, passée à la postérité : « Nous sommes convaincus, jusqu'au fond de nous-mêmes que, pendant que vous irez courir l'aventure, il faut que quelqu'un reste garder la vieille maison. » Et cette péroraison sentimentale, restée elle aussi dans toutes les mémoires : « Les uns et les autres, même séparés, restons des socialistes ; malgré tout, restons des frères, des frères qu'aura séparés une querelle cruelle, mais une querelle de famille, et qu'un foyer commun pourra encore réunir[6]. » Peine perdue, car au dernier soir du congrès, le 29 décembre, la motion de Marcel Cachin et de Ludovic Frossard, prônant l'adhésion à la IIIe Internationale, remporte 3 028 voix contre 350 à celle de Léon Blum. C'est ainsi que les trois quarts des délégués au congrès de Tours ont choisi de s'aligner sur Moscou pour créer un nouveau parti, Section française de l'Internationale communiste, devenu un peu plus tard le Parti communiste français. Léon Blum a perdu le combat de l'unité, mais l'histoire lui saura gré d'avoir préservé l'héritage de Jaurès et l'indépendance du socialisme français.

C'est désormais à la tribune de la Chambre qu'il va défendre les positions de la SFIO, fort d'un groupe parlementaire qui compte encore 56 députés, seuls 12 d'entre eux ayant rejoint le Parti communiste. « Une longue silhouette vêtue avec une correction sévère, une longue figure blême illuminée par l'intelligence toujours aux aguets derrière le lorgnon scintillant, de longs cheveux noirs, une moustache tombante recouvrant presque entièrement la bouche, une voix faible, voilée, presque chevrotante, des gestes anguleux et facilement nerveux, la main droite pétrissant un mouchoir tandis que la gauche agitait quelques feuillets couverts de notes, tel était Léon Blum à la tribune de la Chambre », écrira à sa mort un chroniqueur parlementaire. « Au fur et à mesure qu'il parlait, une étrange passion prenait possession de lui ; les mots se précipitaient, la voix devenait sifflante, tout le corps trépidait et Léon Blum s'imposait à son auditoire. [...] Avec des dons très différents des leurs, il s'égalait aux meilleurs orateurs[7]. »

C'est pourquoi ses interventions font salle comble et déchaînent la haine de l'extrême droite, comme lors de la séance du 11 janvier 1923 où il critique l'occupation de la Ruhr lancée le jour même par les troupes françaises. Il est sans cesse interrompu par les attaques ouvertement antisémites des députés d'Action française, qui l'insultent par ailleurs à longueur de temps dans leur journal. « À Jérusalem ! », lui lance Léon Daudet, l'accusant de parler « au nom de l'Internationale juive ». Et comme Léon Blum se tourne vers Raoul Péret, le président de la Chambre, pour demander que cessent ces insultes, celui-ci répond avec hypocrisie qu'il n'a entendu « aucune parole injurieuse à l'adresse de l'orateur[8] ».

À l'instar de Jaurès, il est confronté à la difficile question de l'exercice du pouvoir, à la suite de l'accord électoral conclu avec le Parti radical en vue des élections législatives de mai 1924. Au congrès de Marseille de son parti, Léon Blum fait prévaloir la solution de « cartel restreint » ou « cartel d'une minute », c'est-à-dire la minute où l'on glisse le bulletin dans l'urne. La victoire de ce Cartel des gauches permet donc au radical Herriot de former le nouveau gouvernement, mais sans la participation des socialistes, qui ont néanmoins gagné une cinquantaine de sièges. Dans un nouveau discours mémorable, prononcé lors du congrès extraordinaire de son parti, le 11 janvier 1926, Léon Blum souligne la distinction devenue historique entre la conquête du pouvoir, qu'il définit comme un « acte révolutionnaire », et « l'exercice du pouvoir », qui ne l'est pas. Considérant qu'il y a danger dans les deux cas de décevoir les masses populaires, il considère que ce danger serait pire en cas de participation à un gouvernement dominé par les radicaux. C'est pourquoi il estime que la SFIO ne peut accepter d'exercer le pouvoir qu'à condition d'y être seule ou en position de force dans une coalition[9]. Il attendra dix ans avant que l'occasion se présente.

La conquête du pouvoir

Au soir du 6 février 1934, alors que les émeutiers sont aux portes du Palais-Bourbon, Léon Blum monte à la tribune sous les insultes de l'extrême droite, pour apporter son soutien au radical Édouard Daladier : « Ce n'est pas un vote de confiance que nous vous apportons, c'est un vote de combat. Les partis de la réaction, vaincus il y a deux ans et qui ont cherché tour à tour leur revanche dans la panique financière et dans la panique morale, tentent aujourd'hui le coup de force. [...] Le peuple, qui a fait la République, saura la défendre. [...] Dans la bataille dès à présent engagée, nous revendiquons notre place au premier rang.

La réaction fasciste ne passera pas[10]. » Grâce à l'intervention de Blum, Daladier obtient une écrasante majorité de 360 voix contre 220, mais il démissionne dès le lendemain, effrayé par l'émeute. Il est remplacé par l'ancien président de la République, Gaston Doumergue, sorti de sa retraite pour former un gouvernement d'union nationale, mais dominé par le ministre d'État André Tardieu, proche des ligues, et où le maréchal Pétain, qui ne cache pas ses sympathies pour les Croix-de-Feu, détient le portefeuille de la Guerre. La réaction des gauches ne se fait pas attendre, sous la forme d'une journée de grève générale et de manifestations, le 12 février 1934, à l'appel de la SFIO et du PCF, qui voient leurs militants se rejoindre et fraterniser. C'est le début de la dynamique de rassemblement qui va conduire à la victoire du Front populaire deux ans plus tard.

À l'occasion du 14 juillet 1935, à l'appel d'un Comité de rassemblement populaire lancé par la Ligue des droits de l'homme, le socialiste Léon Blum, le radical Édouard Daladier et le communiste Maurice Thorez prêtent ensemble « le serment de rester unis [...] de défendre les libertés démocratiques conquises par le peuple de France, de donner du pain aux travailleurs, du travail à la jeunesse et au monde la grande paix humaine ». C'est autour de ces trois thèmes « paix-pain-liberté » que commencent alors les négociations pour élaborer un programme commun de la gauche qui sera finalisé en septembre 1935 en vue des élections de mai 1936. Léon Blum en est évidemment la figure de proue puisqu'il est au centre de la coalition avec les communistes et les radicaux. Mais il est aussi celui qui cristallise la haine de l'extrême droite, notamment celle de Léon Daudet, qui le traite d'« hybride ethnique et hermaphrodite » dans *L'Action française* du 2 septembre 1933, ou de Charles Maurras qui en appelle au meurtre dans l'édition du 9 avril 1935, considérant que Blum est un « juif allemand naturalisé ou fils de naturalisé [...], un monstre de la République démocratique. [...] Détritus humain à traiter comme tel [...], un homme à fusiller, mais dans le dos ».

L'appel au meurtre maurrassien manque de se réaliser le 13 février 1936. Ce jour-là, la voiture où Blum a pris place, conduite par son ami Georges Monnet, croise malencontreusement un cortège de militants de l'Action française qui participent aux obsèques de l'historien Jacques Bainville, l'un de leurs maîtres à penser. Apercevant le « juif » Blum sur la banquette arrière, ils le rouent de coups de poing, l'extirpent de la voiture aux cris de « au poteau, au poteau Blum ! » et « on va le pendre ! », puis le frappent à coups de pied alors qu'il gît sur le trottoir, ensanglanté. Trois jours plus tard, tandis que Blum, âgé de 64 ans, se remet à l'hôpital de ses blessures à la tête, une grande manifestation de soutien au chef socialiste rassemble plus de 500 000 personnes autour des figures du Front populaire, dont Thorez et Daladier, chantant *La Marseillaise* et *L'Internationale*, aux cris de « Vive Blum », « Vive la République ».

Le 21 avril suivant, cinq jours avant le premier tour de scrutin, c'est donc un Blum physiquement affaibli mais politiquement renforcé qui harangue ses électeurs de Narbonne, lors de son premier discours radiodiffusé. Même si sa voix reste plus nasillarde et plus frêle que jamais, il sait trouver les mots pour convaincre que la victoire est proche : « Je ne vous décris pas une terre d'Utopie, un paradis de rêve, je vous décris une société dont tous les éléments existent, sont rassemblés sous vos mains et qu'il suffirait de votre volonté pour réaliser[11]. » Réélu dès le premier tour du 26 avril, il est à l'avant-garde des 376 députés du Front populaire qui emportent une large majorité au soir du second tour, le 3 mai 1936. Les socialistes étant arrivés en tête, avec 147 sièges contre 116 aux radicaux et 72 aux communistes, il lui appartient de constituer le gouvernement issu du scrutin.

« Dans une bataille comme celle-là, il faut un chef, affirme-t-il le 10 mai devant le conseil national de la SFIO. Il faut que, devant les circonstances nouvelles, un autre homme se révèle dans un homme. Je sais que, sans distinction aucune, votre confiance en moi est entière. Je la mérite et je la mériterai. » Et de fait, au moment où il est chargé de former le gouvernement de Front populaire, il est d'emblée confronté à des circonstances exceptionnelles, c'est-à-dire à un mouvement de grèves et d'occupations d'usines qui paralyse le pays à partir de la mi-mai. Il se garde bien de vouloir envoyer la police, considérant que son rôle est au contraire de « se tourner vers les masses ouvrières et de leur montrer à quel point leur confiance, leur confiance explicite, formelle et constante, nous est nécessaire[12] ». C'est pourquoi sa première initiative de chef du gouvernement, au lendemain de sa nomination à la présidence du Conseil, le 4 juin 1936, est d'organiser une rencontre entre les délégués du patronat et ceux de la CGT, qui aboutit à la fin d'une seule journée de discussion, le 7 juin, aux accords dits « de Matignon », augmentant les salaires de 7 à 15 % selon les branches, et reconnaissant la liberté syndicale et la reconnaissance de délégués ouvriers élus dans les entreprises.

Le Front populaire face aux périls

Pour s'installer en l'hôtel de Matignon, la veille, Blum a attendu d'être investi par les Chambres, comme le veut la règle républicaine. Mais cette première séance du 6 juin 1936 est d'emblée une épreuve, car il subit les attaques de tous ses opposants. Le libéral Paul Reynaud lui reproche de ne pas dévaluer le franc comme ce serait souhaitable. Louis Marin l'accuse de ne pas défendre la propriété menacée par les occupations d'usine. Mais le plus virulent est le député de l'Ardèche Xavier Vallat, qui l'attaque personnellement : « Votre arrivée au pouvoir, monsieur le président du Conseil, marque incontestablement une date historique. Pour la première fois, ce vieux pays gallo-romain va être gouverné par un juif. J'ose dire à haute voix ce que tout le pays pense en son for intérieur ; il est préférable de mettre à la tête de ce pays un homme… dont les origines appartiennent à son sol plutôt qu'un subtil talmudiste[13] ! » Le propos est ignoble, dans la même veine que l'article publié par Maurras dans *L'Action française* sous le titre : « La France sous le juif ». Tandis que ses amis retiennent Blum de quitter l'hémicycle, Édouard Herriot, qui préside la séance, demande à Xavier Vallat de retirer immédiatement ses paroles, « inadmissibles à une tribune française ». Et, comme le député antisémite s'obstine dans la provocation, il lui lance : « Monsieur Vallat, je ne connais, quant à moi, président de cette Assemblée, ni juifs, comme vous dites, ni protestants, ni catholiques. Je ne connais que des Français[14]. »

L'autre cible majeure de l'extrême droite est le ministre de l'Intérieur Roger Salengro, accusé par l'hebdomadaire *Gringoire* d'avoir déserté pendant le premier conflit mondial. Une commission d'enquête parlementaire, réunie à sa demande, conclut début novembre qu'il s'agit d'une pure calomnie, mais cela n'empêche pas le député du Nord Henri Becquart, rival malheureux de Salengro à la mairie de Lille, de l'accuser de trahison à la tribune de la Chambre, le 13 novembre 1936. Léon Blum se charge alors de lui répondre : « On cherche aujourd'hui à déshonorer un homme qui, que vous le vouliez ou non, représente la nation française devant le monde. […] Mais, pour les infâmes, cette souffrance infligée à un homme n'a pas plus d'importance que l'atteinte portée à la nation[15]. » Trois jours plus tard, le suicide de Salengro, moralement épuisé par cette campagne calomnieuse, indigne le pays. Le 22 novembre 1936, sur la tombe de son ami, Léon Blum exprime cette indignation : « Le peuple français ne livrera pas plus longtemps les siens à la presse infâme […]. Il reconstituera en dehors d'eux la communauté nationale. Il consolidera contre eux les institutions républicaines[16]. » Ce jour-là, il incarne plus que le Front populaire, il incarne la République face au péril fasciste.

Mais ce péril menace aussi et surtout de l'extérieur, notamment de l'outre-Rhin : « Les engagements internationaux sont défiés ou mis en échec, si les puissances qui les ont souscrits ne sont pas résolues à aller jusqu'au bout, lance-t-il le 1er juillet 1936 à la tribune de la Société des Nations à Genève. Aller jusqu'au bout, poursuit-il, c'est accepter le risque d'aller jusqu'à la guerre. Il faut donc accepter l'éventualité de la guerre pour sauver la paix […]. Je déclare sans hésiter que dans l'état présent du monde, ce risque doit être envisagé en pleine conscience et en plein courage[17]. » Et pourtant il recule sur le front espagnol, où le putsch militaire des franquistes a plongé les partis frères du Frente Popular dans la guerre civile. Sous la pression de ses alliés radicaux et des alliés britanniques, le Conseil des ministres du 7 août 1936 se prononce pour la non-intervention.

Il vient s'en expliquer le 6 septembre lors d'un meeting organisé par la fédération socialiste de la Seine au Luna Park. L'atmosphère est houleuse, d'autant que l'on vient d'apprendre la chute d'Irún, tombée aux mains des franquistes.

Courageusement, il assume « toutes les responsabilités » de ce choix décevant, qu'il tente de justifier : « Cette conduite qu'on nous reproche, qui a blessé en vous des sentiments que je fais mieux que comprendre, a peut-être écarté d'Europe le danger d'une conflagration générale[18]. » Mais, lorsqu'il redevient président du Conseil le 13 mars 1938, après avoir laissé la direction du gouvernement au radical Camille Chautemps en juin 1937, le risque de guerre a encore monté d'un cran car les troupes allemandes sont en train d'envahir l'Autriche. Conscient du danger, il appuie son programme sur les nécessités de la défense nationale : « Nous devons donc, avant tout, parer aux périls de la situation extérieure. [...] Puisque les circonstances y contraignent notre pays, nous entendons accroître encore sa force militaire. Des programmes complémentaires d'armement seront mis en œuvre sans aucun retard. [...] Au cours de sa longue histoire, la France a toujours su s'agrandir à la mesure des difficultés et des dangers. Elle donnera une fois de plus le spectacle d'une nation forte, courageuse, fière d'elle-même, égale à son histoire et à son destin[19]. » Mais, en dépit de cette inflexion patriotique appuyée, son gouvernement est renversé dès le 8 avril suivant au Sénat.

« Il n'est pas possible que la souveraineté et l'indépendance de la Tchécoslovaquie lui soient maintenant arrachées lambeau par lambeau. [...] Ce qui est en cause, c'est le sort de l'Europe, c'est le sort de la liberté de l'Europe, Grande-Bretagne et France comprises », prévient-il dans *Le Populaire* du 8 septembre 1938. Dans son article du 20 septembre, il déplore que Daladier et Chamberlain aient accepté le plan de partage de la Tchécoslovaquie imposé par Hitler, se disant « partagé entre un lâche soulagement » que la paix soit préservée et la « honte » d'avoir cédé au dictateur. Et, s'il parle dans ses éditoriaux de « joie » et de « délivrance » au lendemain des accords de Munich, c'est cette expression de « lâche soulagement » qui lui restera associée, comme le constat lucide d'une faute historique majeure, dont il partage la responsabilité.

Quand l'accusé devient l'accusateur

À partir de la déclaration de guerre du 2 septembre 1939, Léon Blum ne dévie pas de sa ligne républicaine et patriote, lui qui a incarné le pacifisme pendant des décennies. Une nouvelle fois pris à partie par le sinistre Xavier Vallat, qui l'accuse d'être responsable de la guerre dans la salle des conférences de l'Assemblée nationale, le 21 mars 1940, il manque en venir aux mains[20]. Invité au congrès des travaillistes à Londres, le 10 mai 1940, le jour même où ils décident de participer au cabinet d'union nationale dirigé par le conservateur Winston Churchill, Blum les encourage à se défendre contre Hitler : « Je ne sais ce qu'il adviendrait du capitalisme si nous perdions la guerre, mais je sais ce qui arriverait au socialisme si les Allemands la gagnaient. À quelque endroit qu'ait passé cet Attila motorisé, tous les mouvements ouvriers ont été anéantis. » Lorsque ses amis le pressent de quitter la France au lendemain de l'armistice du 22 juin, afin de se réfugier à Londres ou à Washington, il refuse sans hésitation : « Il n'y a plus pour moi qu'un parti, qu'un devoir depuis que le gouvernement a capitulé : rester en France, là où je suis, attendre tranquillement le danger [...], me tenir prêt à répondre de mes actes passés dans toute discussion publique, à la tribune de la Chambre si je puis, à la barre d'une cour de justice s'il le faut ; défier avec sérénité l'injustice et la haine qui s'épuisent[21]. »

Paroles prémonitoires. Arrivé à Vichy le 4 juillet pour prendre toute sa part aux travaux parlementaires, il constate avec effroi que le « poison de la peur », distillée par Pierre Laval, devenu l'homme fort du régime, paralyse les députés et les sénateurs, effrayés par la présence des « bandes hurlantes » du collaborationniste Jacques Doriot, qui occupent la ville. Face au projet de révision constitutionnelle que Laval entend proposer d'abord à la Chambre et au Sénat séparément puis aux deux réunis en Assemblée nationale, Léon Blum essaie en vain de convaincre ses amis socialistes de s'opposer catégoriquement : « Nous discuterons de cela tant que vous voudrez, mais après la guerre ; aujourd'hui nous n'en avons pas le droit parce que nous ne sommes pas libres[22]. » Mais il n'obtient pas gain de cause, et, le 10 juillet 1940, ils ne sont que 35 socialistes qui refusent d'accorder les pleins pouvoirs à Pétain. Au contraire, la grande majorité des députés et sénateurs de la SFIO font partie des 567 parlementaires qui ont offert l'autocratie au vieux maréchal, signant ainsi l'arrêt de mort de la Troisième République.

Mais, pour Pétain et Laval, il ne suffit pas d'avoir effacé le régime républicain. Encore faut-il justifier cet effacement aux yeux des Français, en faisant expier ceux qui en ont été les figures de proue, jugés responsables de la défaite. C'est la raison pour laquelle Léon Blum est arrêté le 15 septembre 1940 par la police de Vichy, en dépit de son immunité parlementaire, et incarcéré au château de Chazeron, dans le Massif central, en même temps que Daladier et Reynaud, puis Georges Mandel et le général Gamelin. Le 8 octobre, le procureur Cassagnau, aux ordres de Pétain, demande l'ouverture d'une instruction contre lui pour avoir « trahi les devoirs de sa charge » de président du Conseil et commis des « crimes » et « atteintes contre la sûreté de l'État ». Il est accusé d'avoir compromis « par la faiblesse injustifiable de son gouvernement, à la fois les résultats immédiats de la production et les forces morales des producteurs ». En d'autres termes, « l'esprit de jouissance » et les réformes sociales du Front populaire sont les causes directes de la défaite de la France en 1940, et il en est le principal responsable.

Le 16 novembre 1940, il est transféré à Bourassol, non loin de Riom, où doit se tenir son procès. Mais avant même que celui-ci ne commence, Pétain annonce dans un « message aux Français » radiodiffusé du 12 août 1941 qu'il prendra lui-même les sanctions contre les « coupables », sur avis d'un « conseil de justice politique[23] ». Ce ne sera donc qu'un simulacre de procès car tout est déjà joué à l'avance. Et le 16 octobre suivant, lors d'une nouvelle allocution radiophonique, le maréchal déclare que son arrêt a été rendu, et que les inculpés Blum, Daladier et Gamelin sont condamnés à la peine de détention à vie dans une enceinte fortifiée[24]. Il ordonne qu'ils soient transférés au fort imprenable du Portalet, dans les Pyrénées, afin d'empêcher toute évasion.

Tout au long de son interrogatoire préliminaire, à partir de novembre 1940, Léon Blum n'a de cesse de montrer, preuves en mains, l'inanité des accusations portées contre lui. Lorsque commence le procès, le 19 février 1942, dans la petite salle de la cour d'appel de Riom, il est fin prêt pour sa défense. D'emblée, alors que Gamelin vient de décider de ne pas y participer, l'ancien président du Conseil du Front populaire dévoile les véritables enjeux du procès : « Un débat sur les responsabilités de la défaite d'où toutes les responsabilités militaires ont été exclues de parti pris devient, par la force des choses, en même temps qu'un attentat volontaire à la vérité, une prise à partie du régime républicain. [...] Alors il nous incombera de prouver à la France qu'elle n'est pas le peuple qui, pour avoir cru à la liberté et au progrès, devrait expier son idéal et se courber sous le châtiment. [...] Si la République reste l'accusée, nous resterons à notre poste de combat comme ses témoins et ses défenseurs[25]. » Et c'est ainsi que, du 19 février au 11 avril, Léon Blum se transforme, par la magie de son éloquence, en avocat de la République et en procureur du régime de Vichy. Le 9 avril, à l'occasion de son 70e anniversaire, le *New York Times* consacre un article élogieux à celui qui, « à Riom, a montré le visage intelligent et héroïque de la France que tout être humain aime et respecte ». Cinq jours plus tard, comme nous l'avons vu plus haut, Pétain, à la demande expresse de Hitler, signe un décret qui suspend le procès.

De la prison au témoignage

Cette éclatante victoire morale marque pour Léon Blum le début d'un combat clandestin qu'il mène depuis sa cellule de Bourassol, devenue une sorte de quartier général de la résistance socialiste. Depuis le début de son incarcération, il rédige un ouvrage, intitulé *À l'échelle humaine*, qui ne sera publié qu'en 1945, et qui contient à la fois son analyse des causes de la défaite et une sorte de testament politique adressé aux militants socialistes. Il y montre que la bourgeoisie des années 1930 a trouvé dans Vichy l'occasion de « ressusciter son cadavre grâce à une transfusion de sang jeune », qui était le fascisme, mais que la greffe ne prend pas, ce qui rend sa défaite inéluctable. Mais il considère que, si la classe ouvrière n'a pas réussi à transformer cette décadence bourgeoise en révolution socialiste, c'est parce qu'il « lui a manqué pour entraîner la nation une générosité, une magnanimité, une prestance idéale, une évidence de désintéressement à l'intérêt collectif », en somme parce qu'elle n'a pas su « élever la morale ouvrière là où la morale touche à la religion et la propagande à l'apostolat[26] ». Et c'est cette capacité morale dont il faut désormais doter la classe ouvrière, moteur de la révolution, pour qu'elle puisse entraîner derrière toute la nation vers le socialisme.

Au jeune Daniel Mayer, qui lui a plusieurs fois rendu visite, il a confié la charge d'organiser la résistance socialiste, en reconstituant les sections, en relançant le travail de propagande clandestine, en réunifiant le parti et en imposant l'idée d'un Conseil national de la Résistance, dont Jean Moulin sera le maître d'œuvre. Il écrit inlassablement des appels et des lettres aux militants, mais aussi au président américain Roosevelt et au général de Gaulle. Jusqu'au jour du 31 mars 1943, où les Allemands le font soudainement déporter en tant qu'« otage d'État » au camp de Buchenwald, au cœur de la Thuringe, en compagnie de Gamelin et de Daladier. Ils y sont détenus dans un pavillon de chasse, hors de l'enceinte du camp, avec d'autres personnalités politiques, notamment Georges Mandel. Ce dernier sera rapatrié en France le 4 juillet 1944 et abattu trois jours plus tard par la milice en forêt de Fontainebleau. Quant à René Blum, frère cadet de Léon, critique d'art réputé et fondateur du Ballet de l'Opéra à Monte-Carlo, il a été arrêté à son domicile parisien le 12 décembre 1941, puis déporté le 23 septembre 1942 à Auschwitz, où, dès son arrivée, il a été torturé et brûlé par les SS. Le leader socialiste aura plus de chance. Le 3 avril 1945, devant l'avance alliée, les SS l'emmènent avec sa femme au camp de Dachau, puis au sud du Tyrol, mais ils seront finalement libérés par la Wehrmacht, le 30 avril, comme monnaie d'échange dans les négociations de la reddition allemande avec les Américains et les partisans italiens. C'est ainsi que Léon Blum aura survécu de façon presque miraculeuse à la guerre.

Rentré à Paris le 14 mai 1945, acclamé par des centaines de fidèles à l'aéroport d'Orly, il se voit proposer par de Gaulle un ministère d'État dans le gouvernement provisoire de la République française, mais il refuse : « Avec vous, la France a une chance extraordinaire d'unité nationale, dit-il au Général. Et je peux davantage aider cette chance en agissant au sein du Parti socialiste plutôt qu'en me trouvant dans le gouvernement[27]. » Six jours plus tard, à Montrouge, devant les secrétaires des fédérations socialistes, il envoie un avertissement républicain au chef du gouvernement : « Il n'y a pas de droit au pouvoir dans une démocratie. Si le pouvoir que le général de Gaulle exerce aujourd'hui est légitime, ce n'est pas parce qu'il a été le premier ou le chef des résistants, c'est parce qu'il était le seul homme qui pouvait regrouper les forces pures de la France libérée[28]. »

Malgré son extrême fatigue, il témoigne à la fin du mois de juillet 1945, au procès de Philippe Pétain, en un étrange retournement de l'histoire. Mais c'est sans haine, lucidement, qu'il décrit le suicide de la Troisième République, le 10 juillet 1940 : « J'ai vu là pendant deux jours des hommes s'altérer, se corrompre comme à vue d'œil, comme si on les avait plongés dans un bain toxique. Ce qui agissait, c'était la peur : la peur des bandes de Doriot dans la rue, la peur des soldats de Weygand à Clermont-Ferrand, la peur des Allemands qui étaient à Moulins [...]. Et le bruit qu'on faisait courir : "Ceux qui ne voteront pas ne coucheront pas dans leur lit ce soir[29]." »

Pour un socialisme à visage humain

Lors du 37e congrès de la SFIO qui se tient à Paris du 11 au 15 août 1945, le premier de l'après-guerre, Léon Blum présente sa « déclaration de principes » pour la renaissance du socialisme, un « socialisme à visage humain », une doctrine qu'il comprend comme « universelle », considérant « la libération économique et sociale de l'individu » non pas comme « le but final », mais comme le moyen de « la transformation humaine », « synthèse entre la dialectique marxiste et l'idéalisme jauressien[30] ». Mais la gauche du parti, alors menée par Guy Mollet, repousse cette synthèse comme « un affaiblissement de la pensée marxiste » et comme un « humanisme erroné ». L'année suivante, lors du 38e congrès, du 29 août au 1er septembre 1946, le vieux lutteur lance ses dernières forces dans la bataille pour dénoncer la « peur » qui s'est emparée de son parti, « la peur du qu'en-dira-t-on communiste », de « la polémique communiste », du « dénigrement communiste », mais aussi de « la nouveauté », « des forces fraîches », des « femmes et des jeunes » qui auraient pu revitaliser le socialisme[31]. Tel est le paradoxe de ce congrès de rupture qui voit Guy Mollet, le gardien d'une orthodoxie surannée, devenir secrétaire général de la SFIO, tandis que Léon Blum, le prophète du socialisme, est jeté aux oubliettes du parti.

Son camarade Félix Gouin, chef du gouvernement, lui confie néanmoins en mars 1946 la délicate mission de conclure à Washington avec le secrétaire d'État James Byrnes un accord financier qui portera leur nom. Il obtient par ailleurs des alliés de la France que le siège de l'Unesco soit installé à Paris. S'il est sollicité par Vincent Auriol, président de l'Assemblée nationale, pour retourner à Matignon, le 16 décembre 1946, c'est pour y diriger un gouvernement de transition, dit « de la Saint-Sylvestre », jusqu'à l'élection de son ami à la présidence de la République, un mois plus tard. Lorsque Auriol, désormais à l'Élysée, le désigne à nouveau pour diriger le gouvernement, le 20 novembre 1947, il propose aux députés de lutter sur « deux fronts », contre les communistes qui menacent l'ordre social et contre les gaullistes qui rejettent les institutions : « La République est en danger, dit-il. La République qui, pour nous, s'identifie à la patrie. Les libertés civiques, la paix publique, la paix tout court sont menacées. » C'est pourquoi il veut « sonner l'appel », « rallier tous les républicains » dans un gouvernement de « troisième force » contre le « communisme international » et contre « le recours dans le pouvoir personnel d'un homme », le général de Gaulle. Mais c'est son chant du cygne parlementaire car l'investiture lui est refusée, à neuf voix près[32].

Et, s'il revient une dernière fois au pouvoir le 26 juillet 1948, en tant que vice-président du Conseil dans le gouvernement du radical André Marie, il n'y tient qu'un rôle honorifique, et pour un peu plus d'un mois. Sa dernière plaidoirie est épistolaire lorsqu'il écrit à Georges Bidault, ministre des Affaires étrangères, le 25 novembre 1947 une lettre lui demandant un vote favorable de la France pour la création de l'État juif d'Israël. Cet engagement sioniste aura été l'un des combats de sa vie puisqu'en 1928 il a participé à la création du Comité socialiste pour la Palestine. En 1943, on a même donné son nom à un kibboutz : Kfar Blum. Retiré à la fin de sa vie dans sa maison de Jouy-en-Josas, près de Versailles, il est victime d'un infarctus mortel, le 30 mars 1950, à l'âge de

77 ans. Lors de ses funérailles nationales, le 2 avril, place de la Concorde, le radical Yvon Delbos, qui fut son ministre des Affaires étrangères sous le Front populaire, rend hommage à celui qui, « comme Jaurès, unissait dans son cœur, avec la foi socialiste, l'amour de la patrie et de la République[33] ». On ne pouvait mieux le définir.

CHAPITRE 9

Pierre Mendès France, face au pouvoir personnel

Le dimanche 1er juin 1958, un petit homme frêle, cheveux très noirs et sourcils broussailleux, monte à la tribune de l'Assemblée nationale, l'air sombre et attristé. L'heure est grave, car la Quatrième République connaît depuis le 13 mai une crise sans précédent, marquée par l'insurrection des Algérois contre le gouvernement de Pierre Pflimlin et par la menace d'un putsch militaire. Pour répondre à cette crise, le président de la République René Coty a fait appel quatre jours plus tôt au « plus illustre des Français », le général de Gaulle, que l'on croyait retiré de la vie publique mais qui a fait savoir dès le début de la crise qu'il était « prêt à assumer les pouvoirs de la République ». Il vient de s'exprimer pendant sept minutes, pas une seconde de plus, pour demander l'investiture aux représentants de la nation.

Arguant notamment de la « dégradation de l'État qui va se précipitant », de « l'unité française immédiatement menacée » et de « notre position internationale battue en brèche jusqu'au sein même de nos alliances », il s'est proposé de

« tenter de conduire une fois de plus au salut le pays, l'État, la République ». À cette fin, il a demandé « les pleins pouvoirs » pour une durée de six mois. Par ailleurs, et pour « en finir avec la cause profonde de nos épreuves », c'est-à-dire « la confusion et, par là même, l'impuissance des pouvoirs », il s'est engagé à préparer « une réforme constitutionnelle », c'est-à-dire une nouvelle Constitution. Soumise à un référendum, elle lui permettra d'entreprendre « la tâche immense qui lui sera ainsi fixée » et de « répondre de l'unité, de l'intégrité, de l'indépendance de la France ». Ayant aussitôt quitté l'hémicycle, il a laissé les représentants des partis exprimer leur position sans même les entendre. Et c'est pourquoi Pierre Mendès France, député de Louviers, ancien président du Conseil et ancien ministre du général de Gaulle, se charge de lui répondre, comme le premier défenseur de la République.

Il reconnaît en préambule que « la Quatrième République périt de ses propres fautes », et que le « système que le général de Gaulle a si souvent critiqué et qui méritait, en effet, bien des critiques, a échoué ». Mais, à ses yeux, « ce n'est pas la République, ce n'est même pas le système parlementaire qui méritent d'être condamnés. Seul le mauvais usage qui en a été fait nous a réduits à l'impuissance et nous a conduits à tant de déconvenues ». C'est pourquoi, et en dépit des « sentiments » qu'il éprouve « pour la personne et pour le passé du général de Gaulle », il refuse de voter en faveur de son investiture. Il ne peut « admettre de donner un vote contraint par l'insurrection et la menace d'un coup de force militaire ». Par ailleurs, il redoute que général de Gaulle ne subisse « la pression de ses plus étranges, de ses plus récents partisans ; de ceux dont il ne s'est pas assez dégagé, de ceux qui, cependant, et sans même s'en cacher, entendent instaurer la dictature fasciste ».

Il se demande si le général pourra leur résister, « lui qui s'est mis dès le départ en situation d'infériorité [...] en acceptant que son investiture soit extorquée à l'Assemblée par la menace de la sédition ». Et de conclure sur une note d'espoir, au nom de sa collaboration passée avec l'homme du 18 Juin : « Puisse l'histoire dire un jour que de Gaulle a éliminé le péril fasciste, qu'il a maintenu et restauré les libertés, qu'il a rétabli la discipline dans l'administration et dans l'armée, en un mot qu'il a consolidé et assaini la République. Alors, mais alors seulement, le général de Gaulle incarnera la légitimité[1]. »

C'est pourquoi Pierre Mendès France fait partie des 224 députés qui refusent l'investiture, néanmoins votée par une majorité de 329, dont la plupart des socialistes. En ces heures décisives pour l'avenir de la République, il ne peut admettre que le général de Gaulle, qui fut pourtant sa référence et son héros pendant la guerre, ait accepté de s'appuyer sur la sédition et la menace afin de revenir au pouvoir. Il n'en démordra pas, jusqu'à voter contre la Constitution de la Cinquième République, lors du référendum du 28 septembre 1958. Pour Pierre Mendès France, un régime né dans l'illégalité ne peut être soutenu. La défense de l'intégrité républicaine est un principe avec lequel il n'a jamais transigé.

Défendre la République

Le passé du nouveau président du Conseil lui tient lieu de légitimation. Fils de Cerf Mendès France, un petit entrepreneur de confection très marqué par l'affaire Dreyfus, Pierre s'engage très jeune en politique, pour la défense des valeurs républicaines. Bachelier à 15 ans, en 1923, il s'inscrit dès l'année suivante au Parti radical, après avoir entendu un discours d'Édouard Herriot, qui l'a subjugué. « Ce fut pour moi le coup de foudre, dira Mendès France. Je me suis senti dans le sillage de cet homme-là[2]. » Poursuivant ses études à la faculté de droit de Paris et à l'École libre des sciences politiques, il participe à la fondation de la Ligue d'action universitaire républicaine et socialiste, un mouvement étudiant qui fait le coup de poing contre l'Action française au Quartier latin, et qu'il présidera par la suite. Devenu en 1926 le plus jeune avocat de France, à l'âge de 19 ans, il entre au cabinet de Georges Bonnet, figure du Parti radical et vedette des prétoires. Inscrit pendant trois ans au barreau de Paris, Mendès France y apprend l'art de convaincre et de débattre, dans le style sobre et argumenté qui sera sa marque de fabrique.

À vrai dire, il est plus passionné par les questions économiques et financières que par le droit, comme le prouve la thèse qu'il soutient en mars 1928 sur la « politique de redressement du franc menée par Raymond Poincaré ». Il voit dans l'économie « une science vraie », dont la « pratique concourt au développement harmonieux des sociétés » et qui permet de « changer le monde, à condition d'en connaître les lois[3] ». Publiée avec une préface de Georges Bonnet, la thèse du jeune Mendès France reconnaît l'habileté technique de la politique menée par le libéral Poincaré à partir de 1926 mais en dénonce les conséquences sociales. Les réactions sont enthousiastes, tant dans la presse que dans le microcosme politique parisien, où il reçoit les éloges d'Édouard Herriot, mais aussi d'André Tardieu, figure de la droite, et de Georges Valois, le fondateur du Faisceau, admirateur de Mussolini.

Mais c'est pourtant en province que Pierre Mendès France, au grand étonnement de son entourage, décide de poursuivre sa carrière à la fois professionnelle et politique à partir de 1929. Sollicité par les militants radicaux de la circonscription de Louviers, dans l'Eure, il s'inscrit au barreau de cette bourgade de 6 000 habitants et s'y installe afin de préparer les élections de mai 1932 face au député sortant, le conservateur Alexandre Duval. À la surprise générale, et sans doute servi par le climat de crise sociale qui a poussé les électeurs vers le changement, Pierre Mendès France est élu au second tour, avec 239 voix d'avance sur son adversaire. Ce sera désormais son fief électoral, jusqu'en 1958, cumulé avec la mairie de Louviers, où il est élu en 1935. C'est là qu'il va exercer son métier d'avocat, plaidant pour les « petits », paysans, artisans, commerçants endettés, au contact direct des réalités de la France profonde. Mais, par ailleurs, il devient, à 25 ans à peine, le plus jeune député de France, le surdoué du Palais-Bourbon.

Défendre le Front populaire

S'il n'est pas un ténor de l'hémicycle, il devient en revanche l'une des figures de proue de l'aile gauche du Parti radical, ceux que l'on surnomme les « Jeunes Turcs » en référence aux jeunes officiers réformateurs de l'Empire ottoman. Leur leader est Édouard Daladier, leur idéologue est l'historien Jacques Kayser, neveu du capitaine Dreyfus, et leurs étoiles montantes se nomment Jean Zay, Gaston Monnerville et Pierre Cot. Mais, au congrès de Toulouse, du 3 au 6 novembre 1932, la révélation est Pierre Mendès France, rapporteur de la commission des finances du parti. Sans l'attaquer directement, son rapport critique de manière précise et implacable le manque de rigueur de la politique économique menée par le chef du parti, Édouard Herriot, revenu au pouvoir après les élections du mois de mai[4]. Sans être un tribun, sans voix tonitruante ni charisme, il devient un orateur reconnu pour sa compétence et son talent de persuasion, le porte-parole d'une nouvelle génération radicale.

C'est ainsi que le 27 juin 1934, à la Chambre, il met en pièces le projet de réforme fiscale présenté par le ministre des Finances Germain-Martin, qui fut son professeur à la faculté de droit. Le jugeant « volontairement obscur, sibyllin et mystérieux », il lui reproche de vouloir remplacer l'impôt sur le revenu, le plus égalitaire, par l'impôt indirect, « l'impôt de la vie chère, l'impôt injuste enfin, dont nous ne voulons pas[5] ». Très applaudi à gauche, il a obtenu au cours du débat l'appui de Léon Blum. Et c'est tout naturellement que Pierre Mendès France et les « Jeunes Turcs » plaident au sein du Parti radical pour le rapprochement avec les socialistes, à la suite des événements du 6 février 1934. Ils soutiennent activement l'action du Comité de vigilance des intellectuels antifascistes, animé par l'ethnologue socialiste Paul Rivet, le physicien communiste Paul Langevin et le philosophe radical Alain, et qui conduit au pacte de Rassemblement populaire signé en janvier 1936 par les dirigeants de la SFIO, du Parti communiste français et du Parti radical. Et c'est au nom du Front populaire que Pierre Mendès France bénéficie du désistement des candidats socialiste et communiste au second tour des élections de 1936, ce qui lui permet de l'emporter avec plus de 700 voix d'avance sur son adversaire conservateur.

Sa première intervention notable à la tribune, le 28 septembre 1936, est pour défendre la dévaluation du franc décidée par le gouvernement Blum, et critiquée par les orateurs de la droite. Il leur répond que la politique de déflation pratiquée avant le Front populaire a conduit « à la ruine et à la disparition d'innombrables petites entreprises indépendantes », c'est-à-dire « à la prolétarisation des classes moyennes au profit de quelques trusts industriels et bancaires ». Il condamne ceux qui, « en criant au scandale [...] fournissent des armes empoisonnées à ceux qui, au-dehors, souhaitent le désordre et la misère chez nous[6] ». Le 9 juillet 1936, il est le seul député à voter contre la participation française aux Jeux olympiques de Berlin, vitrine du régime nazi, alors que même les députés communistes se sont abstenus. Plus que tout autre, de par ses origines, il redoute la peste brune qui déferle sur l'Europe.

Sa nomination comme sous-secrétaire d'État au Trésor dans le nouveau gouvernement Blum, dont il est à 31 ans le benjamin, le 13 mars 1938, récompense son expertise des questions économiques et financières, mais lui vaut aussitôt les attaques de la presse antisémite, qui l'associe dans l'injure au président du Conseil. Mais l'expérience tourne court au bout d'un mois, alors même que Mendès France et son directeur de cabinet Georges Boris ont conçu un plan de redressement économique fondé sur la relance des industries d'armement, d'ailleurs voté par la Chambre le 6 avril. Deux jours plus tard, il est rejeté par le Sénat, ce qui entraîne la chute du gouvernement Blum, le 10 avril 1938. Mendès France est renvoyé à sa circonscription de Louviers.

Défendre la liberté

Après avoir tenté de protéger le Front populaire, il va désormais défendre sa patrie au péril de sa vie. Lorsque la guerre est déclarée, le 3 septembre 1939, il est mobilisé comme officier au Proche-Orient, affecté à l'état-major de Beyrouth. N'ayant de cesse de participer au combat, il obtient le 22 avril 1940 son brevet d'observateur aérien, avec la meilleure note de sa promotion. Faute d'action militaire, il s'occupe de protéger sa commune de Louviers au moment de la débâcle, ce qui lui vaut d'être mitraillé par les Allemands et blessé d'un éclat d'obus à l'épaule, le 9 juin. À Bordeaux, où se sont repliés le gouvernement et les Chambres, il est l'un des rares à entendre à la radio l'appel du 18 juin du général de Gaulle, qui le marque profondément. Trois jours plus tard, il fait partie des vingt-sept parlementaires qui embarquent sur le paquebot *Massilia* pour aller continuer la guerre au Maroc, sous administration française. Ses amis du Parti radical, Édouard Daladier, Jean Zay, Paul Bastid, César Campinchi, sont aussi du voyage pour Casablanca, où le navire accoste le 24 juin.

Mais le général Noguès, résident général au Maroc, commandant en chef des troupes d'Afrique du Nord, décide quelques jours plus tard de se rallier au maréchal Pétain. Le 26 juillet, un communiqué du régime de Vichy annonce que Pierre Mendès France, Pierre Viénot, Alex Wiltzer et Jean Zay sont poursuivis par les tribunaux militaires « pour abandon de poste devant l'ennemi ». Le 31 août, il est arrêté et enfermé à la prison militaire de Casablanca, avant d'être transféré à Clermont-Ferrand pour être jugé devant le tribunal militaire. Au terme d'une instruction totalement à charge menée par le colonel Leprêtre, il est inculpé de désertion le 31 mars 1941, et son procès commence le 9 mai suivant devant le tribunal militaire de Clermont-Ferrand. Condamné à six ans de prison ferme, en dépit de multiples témoignages en sa faveur, il n'a pas pu plaider sa cause, comme le fera Léon Blum au procès de Riom. Au moment du verdict, il s'écrie néanmoins : « On vient de condamner un innocent par haine politique. Ce n'est pas la justice de la France, c'est celle de Hitler[7]. »

Son courage et son patriotisme le poussent à s'échapper de l'hôpital militaire où il a été transféré pour soigner son insuffisance hépatique, le 21 juin 1941, le lendemain du jour où son pourvoi en cassation a été rejeté. Puis le voilà en cavale pendant plusieurs mois avant de passer clandestinement en Suisse en janvier 1942, puis de traverser en train la France puis l'Espagne en direction de Lisbonne, où il arrive le 28 février. Trois jours plus tard, il embarque sur un hydravion des services spéciaux britanniques, qui l'emmène à Londres rejoindre la France libre. Reçu par de Gaulle dès son arrivée, il demande à retourner au combat et rejoint le groupe « Lorraine » des Forces aériennes françaises libres, participant d'octobre 1942 à novembre 1943 à une douzaine de grandes opérations de bombardement. En mai 1943, le Général lui propose de faire partie de l'Assemblée consultative provisoire d'Alger, mais il refuse, voulant continuer le combat. En novembre, il revient néanmoins à la politique en acceptant le poste de commissaire aux Finances dans le Comité français de libération nationale. Il représente la France en juillet 1944 à la conférence de Bretton Woods, qui instaure le nouvel ordre financier mondial. Enfin, il est nommé par de Gaulle ministre de l'Économie nationale du gouvernement provisoire de la République française, à l'âge de 37 ans, le 4 septembre 1944.

Son programme est fondé sur le contrôle de l'État sur la production, sur la rigueur, la restriction de la consommation, le blocage des prix et des salaires, mais il se heurte au ministre des Finances René Pleven, qui veut laisser faire le marché. Novateur, Mendès France explique sa politique aux Français par des allocutions radiophoniques hebdomadaires, sur le modèle des conversations au coin du feu pratiquées par Franklin Roosevelt dans les années 1930 : « J'ai la tâche – certains diront "ingrate" – d'avoir à parler de sacrifices, dit-il en novembre 1944. Mais notre pays comprend que s'il lui faut consentir des sacrifices, ils seront bien moindres que ceux qu'impliquait la défaite ; et puis qu'ils sont le prix à payer temporairement et par tous, sans exception, pour une amélioration considérable du bien-être de tous[8]. » Mais, ne se sentant pas soutenu par de Gaulle, il lui adresse le 18 janvier 1945 une lettre de démission dans laquelle il se plaint que le gouvernement ait « substitué la facilité à la rigueur nécessaire ». Le Général tente de le retenir pendant quelques semaines, mais la rupture est officiellement consommée le 5 avril 1945. Fidèle à ses convictions, il abandonne le pouvoir, tout en conservant l'estime du général de Gaulle pour « ce collaborateur d'une exceptionnelle valeur[9] ». Quelques mois plus tard, dans le journal de sa circonscription, il écrit un article rappelant « ce que nous devons tous au Libérateur », au « premier résistant », au « restaurateur de nos libertés intérieures », et exhortant, derrière de Gaulle, à « l'union profonde et résolue de tous les bons Français pour la reconstruction et le relèvement de notre pays[10] ».

« Dire la vérité au pays »

Dans la continuité de sa participation à la conférence de Bretton Woods, où il s'est lié d'amitié avec John Maynard Keynes, Pierre Mendès France défend les intérêts de la France face à l'hégémonie américaine au sein de la Banque internationale pour la reconstruction et le développement ainsi qu'au Fonds monétaire international, puis, à partir de 1947, comme délégué français au Conseil économique et social des Nations unies. Lorsque le socialiste Félix Gouin lui propose en janvier 1946 de retrouver son portefeuille de l'Économie nationale, il n'accepte qu'à condition d'avoir les mains libres pour lancer le plan d'austérité budgétaire qui lui semble indispensable. Ses conditions n'étant pas acceptées, il refuse de redevenir ministre, fidèle à sa ligne d'intégrité. Il n'en est pas moins consulté pour rédiger le programme économique de Félix Gouin, ainsi que par le président de la République élu en janvier 1947, Vincent Auriol, qui pense à lui dès cette époque pour Matignon. « Pour ma part, écrira ce dernier, je désirais confier le pouvoir à Mendès France. Il connaît admirablement les questions économiques et financières, il n'a pas été usé par le pouvoir. Il est jeune et dynamique [...]. J'aurais bien voulu [le] voir dans la bagarre prendre la tête du gouvernement[11]. » Mais il y a une pierre d'achoppement qui crispe les soutiens éventuels d'un gouvernement Mendès France : ses positions de plus en plus fermes contre la guerre d'Indochine.

Le 19 octobre 1950, à l'occasion d'un débat budgétaire qui suit une cuisante défaite des troupes françaises à Cao Bang, le député de Louviers ne mâche pas ses mots : « C'est la conception globale de notre action en Indochine qui est fausse, car elle repose à la fois sur un effort militaire qui est insuffisant [...] et sur une politique qui est impuissante [à] nous assurer l'adhésion de la population. » Par conséquent, il préconise soit « un effort militaire massif », « trois fois plus d'effectifs sur place », soit « un accord politique avec ceux qui nous combattent », donc « de larges concessions ». Et il conclut par la formule qui restera à jamais son emblème : « Mais alors, il faut dire la vérité au pays. » C'est justement l'objet d'une autre séance parlementaire organisée un mois plus tard, le 22 novembre 1950, et où chacun attend le programme de Mendès France pour sortir du bourbier indochinois. Ce qu'il propose ce jour-là, avec courage, est aux antipodes de la politique menée jusque-là par les dirigeants de la Quatrième République. « Ayez le courage de regarder la vérité en face », leur dit-il, rappelant qu'on a « jusqu'à ce jour consacré à l'Indochine beaucoup plus qu'à la reconstruction » et qu'il est désormais urgent de « choisir » entre « la solution militaire » et « la négociation ». Et c'est précisément cette solution négociée qu'il préconise, inventoriant les conditions de sa réussite, c'est-à-dire la reconnaissance sans réserve de l'indépendance du Vietnam et l'évacuation progressive des troupes françaises. C'est tout simplement la fin de la guerre d'Indochine qu'il réclame à ceux qui l'ont déclenchée.

Il y revient une troisième fois le 30 décembre 1951, se livrant à un nouveau et retentissant réquisitoire contre la guerre d'Indochine et ses conséquences désastreuses sur l'économie et la société françaises. Ce discours ayant frappé l'opinion publique, il le publie dans une plaquette dont il rédige lui-même la présentation. Il y gagne notamment le titre de « Cassandre », décerné par *Le Monde*, et qui sera sa marque de fabrique[12]. La journaliste Françoise Giroud décrit avec enthousiasme son plaidoyer parlementaire dans l'hebdomadaire *France Dimanche* : « Un homme petit, brun, au visage pâle et presque douloureux [...] monte posément à la tribune, ouvre un dossier épais, commence à parler. Deux heures plus tard, il parle encore [...]. De la voix pure de ceux qui sont certains d'avoir raison, le député de l'Eure développe, avec sobriété et clarté, une thèse dont l'originalité semble stupéfier tous ses collègues. [...] Mendès France est écouté dans un silence religieux. On pourrait affirmer sur l'honneur qu'il n'y a pas un seul de ses auditeurs qui ne se soit dit : “Je voudrais avoir le courage de cet homme quand il me faudra défendre ce que je crois juste.”[13] » C’est ce jour-là, et dans cet article, que naît le mythe Mendès France.

Gouverner, c’est choisir

« Je suis détesté de ceux que l’on appelle les “grands” hommes politiques de ce pays », mais « j’ai par contre de grands encouragements des jeunes et c’est ce qui compte », écrit-il en mai 1953 à Vincent Auriol, qui s’est enfin décidé à l’appeler à Matignon[14]. Le 3 juin 1953, jour de son investiture, il pose un verre de lait sur son pupitre et prononce un nouveau discours qui fera date. Commençant par un diagnostic sans concession « du mal profond dont souffre le pays », il constate que « si l’urgence de l’action est devenue évidente, l’incertitude subsiste dans les esprits sur la nature de l’action à entreprendre ». Il observe que « des majorités de composition différente se dégagent sur chacune des grandes questions » et que « parfois même, il n’y a de majorité que pour repousser toute solution positive ». Sa « conviction », au contraire, c’est que les principaux problèmes français doivent être considérés comme un tout, que leur solution est une et que l’« on ne peut pas tout faire à la fois ». D’où cette formule percutante, et qui deviendra une devise : « Gouverner, c’est choisir, si difficiles que soient les choix[15]. »

« La France peut supporter la vérité », a titré deux semaines plus tôt le premier numéro de l’hebdomadaire *L’Express*, dirigé par Jean-Jacques Servan-Schreiber et Françoise Giroud, qui lui ont consacré la une. Les choix que propose Mendès France sont en effet clairement définis, et notamment le premier qui consiste à « alléger le fardeau que nous impose la continuation de la guerre d'Indochine », c'est-à-dire à y mettre fin. C'est un pari audacieux, qui se heurte à la fois au lobby militaire français et aux contraintes de la guerre froide. Par ailleurs, et sans remettre en cause les « services éminents rendus par la présence française » au Maroc et en Tunisie, il s'engage à leur donner l'autonomie, premier pas vers l'indépendance. C'est un défi lancé au lobby colonial très influent au Parlement ainsi que dans son propre parti. C'est donc un programme courageux et transgressif, qui promet de heurter de nombreux intérêts, d'autant que Mendès France demande à le « réaliser par décrets », ce qui revient dans un premier temps à court-circuiter le Parlement. Il se réclame de modèles aussi différents que Raymond Poincaré, Léon Blum et le général de Gaulle, « parce que, sous le signe de l'amour de la patrie, leur exemple signifiait le dévouement au bien public et le sens de l'État ». C'est pourquoi il exhorte les députés à penser « à cette jeunesse anxieuse dont le destin est le véritable enjeu de nos débats, à ce pays inquiet qui nous observe et qui nous juge. Travaillons ensemble à lui rendre la foi, les forces, la vigueur qui assureront son redressement et sa rénovation ». Pourtant, en dépit de ce grand moment d'éloquence, il n'obtient que 301 voix au lieu des 314 requises[16]. Les partis n'ont pas osé le suivre, et c'est finalement le falot Joseph Laniel qui est investi, après quarante jours de crise ministérielle. Mais c'est reculer pour mieux sauter : un an plus tard, René Coty, successeur d'Auriol à l'Élysée, l'appelle à son tour à former le quinzième gouvernement de la Quatrième République.

C'est le désastre militaire de Diên Biên Phu, le 7 mai 1954, qui a conduit le chef de l'État à solliciter Mendès France pour sortir du bourbier indochinois. De fait, le « plan d'action » que Pierre Mendès France propose à la représentation nationale est un engagement sans concession, très éloigné des atermoiements habituels de ses prédécesseurs. Il promet avant le 20 juillet « d'obtenir un règlement du conflit d'Indochine ». Puis « il soumettra un programme cohérent et détaillé de redressement économique et demandera des pouvoirs nécessaires pour le réaliser ». Enfin, « et toujours avant les vacances parlementaires, il soumettra des propositions sur la Communauté européenne de défense, qui déchaîne les passions ». Et, si « l'une de ces étapes successives » n'est pas franchie, il s'engage à remettre sa démission au président Coty. Par ailleurs, pour accomplir sa mission de « redressement et de rénovation nationale », il composera son gouvernement sans négocier avec les partis, choisissant comme bon lui semble « des hommes capables de servir, des hommes de caractère, de volonté et de foi[17] ». Par ailleurs, il annonce que, s'il obtient la majorité nécessaire grâce aux 103 voix des communistes, il ne se considérera pas comme investi.

À l'issue des explications de vote, à deux heures du matin, le 18 juin 1954, date emblématique, Pierre Mendès France obtient l'investiture par une large majorité de 419 voix contre 47 et 143 abstentions, un record sous la Quatrième République. Son gouvernement comporte peu de poids lourds, en dehors d'Edgar Faure, ministre des Finances et numéro deux du gouvernement, mais surtout des jeunes loups aux dents longues, tels le gaulliste Jacques Chaban-Delmas aux Transports et François Mitterrand à l'Intérieur. Quatre jours à peine après son investiture, il est à Genève pour négocier la paix avec les Vietnamiens. Pour une majorité de Français, et notamment pour les jeunes, il apparaît comme le nouvel homme providentiel de la République.

« Superman »

« Lorsque Mendès est arrivé au pouvoir, le ciel s'est éclairé », racontera bien des années plus tard Raymond Barre à l'historien Éric Roussel[18]. *L'Express* du 19 juin 1954 titre sur « Mendès France face à la crise », accompagné d'une éloquente citation de Zola : « La vérité est en marche ; rien ne peut l'arrêter. » Il lui trouve le surnom de PMF, par analogie avec FDR, l'ex-président américain Franklin Delano Roosevelt, incarnation du mythe de la modernité. Après la signature du traité de Genève, ratifié le 21 juillet 1954, mettant fin à la guerre d'Indochine comme il s'y était engagé, le *New York Times* le consacre « héros national » des Français. Même la presse conservatrice reconnaît ses talents, à l'instar du *Figaro* qui le désigne comme « un bon ouvrier du pays[19] ». Par son discours de Carthage du 31 juillet, reconnaissant « sans arrière-pensée » l'autonomie interne de l'État tunisien, il obtient l'adhésion des pays africains et d'une bonne partie de la gauche française. Un sondage IFOP effectué du 17 au 27 août 1954 indique que les électeurs de tous les bords sont satisfaits, à 85 % pour les radicaux, à 78 % pour les socialistes, mais aussi à plus de 60 % pour ceux du RPF gaulliste. André Malraux, dans *L'Express*, esquisse dès cette époque les contours d'une « autre gauche », affranchie de ses attaches marxistes, une « gauche libérale » dont « Pierre Mendès France est le symbole », et qui proposerait un « New Deal » à la France[20].

Comme il l'avait expérimenté lors de son bref passage au ministère des Finances, dix ans plus tôt, il reprend ses causeries radiophoniques afin, explique-t-il le 26 juin 1954, d'annoncer non seulement les « grandes nouvelles », mais aussi et surtout afin de « parler en toute simplicité » aux Français. Le 4 septembre, « près de la fenêtre d'une petite maison dans les bois, qu'éclaire le couchant », il incite les Français à se rapprocher « les uns des autres » pour continuer « ensemble sur la route qui mène au redressement du pays ». Le 13 octobre, à la suite d'une rencontre à l'hôtel La Pérouse, le général de Gaulle lui-même laisse entendre qu'il respecte l'expérience mendésiste[21]. Dans le communiqué qui suit, il reconnaît à son ancien ministre « l'ardeur, la vigueur, la valeur ». Par ailleurs, le voyage du président du Conseil au Canada et aux États-Unis en novembre lui vaut un prestige international. « *It's a Superman !* », ne craint pas de déclarer le secrétaire d'État Foster Dulles, le 18 novembre, à Washington.

Mais, s'il est un surhomme pour le public américain, il est devenu un colosse aux pieds d'argile dans son propre pays. Dès le 13 août, ses trois ministres gaullistes ont quitté le gouvernement pour manifester leur opposition au projet de CED, la Communauté européenne de défense, dont le traité, signé à Paris en 1952, doit être ratifié par l'Assemblée nationale. En ouvrant le débat sur le sujet, le 28 août, Pierre Mendès France paraît pourtant plutôt hostile à la ratification. Le vieux radical Édouard Herriot se charge de porter au traité de Paris un coup fatal, deux jours plus tard, estimant dans un discours mémorable que « la Communauté européenne, c'est la fin de la France ». Par 319 voix contre 264, le traité est repoussé, sous forme de l'adoption de la question préalable, dans un hémicycle chauffé à blanc. Ulcérés, les ministres centristes, très favorables à la CED, quittent à leur tour le gouvernement dès le lendemain. Pris en tenaille entre les « cédistes » et les « anticédistes », Pierre Mendès France apparaît alors comme un homme seul.

C'est l'insurrection de la Toussaint, le 1er novembre 1954, qui va lui porter le coup de grâce, en faisant du signataire de la paix en Indochine celui qui va mener la guerre en Algérie. Il se montre fermement décidé à réduire par les armes la révolte menée par le FLN, le Front de libération nationale, dans les départements français d'Algérie. « On ne transige pas lorsqu'il s'agit de défendre la paix intérieure de la nation, l'unité, l'intégrité de la République », dit-il à la tribune le 12 novembre. « L'Algérie, c'est la France », renchérit son ministre de l'Intérieur François Mitterrand. Mais cette fermeté n'exclut pas la prise en compte des « racines profondes du problème », poursuit Mendès France, qui en appelle au développement de l'économie algérienne ainsi qu'à l'exercice des « droits démocratiques » afin de « créer en Algérie la vie meilleure que la métropole veut assurer à tous ses citoyens ». C'est pourquoi les réformes annoncées par Mitterrand lors du Conseil des ministres du 5 janvier 1955, notamment l'octroi du droit de vote aux femmes algériennes et l'égalisation des salaires entre l'Algérie et la France, font bondir de colère les « durs » de l'Algérie française, très influents au sein même du parti de Pierre Mendès France.

Le 3 février 1955, leur porte-parole, l'ancien président du Conseil René Mayer, député de Constantine et défenseur des colons algériens, monte à la tribune pour sonner la charge contre le chef du gouvernement, réprouvant « l'ensemble de [sa] politique, en particulier dans le domaine international ». Les petits calculs de ses concurrents radicaux rejoignent la rancœur des partisans de la CED ou celle des poujadistes et des communistes. Il leur répond le lendemain, dénonçant la coalition hétérogène de ses adversaires, rassemblant « des hommes qui veulent des réformes, mais votent contre le gouvernement qui les applique » et « des hommes qui veulent revenir à une politique de répression ». Mais, en dépit de sa plaidoirie, il se voit refuser la confiance par une majorité de 319 voix, dont une vingtaine de son propre parti, contre 273, au petit matin du 5 février. Contrairement à l'usage pour un président du Conseil renversé, il remonte à la tribune pour un ultime discours, qui résonne comme son testament politique. « Ce qui a été fait pendant ces sept ou huit mois, ce qui a été mis en marche dans ce pays ne s'arrêtera pas, affirme-t-il. Les hommes passent, les nécessités nationales demeurent. » C'est la tempête dans les travées communistes comme dans les rangs de la droite et du centre, tous ligués contre lui. Mais, en dépit des interruptions incessantes, des vociférations et des pupitres qui claquent, il va jusqu'au bout de son intervention, le visage livide, la bouche collée au micro pour surmonter le vacarme : « L'Assemblée, dit-il, au moment où elle vient de renverser le gouvernement, ne se montre pas digne des responsabilités qui sont les siennes. J'espère que demain, dans un climat meilleur et dans la bonne entente entre patriotes, nous saurons donner au pays des raisons d'espérer, et surmonter la haine dont trop souvent nous avons donné le spectacle. Vive la France[22] ! »

Du Front républicain au « cartel des non »

« C'est avec surprise et émotion que l'opinion apprendra que monsieur Mendès France a été renversé », lit-on dans *France-Soir*[23]. Les sondages montrent en effet que plus de 54 % des Français regrettent son départ[24]. Pour le britannique *Sunday Express*, « on se souviendra de M. Mendès France longtemps après que les autres présidents français auront été oubliés[25] ». S'inscrivant dans la tradition légendaire de l'homme providentiel, à l'instar de Gambetta, Clemenceau ou du général de Gaulle, il en a suivi le parcours symbolique, prophète devenu sauveur puis transformé en martyr. Mais, s'il veut revenir au pouvoir, il lui faut d'abord reconquérir son propre parti, puis gagner les élections législatives prévues en juin 1956.

La première étape est franchie lors du congrès du Parti radical, le 4 mai 1955, salle Wagram à Paris. Le président administratif du parti, Léon Martinaud-Déplat, complice de René Mayer dans la chute du gouvernement Mendès France, est mis en minorité, et les mendésistes, Charles Hernu en tête, prennent le pouvoir. La voie est libre pour constituer une alliance électorale à gauche avec la puissante SFIO de Guy Mollet, ainsi qu'avec l'UDSR de François Mitterrand et les républicains-sociaux du gaulliste Jacques Chaban-Delmas, sous le nom de Front républicain. C'est une coalition improvisée dans l'urgence car son successeur Edgar Faure, renversé à son tour le 25 novembre 1955, a décidé de procéder le 1er décembre à la dissolution de l'Assemblée, entraînant des élections anticipées le 2 janvier 1956. Le Front républicain est bien sûr dominé par la figure emblématique de Pierre Mendès France, dont le visage orne les affiches de bon nombre de candidats. Dans son discours d'Évreux, le 23 juillet 1955, il a posé un diagnostic sans complaisance sur « la crise de la démocratie », condamnant « le manque de civisme » des « gouvernants, des parlementaires, des partis politiques et des groupes d'intérêt », et appelant notamment au vote obligatoire. « Il faut, a-t-il martelé, que soit admis partout que l'intégrité dans la vie publique est au moins aussi nécessaire que dans la vie privée[26]. » Lors de la grande réunion contradictoire qui l'oppose au communiste

Jacques Duclos, devant 25 000 personnes massées au Palais des sports, cinq jours avant le scrutin, on crie « Mendès au pouvoir[27] ! ». Et c'est largement grâce à lui, grâce à son prestige personnel, que le Front républicain obtient au soir du 2 janvier 1956 plus de 190 sièges, devançant légèrement la coalition des droites et du centre droit menée par Edgar Faure, tandis que les communistes remportent 150 sièges. Mais ces derniers n'acceptent de soutenir un gouvernement de Front républicain que si Mendès France n'en est pas le chef, et c'est donc le socialiste Guy Mollet qui sera finalement choisi le 1er février 1956 par le président de la République pour diriger le nouveau gouvernement.

C'est ainsi que Pierre Mendès France, qui avait pourtant mené sur son nom la coalition des gauches à la victoire, en est écarté par la convergence de ses ennemis, d'un côté les communistes, de l'autre Edgar Faure, qui a plaidé auprès de René Coty pour que son rival ne revienne pas à Matignon. Le député de Louviers doit se contenter d'un ministère d'État symbolique, qui n'est même pas un lot de consolation. Moins de quatre mois plus tard, le 23 mai 1956, il démissionne avec fracas du gouvernement Mollet, lui reprochant sa politique de répression en Algérie, qui « ignore les sentiments et les misères de la population autochtone » et « mène, de proche en proche, de la perte du peuple algérien à celle de l'Algérie, et ensuite, immanquablement, à la perte de notre Afrique tout entière ». Triste prophétie, qui sera réalisée quelques années plus tard.

Nombreux sont ceux qui se sont demandé, à l'instar de François Mauriac, qui était à la fois mendésiste et gaulliste, pourquoi le député de Louviers ne s'était pas rallié à la Cinquième République du général de Gaulle, lui qui avait tant critiqué les mœurs de la Quatrième et en avait tant souffert ? La réponse est dans son discours au congrès du Parti radical, dix jours après la présentation solennelle de la Constitution par le général de Gaulle, place de la République, le 4 septembre 1958. « Étrange Constitution, s'étonne Mendès France, qui se dit républicaine et dans laquelle les pouvoirs les plus décisifs reviennent à des organes qui n'émanent pas du suffrage universel. Ces organes décisifs sont le chef de l'État, le Premier ministre, le Sénat, le Conseil constitutionnel, et l'Assemblée nationale ne vient qu'ensuite si j'ose dire comme la cinquième roue du carrosse constitutionnel. » Il déplore que « les trois pouvoirs : exécutif, législatif, judiciaire, se trouvent en fait entre les mains du gouvernement ». Il en conclut que, « si la Constitution est adoptée, elle le sera par une majorité de Français qui savent qu'elle est mauvaise mais qui voteront tout de même pour telle ou telle raison, étrangère au texte », à savoir par adhésion au général de Gaulle[28]. Et c'est précisément ce qui lui est fatal lors des élections législatives de novembre, après l'adoption de la Constitution par le référendum du 28 septembre. Battu pour la première fois depuis 1932 dans son fief de l'Eure, il démissionne par dépit de la mairie de Louviers et du conseil général. François Mauriac estime alors qu'il « n'a pas besoin de la tribune parlementaire pour nous dire la vérité », saluant « ce noble destin » avec « admiration, affection et respect[29] ».

Exclu par ailleurs du Parti radical, qui lui paraît totalement archaïque, il adhère en 1959 au Parti socialiste autonome, dirigé par Édouard Depreux, qui devient en avril 1960 le Parti socialiste unifié (PSU). S'il refuse tout poste de responsabilité à l'intérieur de ce nouveau parti, qui porte les espérances de la nouvelle gauche, il charge ses fidèles, tel Charles Hernu, de maintenir le contact avec les militants, qui l'ont suivi très nombreux dans cette aventure. Et c'est lui qu'on écoute lorsqu'il salue l'action du général de Gaulle face au putsch des généraux d'avril 1961 : « La guerre civile a été évitée, se félicite-t-il [...]. Tout le monde se réjouit que les pires dangers aient été écartés. Et la majorité des Français en attribue le mérite au chef de l'État. De Gaulle et Michel Debré ont manifesté énergiquement leur volonté de résister pendant la crise, cela doit être mis à leur actif[30]. »

En revanche, il fait partie des principaux opposants au projet de révision de la Constitution proposé par le Général en septembre 1962 pour l'élection du président de la République au suffrage universel direct. Comme les autres grandes figures du « cartel des non », tels son ancien collègue radical Gaston Monnerville et le libéral Paul Reynaud, il considère que le choix du référendum imposé par de Gaulle est inconstitutionnel, et c'est pourquoi il vote contre. Mais ce nouveau parti pris d'opposition à l'homme du 18 Juin lui vaut d'être une nouvelle fois battu lors des élections législatives de novembre 1962, consécutives à la dissolution du 9 octobre. Candidat dans la circonscription d'Évreux, et non plus à Louviers, il est battu dès le premier tour par Jean de Broglie, le négociateur des accords d'Évian.

Le grand sage de la gauche

Bien qu'écarté du Palais-Bourbon, Pierre Mendès France fait alors figure de grand sage et de chef spirituel de la gauche non communiste. Beaucoup imaginent alors qu'il pourrait se présenter à l'élection présidentielle prévue en décembre 1965, au terme du septennat du général de Gaulle. Mais, contrairement à François Mitterrand qui avait comme lui vigoureusement combattu la Constitution de la Cinquième République puis la révision de 1962, il n'imagine pas se mettre en contradiction avec lui-même en postulant à l'Élysée. Par ailleurs, il sait que les communistes sont vent debout contre son éventuelle candidature, alors qu'ils acceptent de soutenir celle de François Mitterrand. C'est pourquoi il engage tout le poids de sa parole et de son expertise économique en faveur de ce dernier, notamment lors des trois débats qui l'opposent sur Europe n° 1 à Michel Debré, Premier ministre du Général-candidat, les 22, 29 novembre et 1er décembre 1965[31]. Et si François Mitterrand réussit à la surprise générale à pousser de Gaulle au ballottage, obtenant 32,29 % des voix au premier et 44,8 % au second tour du 19 décembre, il le doit en partie au rôle actif joué par Pierre Mendès France. Mais ce dernier n'apparaît plus désormais comme le chef naturel de la gauche.

En revanche, il en est la conscience, comme l'illustre son grand discours du 30 avril 1966, à l'occasion du colloque « Rencontre socialiste », organisé à Grenoble par le Club Citoyens 60. Il y annonce « l'ère de l'après-gaullisme », qui passe par « un profond effort de renouvellement et de mise à jour » de la gauche. Par ailleurs, il y souligne la nécessité vitale de « la participation du citoyen à la vie publique », comme condition première de la démocratie. Il l'oppose au rituel de l'élection présidentielle tous les sept ans, qui réduit les consultations populaires à « une sorte de compétition de vedettes, conduisant à un régime personnalisé fondé sur le talent, le charme, l'habileté télégénique, et, bien sûr, les appuis financiers qu'un candidat pourra mobiliser plutôt que sur le caractère progressiste de l'action qu'il entend mener s'il est élu ». En somme, c'est une condamnation en règle, ô combien prophétique, du régime présidentiel dans lequel François Mitterrand s'est, lui, coulé comme un poisson dans l'eau[32].

C'est toujours à Grenoble, ville jeune et moderne, qu'il tente de revenir dans le jeu politique à l'occasion des élections législatives de mars 1967. Après un débat télévisé de haute tenue qui l'oppose à Maurice Schumann en décembre 1966, et dans lequel il exprime son « plein désaccord » avec de Gaulle, « notamment sur sa conception de la conduite » du pays, le sommet de sa campagne est la réunion publique du 27 février 1967, où il affronte le Premier ministre en personne, venu soutenir le candidat gaulliste Jean Vanier. Répondant au discours très technique et plutôt ennuyeux de Georges Pompidou, il se livre à un réquisitoire implacable contre le régime gaullien, ponctué par cette passe d'armes entre les deux hommes :

– Pompidou : Vous êtes resté un homme de la Troisième République !

– Mendès France : Et vous, vous êtes devenu un homme du Second Empire[33].

Victorieux de la joute verbale contre le Premier ministre, il le sera aussi au second tour, le 12 mars 1967, grâce au désistement du communiste Jean Giard. Et c'est en tant que député de l'Isère qu'il accueillera de Gaulle à Grenoble, le 6 février 1968, pour l'ouverture des Jeux olympiques d'hiver[34]. Ce sera leur dernière et émouvante rencontre.

Beaucoup ont d'ailleurs pensé qu'il succéderait au Général à la faveur de la révolte de Mai 68. Le 13 mai, dix ans jour pour jour après la crise finale qui emporta la Quatrième République, il défile aux côtés des manifestants de la Nation à République. Six jours plus tard, il fait une déclaration qui résonne en écho à celle du général de Gaulle, une décennie plus tôt : « En refusant constamment, et depuis dix ans, de discuter aussi bien avec les représentants des ouvriers, des étudiants, des paysans qu'avec les élus du peuple, en se réservant (et avec quel mépris de l'opinion) le monopole de toutes les décisions, le pouvoir a créé une situation révolutionnaire. [...] Il ne peut plus rendre qu'un service au pays ; se retirer pour que soient enfin mises en route, dans un climat de confiance, les transformations qui renouvelleront les conditions de la vie économique, sociale et politique[35]. » Et comme de Gaulle tente maladroitement de mettre fin à la crise le 24 mai en proposant un référendum, Mendès France s'insurge : « Je suis consterné. J'attendais des propositions, et, bien que dans l'opposition, j'espérais que nous étions en présence de quelque chose de nouveau qui offrirait au pays un moyen de sortir de la grande crise dans laquelle il se trouve. En fait, nous avons trouvé à la place l'annonce d'un nouveau plébiscite. Dans cette crise, le pouvoir, une fois de plus, se contente de demander un blanc-seing. Le plébiscite, cela ne se discute pas, cela se combat[36]. » Le 27, il se laisse convaincre d'assurer une présence muette à la manifestation organisée par les étudiants de l'Unef, la CFDT et son parti, le PSU, au stade Charléty. Mais, quand on lui tend le micro pour prendre la parole, il refuse au prétexte que c'est une réunion syndicale. En réalité, son intégrité républicaine l'empêche de profiter de la situation pour prendre le pouvoir dans ce climat insurrectionnel.

François Mitterrand le prend de court quelques heures plus tard en convoquant une conférence de presse où il appelle à la formation d'un « gouvernement provisoire de gestion » dont Mendès France prendrait la tête, tandis que lui se porte d'emblée candidat à une future élection présidentielle. Dans *Le Monde* du 29 mai, l'essayiste Alfred Fabre-Luce s'enflamme : « Mendès à l'Élysée ! » Eugène Descamps, secrétaire général de la CFDT, l'appelle lui aussi à prendre le pouvoir. Bien que placé devant le fait accompli, le député de l'Isère déclare le 29 mai qu'il est favorable à « un gouvernement de transition » et qu'il ne refusera pas « les responsabilités qui pourraient lui être confiées par la gauche, par toute la gauche réunie ». Mais dès le lendemain, 30 mai, c'est le coup de théâtre du retour du général de Gaulle de Baden-Baden, puis de la manifestation gaulliste sur les Champs-Élysées, suivie de la dissolution de l'Assemblée nationale. En quelques heures, le chef d'État a totalement retourné la partie, et Pierre Mendès France apparaît comme le premier des perdants.

Victime de la vague gaulliste des élections législatives de juin 1968, battu de 132 voix seulement par Jean-Marcel Jeanneney, ex-ministre des Affaires sociales, le grand sage de la gauche n'est pas pour autant écarté de la scène nationale. Au lendemain de la démission du général de Gaulle, au soir de son référendum plébiscite du 27 avril 1969, Pierre Mendès France apparaît à nouveau comme le recours. Candidat officiel de la SFIO à l'élection présidentielle, Gaston Defferre déclare qu'il est prêt à se retirer si l'ancien président du Conseil annonce sa candidature[37]. La presse de gauche l'y pousse. Mais Georges Marchais formule le veto communiste au micro d'Europe n° 1, le 7 mai 1969 : « Est-ce qu'on veut nous le présenter à nouveau comme une espèce d'homme providentiel ? » L'accusation est sévère, et totalement injuste à l'encontre de celui qui s'est toujours battu contre le pouvoir personnel. Defferre fait alors savoir que, s'il est élu, il proposera à Mendès France d'être son Premier ministre. Une manière détournée de lui permettre de revenir au pouvoir et de régénérer la gauche.

Mais c'est en réalité son chant du cygne. Defferre est laminé au premier tour avec 5 % des voix au premier tour de l'élection présidentielle, le 1er juin 1969. Victime d'une crise cardiaque en septembre 1972, Mendès France décide de ne pas se présenter aux législatives de mars 1973, laissant la place à Hubert Dubedout. Il soutiendra les candidatures de François Mitterrand lors des présidentielles de 1974 et 1981, ce qui lui vaudra cet hommage, lors de l'investiture du premier Président socialiste : « C'est la justification de tant d'années, dont vous avez été l'initiateur. Sans vous, rien n'aurait été possible[38]. » Scène émouvante du 21 mai 1981, qui voit l'ancien président du Conseil essuyer les larmes qui coulent sur ses joues. Mais on sait par ailleurs qu'il sera bien déçu par la suite d'être mis sur la touche par le chef d'État socialiste, qui ne l'invitera que pour la forme à quelques déjeuners élyséens[39].

À l'instar de Léon Blum, ses derniers combats auront été pour la paix au Proche-Orient. Lorsqu'il disparaît le 18 octobre 1982, victime d'un infarctus, François Mitterrand déclare que la France vient de perdre l'un des plus grands de ses fils. Un an plus tard, le chef de l'État, inaugurant le centre étudiant de Tolbiac rebaptisé Mendès-France, rappelle que, sans lui, « la gauche n'aurait pas été ce qu'elle est ou elle ne serait pas ce qu'elle doit être[40] ».

De fait, la gauche perd l'une de ses consciences, et la République, l'un de ses plus intègres défenseurs. Comme il y a eu un mythe Jaurès, un mythe Blum et bien évidemment un mythe de Gaulle, il y a un mythe Mendès France, peut-être le dernier des géants.

CHAPITRE 10

Gaston Monnerville et Paul Reynaud, face à la « forfaiture »

Le 29 septembre 1962, un homme de couleur portant beau, cheveux grisonnants et le regard perçant de celui qui veut convaincre, s'exalte à la tribune du 59e congrès du Parti radical, à Vichy. Rompu à l'éloquence du prétoire et des assemblées, ancien avocat au barreau de Toulouse puis à celui de Paris, député de Guyane sous la Troisième et la Quatrième République, Gaston Monnerville, alors âgé de 65 ans, termine son deuxième mandat à la présidence du Sénat, en attente de sa réélection quelques jours plus tard. Son discours va rester dans l'histoire, car il intervient au cœur de la plus grave crise politique que la Cinquième République ait connue depuis sa naissance, quatre ans plus tôt. Cette crise a été déclenchée par le général de Gaulle lui-même, lorsqu'il a annoncé, le 20 septembre, l'organisation d'un référendum pour inscrire dans la Constitution l'élection du président de la République au suffrage universel.

Or cette procédure exceptionnelle – c'est-à-dire le recours à l'article 11 de la Constitution et non à l'article 89 qui, en principe, réglemente la révision – apparaît comme inconstitutionnelle aux yeux d'une majorité de juristes et de tous les opposants au général de Gaulle. Les communistes, les socialistes, les centristes, les conservateurs vont constituer ce que la presse appelle avec un peu d'ironie le « cartel des non ». Gaston Monnerville, figure de la Résistance et président de la Haute Assemblée, fort de son expérience de juriste, de son prestige politique et de son éloquence, est l'homme qui va incarner ce cartel hostile au général de Gaulle en 1958. Il ne peut admettre que le chef de l'État se joue de la Constitution qu'il a lui-même édictée pour imposer, illégalement, l'élection présidentielle au suffrage universel.

C'est aussi la conviction de l'octogénaire Paul Reynaud, qui fut président du Conseil de mars à juin 1940 et qui, à ce titre, fit entrer le général de Gaulle dans son gouvernement. Il estime que ce dernier, dont il avait pourtant soutenu le retour au pouvoir, vient de franchir une ligne jaune inacceptable pour les républicains comme lui. C'est pourquoi lui aussi se lance dans la bataille contre la révision, au point de signer pour la première fois de sa vie une motion de censure contre le gouvernement Pompidou, et de la défendre à la tribune de l'Assemblée nationale, le 4 octobre 1962. Afin de comprendre pourquoi ces deux hommes aux profils très différents, le radical franc-maçon Monnerville et le libéral atlantiste Paul Reynaud, se dressent contre le général de Gaulle, l'icône intouchable des Français, il faut rappeler leurs parcours, qui les ont menés de l'éloquence du barreau à celle de la tribune, avec un objectif commun : la défense de la République.

L'expert et le ténor

Le point commun originel entre Paul Reynaud, né en 1878 à Barcelonnette, dans une famille de notables des Hautes-Alpes, et Gaston Monnerville, son cadet de dix-neuf ans, né à Cayenne et descendant d'esclaves guyanais, c'est leur expérience du métier d'avocat. Le premier, petit-fils du maire de sa commune, fils du conseiller général et neveu du député puis sénateur Hippolyte Gassier, mène en parallèle des études de droit à la faculté de Paris et d'économie à l'École des hautes études commerciales. Après avoir effectué son service militaire au 37e régiment d'infanterie à Nancy, il prépare son doctorat en droit tout en travaillant comme clerc dans une étude d'avoué. Reçu docteur en droit avec une thèse sur les sociétés anonymes, il s'inscrit au barreau de Paris après avoir fait un tour du monde qui l'a mené aux États-Unis, au Japon, en Chine et en Russie.

Élu premier secrétaire de la Conférence des avocats en 1910, il décide à l'occasion de la rentrée solennelle de parler de Pierre Waldeck-Rousseau, son modèle, auquel il consacrera d'ailleurs son premier livre trois ans plus tard[1]. Devant l'opposition de ses confrères de droite, il doit renoncer et traite à la place du procès de Charles Ier d'Angleterre. En 1912, il épouse la fille du bâtonnier de Paris Henri-Robert, réputé « maître des maîtres de tous les barreaux », ce qui l'installe dans la carrière d'avocat. S'il plaide peu aux assises, se spécialisant plutôt dans le droit des affaires, il est cependant le défenseur de l'un des accusés de la fameuse bande à Bonnot, dits les « bandits tragiques », jugés en février 1913.

Mais, dès cette époque, attiré par la politique, il succède à son père au Conseil général des Hautes-Alpes, et y restera jusqu'en 1938. Puis, à la suite de la défection du candidat modéré, il se présente au second tour des élections législatives de mai 1914 dans la circonscription de Gap, face au radical-socialiste Peytral. Battu assez largement, il est mobilisé à 36 ans comme sous-lieutenant dans le service sanitaire, et participe à tous les combats avant d'être atteint d'une pleurésie lors de l'offensive de la Somme. Démobilisé après l'armistice, il reprend ses activités au barreau jusqu'aux élections de novembre 1919, qui lui permettent d'être élu sur la liste du Bloc national, mais cette fois dans les Basses-Alpes. Il commence alors, à 41 ans, une carrière parlementaire qui va durer plusieurs décennies.

C'est à cette époque, au sortir du premier conflit mondial, que le jeune guyanais Gaston Monnerville, né en 1897, fils d'un fonctionnaire de l'administration coloniale, s'inscrit au barreau de Toulouse, où il a effectué ses études secondaires grâce à une bourse du gouvernement. Le conseil de révision l'ayant ajourné pour insuffisance de poids, conséquence des privations alimentaires auxquelles il est soumis depuis plusieurs années, ce fervent patriote est très déçu de ne pas avoir été appelé au combat. Étudiant aux facultés de lettres et de droit de Toulouse, il a passé à la fois sa licence ès lettres et sa licence en droit avec félicitations du jury. Et c'est également avec félicitations du jury qu'il est reçu docteur en droit en mai 1921, après avoir soutenu une thèse sur *Labbé et la théorie de l'enrichissement sans cause*[2]. Reçu la même année au concours des secrétaires de la conférence, il prononce, lors de la séance solennelle de rentrée, un discours remarqué sur « La critique et le droit de réponse ».

Inscrit désormais au barreau de Paris, il devient le principal collaborateur du célèbre avocat César Campinchi, figure du Parti radical. Élu président de l'Union des jeunes avocats en 1927, Gaston Monnerville plaide plusieurs grands procès, en particulier celui de l'affaire Galmot devant la cour d'assises de Loire-Atlantique, du 9 au 21 mars 1931. Il fait partie des défenseurs de quatorze Guyanais jugés pour des pillages et des lynchages commis en 1928 lors des émeutes qui ont suivi la mort mystérieuse de l'anticolonialiste Jean Galmot, battu six mois plus tôt sur fond de fraude électorale par le candidat du gouvernement Eugène Lautier. La plaidoirie de Gaston Monnerville, le 20 mars, est un véritable réquisitoire contre le colonialisme et le traitement infligé à la Guyane : « C'est le procès de la politique coloniale française telle que la mènent certains représentants de la France aux colonies, à l'insu du peuple de France [...]. Acquitter, conclut-il, c'est montrer à nos frères guyanais le vrai visage de la France : la France généreuse et compréhensive, la France éprise d'idéal, la France de justice et de paix[3]. » Ovationnée par la salle, cette plaidoirie vibrante aura sans doute joué un rôle déterminant dans le verdict d'acquittement général prononcé par la cour. Aux cris de « Vive la France ! », on acclame les relaxés et leurs défenseurs, dont Monnerville, qui seront honorés le lendemain lors d'un banquet et applaudis à nouveau lors de leur départ pour Cayenne, quinze jours plus tard.

Le jeune avocat de 34 ans y gagne une notoriété nationale et, aux yeux des Guyanais, une stature de héros. Fort de ce succès, il est sollicité pour se présenter aux élections législatives de mai 1932, avec le soutien des francs-maçons, du Parti radical, et surtout des milieux populaires. C'est ainsi qu'il est élu au premier tour de scrutin, sans étiquette, député de Guyane, le 8 mai 1932. Sur les bancs de la Chambre des députés, il va siéger avec les « Jeunes Turcs » du Parti radical, c'est-à-dire l'aile gauche, aux côtés de Pierre Mendès France, Jean Zay, élus eux aussi pour la première fois*. Plus à droite

* Voir chapitres précédents.

de l'hémicycle, dans le groupe de l'Alliance démocratique et sociale, Paul Reynaud, député de Paris depuis 1928, est déjà un ténor de la vie politique.

Le libéral et le radical

Ce sont deux générations et deux sensibilités politiques différentes, mais un même talent oratoire rapproche ces deux figures incontournables de la vie politique républicaine. Il ne s'agit pas de raconter ici leurs parcours parallèles mais bien de mettre en lumière les moments forts où, chacun à sa manière, ils ont défendu la République menacée. C'est d'abord sur le terrain économique et financier que se situe le combat de Paul Reynaud. Devenu un expert incontournable en ce domaine, il n'hésite pas à prendre des positions qui l'isolent, notamment lorsqu'il préconise, en tant que ministre des Finances de l'éphémère gouvernement Tardieu de 1930, la dévaluation du franc pour affronter la crise de 1929. Ministre des Colonies dans le gouvernement Laval de 1931-1932, puis de la Justice à nouveau sous Tardieu de février à mai 1932, il a moins d'influence. Mais, lorsqu'en 1934 il relance la Ligue républicaine nationale, fondée dix ans plus tôt par Alexandre Millerand, et tombée en désuétude, il apparaît comme l'une des figures de proue de la droite face au rassemblement des gauches qui s'est mis en action à la suite des événements du 6 février 1934.

Sa position à l'époque est pour le moins critiquable. En effet, dans le discours qu'il prononce en prenant la présidence de la Ligue, le 28 juin 1934, il n'hésite pas à défendre l'émeute d'extrême droite du 6 février comme « un acte révolutionnaire, né d'une indignation généreuse et d'un besoin profond de renouveau national et de réformes ». Il compte sur la Ligue pour porter cette aspiration à la réforme, tout en soutenant le gouvernement d'union nationale formé par Gaston Doumergue, face aux « forces révolutionnaires internationales dont le but est de détruire l'ordre social[4] ». Réélu député en mai 1936 avec 47 petites voix d'avance sur le candidat du Front populaire, il est l'un des principaux opposants aux réformes proposées par Léon Blum. Dès la présentation du gouvernement, le 6 juin 1936, il souligne le danger des mesures annoncées en faveur de la classe ouvrière, exhortant Léon Blum à dévaluer le franc pour relancer l'économie. S'il approuve sans réserve l'institution des congés payés, il critique avec véhémence la semaine de 40 heures, considérant qu'il est impossible de réduire le temps de travail tout en augmentant les salaires, comme cela a été décidé le 7 juin par les accords de Matignon[5].

Par ailleurs, il condamne l'inertie du ministre de la Défense Édouard Daladier, qui n'a pas compris la nécessité de créer d'urgence un corps cuirassé d'intervention semblable à celui dont l'Allemagne vient de se doter. Paul Reynaud suit en cela les conseils du colonel de Gaulle, qu'il a rencontré en décembre 1934, et qui l'a convaincu que la clé de la victoire reposait sur l'utilisation systématique des chars. Lors d'un débat mémorable, le 15 mars 1935, il a exposé à la tribune une réforme complète du système de défense militaire de la France pour l'adapter à sa politique étrangère. « Le problème français, dit-il, du point de vue militaire, est de créer un corps spécialisé propre à des répliques aussi foudroyantes que l'attaque, car si l'assailli n'a pas des ripostes aussi rapides que l'assaillant tout est perdu. […] Ce débat, conclut-il, aura révélé non seulement à la Chambre, mais à la nation française, des vérités redoutables et salutaires. La déclaration faite, il y a quelques heures, par le

Gouvernement, nous apparaît comme un point de départ, et non comme un point d'arrivée. Nous lui demandons de s'en inspirer. Il s'honorera en faisant comme nous, en déclarant qu'il s'est instruit dans ce débat. Il s'honorera surtout en en tirant les conclusions nécessaires[6]. »

Paul Reynaud fait partie avec Georges Mandel des « bellicistes » de la Chambre, qui refusent toute concession à l'Allemagne nazie. Gaston Monnerville, en revanche, se situe dans le camp des pacifistes, comme la plupart des élus de gauche à l'époque. Porté à la mairie de Cayenne le 5 mai 1935, au terme d'une campagne éclair d'une semaine, il est réélu député l'année suivante avec plus de 82 % des voix dès le premier tour de scrutin sous les couleurs du Parti radical, partie prenante du Front populaire. « J'ai vécu avec exaltation cette période créatrice, où je voyais le visage du monde ouvrier tendre vers l'espérance, vers le renouveau », écrira-t-il[7]. Ayant soutenu avec constance le gouvernement de Léon Blum, où siègent ses amis Pierre Cot et Jean Zay, il accède à son tour à des responsabilités ministérielles dans le gouvernement du radical Camille Chautemps en juin 1937, en tant que sous-secrétaire d'État aux Colonies, poste qu'il va conserver jusqu'en mars 1938.

Avant lui, seuls deux hommes de couleur avaient été admis au sommet de la République, le député du Sénégal Blaise Diagne et le Guadeloupéen Gratien Candace. Sous la houlette du socialiste Marius Moutet, ministre des Colonies, avocat-conseil de la Ligue des droits de l'homme, il se bat en vain pour obtenir un fonds colonial susceptible d'accélérer le développement économique, mais il obtient en revanche que soit votée, juste après son départ du ministère, en juin 1938, la disparition du sinistre et mortifère bagne guyanais. En outre, il multiplie les interventions, conférences, allocutions, pour dénoncer l'expansionnisme colonial de l'Allemagne hitlérienne, notamment au Cameroun et au Togo, et inciter les gouvernements à la plus grande vigilance face à Hitler. En cela, il rejoint Paul Reynaud, qui a fait de la préparation d'une guerre contre l'Allemagne l'une de ses priorités.

Deux adversaires de Vichy

Lorsque la guerre éclate, en septembre 1939, Monnerville, bien que déjà âgé de 42 ans, obtient de s'engager comme officier de marine, affecté au cuirassé *Provence* à Toulon. Démobilisé après le sabordage de son bateau par les Britanniques dans le port de Mers el-Kébir, le 3 juillet 1940, il n'est pas convoqué à Vichy une semaine plus tard pour le vote des pleins pouvoirs au maréchal Pétain. On sait qu'il sera un opposant farouche à ce dernier. En revanche, il s'y précipite au début du mois d'août afin de faire abroger la décision du gouvernement pétainiste d'interdire le rapatriement en zone nord des juifs, des Noirs et des mulâtres, une mesure discriminatoire qui blesse son patriotisme. Aux côtés de Gratien Candace, vice-président de la Chambre, et de quelques autres députés antillais et sénégalais, il envoie au maréchal Pétain une lettre de protestation contre cette décision contraire aux « liens indissolubles qui unissent les coloniaux de toutes races et de toutes croyances à la France libérale et généreuse, parce que profondément humaine ».

Puis, dès la fin 1940, il adhère au mouvement de résistance « Vérité », puis en 1941 à « Combat », à Marseille, où il rencontre notamment Gaston Defferre, futur maire socialiste de la cité phocéenne. Inscrit au barreau marseillais, il se fait une spécialité de défendre les résistants, mais aussi les juifs. À plusieurs reprises, il rend visite à son ami Jean Zay, emprisonné à Riom, et qui finira assassiné par la Milice, le 20 juin 1944*. Lui-même menacé d'arrestation, il rejoint fin 1942 le maquis de Haute-Auvergne, à Cheylade, où il organise, sous le nom de jeune fille de sa femme, un poste de commandement clandestin, puis, à partir de mai 1944, un hôpital clandestin pour les maquisards blessés. En juillet 1944, après le débarquement, il devient le capitaine Saint-Just au sein des Forces françaises de l'intérieur, en hommage à son oncle Saint-Just Orville, maire de Case-Pilote, en Martinique. Lorsqu'il retourne à Paris en septembre 1994, il a bien mérité de la patrie.

Bien différent a été le parcours de Paul Reynaud depuis sa nomination à la présidence du Conseil, le 21 mars 1940, à la tête d'un gouvernement d'union nationale dans lequel son prédécesseur, le radical Édouard Daladier, a conservé le portefeuille de la Défense nationale et de la Guerre. Après l'échec de l'expédition franco-britannique en Norvège, il veut remettre sa démission au président de la République Albert Lebrun, mais l'offensive allemande dans la nuit du 9 au 10 mai 1940 l'oblige à rester en place. Il renforce son gouvernement en y faisant entrer le 18 mai le maréchal Pétain comme vice-président, ainsi que Georges Mandel comme ministre de l'Intérieur, puis le 6 juin le général de Gaulle, comme sous-secrétaire d'État à la Guerre et à la Défense nationale. Mais Pétain et Weygand, commandant en chef de l'armée, torpillent sa politique d'alliance avec les Britanniques, pourtant défendue par Mandel et de Gaulle, si bien que Reynaud est poussé à la démission le 16 juin, laissant le pouvoir à Pétain, qui s'empresse de négocier l'armistice avec Hitler. Cette démission sera beaucoup reprochée à Reynaud,

---

* Voir chapitres précédents.

mais elle était quasi inévitable, compte tenu du rapport des forces militaires et politiques au moment de la débâcle.

Ayant refusé le poste d'ambassadeur auprès des États-Unis que lui proposait Pétain, il se retire dans sa résidence du Plan, à Barcelonnette. Mais il est mis, dès le 22 juillet 1940, sous surveillance de la gendarmerie, Pétain craignant qu'il ne rejoigne de Gaulle à Londres. Accusé par le régime de Vichy d'être l'un des responsables de la défaite, il est emprisonné le 7 septembre 1940, puis ballotté de châteaux en forteresses en France, puis au camp de Sachsenhausen, près de Berlin, et enfin, le 11 mai 1943, au château d'Itter, dans le Tyrol, où il retrouve Daladier. Libéré le 7 mai 1945 par les troupes américaines, il est le premier témoin entendu au procès du maréchal Pétain, le 23 juillet suivant, où il tente de justifier sa démission. « J'avais contre moi les deux vice-présidents du Conseil et plusieurs ministres. Étaient-ils la majorité ? Je ne sais plus, mais je ne pouvais plus gouverner dans ces conditions. [...] Le président Lebrun me dit que je pouvais garder le pouvoir si je devais faire la politique de la majorité. Je lui répondis : "Adressez-vous au maréchal Pétain !" J'avais encore des illusions sur ce dernier et je croyais l'avoir convaincu de sauver la flotte, quoi qu'il advînt[8]. »

Paul Reynaud l'Européen face au régime des partis

Bien que très critiqué pour sa démission en 1940, Paul Reynaud est néanmoins réélu député du Nord sous les couleurs des Indépendants en 1946, et sera réélu sans interruption jusqu'en 1962. Siégeant à la commission des finances, il redevient l'un des experts les plus écoutés en matière économique et financière. Nommé ministre des Finances et des Affaires économiques dans le cabinet du radical André Marie, du 26 juillet au 5 septembre 1948, il propose, le 6 août 1948, un projet de loi tendant au redressement économique et financier, insistant sur la nécessité de l'aide américaine, c'est-à-dire du plan Marshall. Comme avant-guerre, les questions de défense continuent à le passionner. À plusieurs reprises, par exemple les 28 juillet et 30 décembre 1950, il s'inquiète à la tribune de l'impréparation militaire de la France. Il estime en janvier 1950 dans une interview radiophonique que « seule la menace des stocks de bombes atomiques américaines empêche dans le moment présent une guerre où périrait la civilisation occidentale », et en appelle par ailleurs à la formation d'une « armée européenne de l'Ouest, placée sous commandement français, britannique ou américain », comprenant « des éléments allemands », afin de protéger l'Europe contre la menace soviétique[9]. Invité à Washington, en avril de la même année, il se prononce en faveur de la création d'un Parlement européen qui pourrait être conçu dans le cadre d'une union avec les États-Unis comprenant un état-major atlantique[10]. Il soutient néanmoins le 16 février 1952 le projet de Communauté européenne de défense (CED) : « À ceux qui disent : "Ayez une politique française", je réponds qu'aucun problème français ne peut être résolu par nous dans l'isolement. La France doit rester à l'extrême pointe de l'Europe, car l'Europe se fera. Nous sommes en train de la faire. Je ne prendrai par la responsabilité de dire à la France : "Recule sur cette route[11]." »

Outre cet engagement européen très marqué, il se caractérise dès cette époque par son opposition au « régime des partis » de la Quatrième République, appelant, à l'instar du général de Gaulle, à un changement de Constitution. On se souvient que lors de son passage au ministère des Finances, de novembre 1938 à mars 1940, il avait beaucoup utilisé les décrets-lois qui lui permettaient d'enjamber les débats parlementaires pour gouverner à ses yeux plus efficacement. Sous le titre « Vive la Cinquième République ! », il écrit en mars 1950 dans le quotidien *La Voix du Nord* : « Il est temps de donner au pays une Constitution nouvelle en accordant au gouvernement les pouvoirs qu'il a en Angleterre. Il est temps de remettre de l'ordre dans la maison, de créer un climat nouveau, de ne nommer aux plus hauts emplois que des hommes conscients de la noblesse qu'il doit y avoir à servir la nation française[12]. »

Sollicité en mai 1953 par le président de la République Vincent Auriol pour exercer la présidence du Conseil, il ne consulte aucun groupe parlementaire, contrairement à la tradition, et il conditionne la formation de son gouvernement à une révision immédiate de la Constitution. Estimant dans son discours d'investiture « que la France d'aujourd'hui a besoin de plus de réformes que celle de 1789 », il demande à l'Assemblée de lui donner les moyens de « sauver le régime », en votant en urgence sa proposition de révision[13]. Il n'est pas investi, pas plus d'ailleurs que Pierre Mendès France, nommé après lui par le président Auriol. Incontournable figure de la droite libérale, il se retrouve néanmoins vice-président du Conseil dans le cabinet du modéré André Laniel, du 28 juin 1953 au 20 juin 1954, avant que Mendès France ne parvienne enfin au pouvoir. Réélu député en 1956, il milite activement pour la révision de la Constitution, notamment, le 28 mars 1957, pour donner au gouvernement la possibilité de dissoudre plus facilement l'Assemblée en cas de désaccord.

Cependant, lorsque arrive la crise du 13 mai 1958, et que le général de Gaulle se dit prêt à exercer le pouvoir, il invite à la prudence et au respect des institutions : « La France a un gouvernement légal. Il doit être obéi à Paris et à Alger. Gardons-nous de prendre une attitude qui ferait des communistes les animateurs de la défense républicaine. [...] Le passé du général de Gaulle fait partie de notre patrimoine commun. Il lui interdira, j'en suis sûr, de dresser les uns contre les autres les Français, dont la grande masse est malgré les apparences, profondément attachée aux institutions républicaines[14]. » Interviewé par *La Voix du Nord*, il demande au Général de préciser « quel rôle il réserve au Parlement, car, si les Français honnissent la Chambre actuelle, ils sont profondément attachés à leurs libertés[15] ».

S'estimant satisfait par les garanties données par de Gaulle, il vote son investiture, le 1er juin 1958. Il s'en explique quelques jours plus tard à Hazebrouck, auprès de ses électeurs du Nord : « À ceux qui nous accusent d'avoir trahi la République en votant pour de Gaulle, nous répondons que nous l'avons au contraire sauvée et qu'ils n'auraient pas la parole aujourd'hui si les paras d'Alger étaient à Paris. La délégation de pouvoirs accordée au général de Gaulle pour réformer la Constitution a été rendue nécessaire par ceux-là mêmes qui, depuis douze ans, se sont opposés aux réformes que nous proposions et qui, finalement, n'ont consenti, en fait de réforme, qu'à de faux-semblants. Le 21 mai dernier, à l'issue du décevant débat sur la Constitution, je les comparais aux seigneurs de la cour de Louis XVI, qui croyaient que le régime durerait autant qu'eux. L'histoire sera aussi dure pour vous que pour eux. C'est d'une République forte parce qu'elle sera douée d'un gouvernement stable que la France a besoin. Pour cette grande œuvre nous avons fait confiance au général de Gaulle[16]. » Ce dernier le choisit pour présider, le 26 juillet 1958, le Comité consultatif constitutionnel chargé de valider le projet de Constitution élaboré par Michel Debré et ses équipes. Et c'est en tant que candidat unique de la droite, soutenu par les gaullistes, qu'il sera réélu député en novembre 1958 dans la 12e circonscription du Nord, avec plus de 55 % des suffrages.

Gaston Monnerville, défenseur de la Haute Assemblée

Gaston Monnerville, quant à lui, n'est pas candidat à ces premières élections législatives de la Cinquième République, mais il a joué un rôle non négligeable dans le retour au pouvoir du général de Gaulle. Pour le comprendre, revenons d'abord à la Libération, lorsque ce dernier le choisit en novembre 1944 pour représenter le Parti radical au sein de l'Assemblée consultative provisoire, qui siégeait au palais du Luxembourg. C'est en tant que président de la Commission de la France d'outre-mer qu'il rencontre pour la première fois le héros du 18 Juin. Puis, le 15 mai 1945, lors de la séance consacrée à la célébration de la victoire, il prononce en présence du Général un discours exaltant le sacrifice patriotique des territoires d'outre-mer : « Quel magnifique retour des choses, en vérité ! Partis des terres d'outre-mer, les fils de l'Empire sont venus verser le meilleur de leur sang sur la terre d'Alsace et devant Colmar, patrie de Victor Schœlcher, pour libérer à leur tour de la plus cruelle tyrannie le berceau de leur libérateur[17]. »

Triomphalement réélu en Guyane comme représentant à la première Assemblée constituante, le 21 octobre 1945, il prend une part déterminante à la transformation en mars 1946 des quatre vieilles colonies françaises, Guyane, Martinique, Guadeloupe et Réunion, en départements d'outre-mer. Puis il obtient le 30 avril le vote de la loi créant un Fonds d'investissement pour le développement économique et social des pays d'outre-mer. Mais, en dépit de ses succès, il est très attaqué par l'extrême gauche guyanaise qui le traite de « nègre blanc », par la voix du poète Léon-Gontran Damas, et c'est ainsi qu'il est poussé au ballottage lors des élections de juin 1946, puis battu le 10 novembre suivant par son ancien collaborateur René Jadfard, fondateur du Mouvement de la renaissance guyanaise. Toutefois, un peu plus d'un mois après sa défaite aux législatives, il apprend qu'il est élu par le collège électoral de Guyane au Conseil de la République, qui a succédé au Sénat de la Troisième République. Sans même avoir candidaté, il commence une longue carrière sénatoriale, qui va se poursuivre comme élu du Lot à partir de 1948 et qui va le mener à s'opposer au général de Gaulle.

À peine trois mois après son entrée au Conseil de la République, il est déjà élu à la présidence de la Haute Assemblée, le 18 mars 1947, face au communiste Henri Martel. Dans son allocution de remerciements, trois jours plus tard, il proclame sa volonté « d'être et de demeurer, non un homme de parti, mais un arbitre impartial entre les partis », exaltant les valeurs de la République qui « n'entend distinguer entre ses fils que selon leurs capacités, leur mérite, leur aptitude à servir sa cause, qui est celle du genre humain ». Par ailleurs, et c'est très important pour comprendre la suite, il estime qu'il ne faut « point tenir le Conseil de la République pour un organisme rigide, statique et définitivement pétrifié dans son destin[18] ». Ce qui veut dire clairement qu'il entend bien étendre l'influence de cette seconde chambre, que la Constitution de 1946 a considérablement réduite.

Réélu président chaque année jusqu'à la disparition du Conseil de la République, il n'aura de cesse d'en renforcer les prérogatives. Il en résulte un conflit avec l'Assemblée nationale, à la fin du mois de juin 1948, le litige étant tranché par le Comité constitutionnel en faveur de Monnerville. Sous son influence est votée le 7 décembre 1954 une réforme constitutionnelle qui redonne au Conseil de la République le droit d'initiative des lois, celui d'examiner en première lecture les propositions déposées par ses membres ou les projets du gouvernement. De simple donneur d'avis, le Conseil de la République redevient une assemblée législative, retrouvant peu à peu un vrai pouvoir politique.

Lorsque survient la crise finale de la Quatrième République, Monnerville rencontre dans la nuit du 28 mai 1958 le général de Gaulle, en compagnie du président de l'Assemblée nationale André Le Troquer, afin de négocier les termes du retour au pouvoir du premier des Français. Lors des semaines de rédaction de la nouvelle Constitution, il se montre vigilant quant aux pouvoirs de son assemblée. Et, de fait, le Sénat de la Cinquième République, ayant retrouvé son nom, retrouve aussi une grande partie des prérogatives qui étaient les siennes avant 1946. Élu dans la continuité du régime précédent à la présidence du nouveau Sénat, le 9 décembre 1958, il se félicite d'avoir soutenu le général de Gaulle : « Trop d'esprits, dit-il, sont portés à considérer que la Constitution nouvelle a créé une situation révolutionnaire, modifiant profondément le régime républicain. C'est une vue hâtive des choses. La République demeure[19]. »

Mais cet optimisme original va très vite faire place à la colère face à l'interprétation très présidentielle que le général de Gaulle fait de ses institutions. En mars 1960, il est choqué par le refus gaullien de convoquer le Parlement en session extraordinaire, alors que la majorité des députés le demandent. L'année suivant, il s'étonne que le Général ait prolongé l'utilisation de l'article 16 lui conférant des pouvoirs exceptionnels du mois d'avril au mois de septembre, alors que le putsch des généraux avait été étouffé en quelques jours. Puis il s'inquiète des projets de révision constitutionnelle émanant de l'entourage du chef de l'État, notamment en ce qui concerne le Sénat, que ce dernier souhaiterait fusionner avec le Conseil économique et social pour en faire une chambre uniquement consultative.

Dans une note rendue publique le 27 février 1962, il s'appuie sur un argumentaire juridique précis pour rappeler qu'une éventuelle révision de ce type, ou celle instituant l'élection du Président au suffrage universel, ne peut se faire qu'en utilisant l'article 89, qui exige un vote positif des deux assemblées[20]. Cette argumentation est reprise lors d'un débat au Sénat, le 17 juillet 1962, auquel participent notamment François Mitterrand et Jean Lecanuet. Gaston Monnerville y rappelle une nouvelle fois l'article 89 : « Termes identiques pour les décisions des deux Assemblées du Parlement. Pas de référendum si le Congrès a été réuni et consulté[21]. » Mais, ignorant les recommandations des juristes et les réticences de ses proches, aussi bien Georges Pompidou que Michel Debré ou Jacques Chaban-Delmas, le général de Gaulle fait adopter au Conseil des ministres du 12 septembre 1962 l'annonce d'un référendum sur l'élection du président de la République au suffrage universel direct. Et c'est ce que ni Gaston Monnerville ni Paul Reynaud ne peuvent admettre, au nom de la Constitution.

Face à la « forfaiture »

« J'ai conscience, s'exclame Gaston Monnerville devant le congrès du Parti radical, le 29 septembre 1962, qu'ayant parlé bien souvent depuis que j'ai l'âge d'homme de la République et des devoirs que nous avons vis-à-vis d'elle, je manquerais aux miens si, aujourd'hui, je ne prenais pas cette position. » Il s'agit selon lui de « défendre la Constitution », « la loi des lois, la loi suprême, celle qui contient les garanties des droits des citoyens, celle qui contient les garanties des libertés républicaines ». Or il estime que le général de Gaulle s'est livré à deux reprises à « un viol flagrant » de la Constitution : une première fois, en décidant seul de la réviser, sans se référer à la proposition du Premier ministre ou à l'initiative des assemblées, contrairement au texte constitutionnel ; et la seconde, en utilisant l'article 11 qui ne vise « que le domaine législatif et pas le domaine constitutionnel ».

Ce qui est « grave » à ses yeux, « c'est que cette violation est symptomatique » d'une « volonté délibérée, retorse, intelligente » de « rompre l'équilibre des pouvoirs dans notre pays au bénéfice du chef de l'État, en instaurant, ce qu'[il] appelle le pouvoir personnel ». C'est à ses yeux un danger majeur qui exige un « front commun des républicains, je dis bien de toutes nuances, tous ceux qui croient en la République, tous ceux qui ont foi en la démocratie ». Il se propose « de faire avec tous les républicains, tout ce qu'il faudra pour éclairer le peuple de France et essayer d'empêcher que, par ignorance, il ne compromette son avenir et ses libertés ». Dans l'immédiat, poursuit-il, « il y a un moyen que le Parlement peut utiliser, c'est la motion de censure », « réplique constitutionnelle à une violation de la Constitution ». Et, pour appuyer son propos, il ajoute : « Laissez-moi vous dire que la motion de censure m'apparaît comme la réplique directe, légale, constitutionnelle, à ce que j'appelle une forfaiture. »

Une « forfaiture » ! Le mot fera date dans notre histoire politique. En réalité, Monnerville n'est pas le premier à l'avoir prononcé ce jour-là. Il a été précédé le matin par le sénateur Émile Hugues, qui a démontré dans son rapport de politique générale que la révision gaullienne constituait « une violation caractérisée de la Constitution », reprochant au président de la République « de manquer au serment qu'il a prêté de respecter la Constitution », et accusant le Premier ministre de « forfaiture ». Mais, dans la bouche de Gaston Monnerville, troisième personnage de l'État par ordre protocolaire, ce mot, issu du droit féodal et désignant « la violation du serment de foi et d'hommage » prend une portée politique exceptionnelle que la presse ne manque pas de souligner.

S'il vise *stricto sensu* le Premier ministre Georges Pompidou, le président de la République étant politiquement irresponsable, chacun comprend néanmoins, comme l'écrit le quotidien socialiste *Le Populaire*, que Monnerville l'a jeté « à la face du général de Gaulle[22] ». Ce défi au héros du 18 Juin, l'avocat Monnerville le lance au nom de la défense républicaine, et c'est ce qui fait sa force : « À tous ceux qui ont foi en la République, à tous ceux qui croient en la démocratie comme le seul régime garantissant la personne humaine, sa dignité, ses droits, et encore une fois, ses libertés, je dis : dressez-vous pour sa défense et pour sa sauvegarde. » Les militants radicaux se lèvent aussitôt, applaudissant à tout rompre, et entonnent *La Marseillaise*[23]. C'est le premier acte de la tragédie politique qui se joue en cet automne 1962.

Le 1er octobre, le Conseil d'État se prononce en faveur de la révision, mais rejette à l'unanimité moins une voix l'utilisation de l'article 11. Le lendemain, c'est au tour du Conseil constitutionnel de désavouer la procédure mise en œuvre par de Gaulle, et, bien que le vote soit secret, on apprend que l'ancien président René Coty et le juriste René Cassin, pourtant l'un des premiers compagnons du Général à Londres, ont voté en ce sens[24]. En dépit de ce désaveu juridique, ce même 2 octobre, le Conseil des ministres, présidé par de Gaulle, approuve le projet de loi soumis au référendum, et le chef de l'État fait lire aux Chambres un message annonçant qu'il aura lieu le 28 du mois. Au même moment, Gaston Monnerville est largement réélu à la présidence de la Chambre Haute avec 212 voix sur 215 exprimés, ce qui permet à *L'Aurore* du 3 octobre de titrer : « Le Sénat, à peu près unanime, a dit hier non à de Gaulle ». C'est désormais aux députés d'agir pour manifester leur opposition à la « forfaiture » gaullienne. Tel est l'objet de la motion de censure déposée le 4 octobre, et signée par 53 députés appartenant aux groupes parlementaires de la SFIO, du Parti radical, de l'Entente démocratique, du MRP, du Parti libéral européen et du Centre national des indépendants. Et il revient au premier signataire de la motion, Paul Reynaud, fort de son expérience et de son prestige d'ancien président du Conseil, de la défendre à la tribune.

« C'est la République qui répond non »

Petit, mais cambré, la tête haute comme s'il ne voulait pas perdre un pouce de sa courte taille, la démarche souple, les yeux légèrement bridés lui donnant un air asiatique, la voix bien timbrée, l'éloquence facile, Paul Reynaud est l'un des orateurs les plus respectés de l'Assemblée nationale. Sa parole a d'autant plus de poids que son groupe, celui des Républicains indépendants, est resté l'allié des gaullistes depuis 1958, en dépit de nombreux désaccords sur la politique algérienne ou vis-à-vis des États-Unis. Paul Reynaud rappellera d'ailleurs dans son discours qu'il n'a pas voté les huit précédentes motions de censure déposées depuis le retour au pouvoir du Général, qu'il a fait entrer naguère ce dernier dans son gouvernement comme sous-secrétaire d'État à la Guerre, le 6 juin 1940, et qu'il a présidé à l'été 1958 le comité consultatif constitutionnel chargé de valider le projet de Constitution de la Cinquième République. D'ailleurs, c'est à lui que de Gaulle a proposé le premier perchoir de l'Assemblée nationale en novembre 1958, avant que Jacques Chaban-Delmas ne s'en empare habilement. Son intervention, au nom du « cartel des non », n'en a que plus de poids, et c'est sans doute pour le prendre de vitesse devant l'opinion que le général de Gaulle a prononcé deux heures plus tôt l'allocution radiodiffusée qu'il devait prononcer le soir. C'est donc dans une atmosphère houleuse pour le pouvoir que Paul Reynaud prend la parole, accueilli par les applaudissements de la gauche comme de la droite.

« Venez m'écouter, c'est la dernière fois que vous m'entendrez », lance-t-il à l'un de ses collaborateurs, avant de prononcer un discours qui restera comme son testament politique. Le visage dur, lui d'ordinaire si malicieux, ce fringant octogénaire sait que ce discours sans concession marquera son divorce définitif avec le général de Gaulle. Il a attendu plusieurs années avant d'exprimer ouvertement son opposition au chef de l'État, en mémoire de leur passé commun. Mais, pour ce vieux routier des régimes parlementaires, qui fut pour la première fois député en 1919, l'élection d'un président de la République au suffrage universel, qui plus est au moyen d'une « forfaiture » constitutionnelle, est la ligne jaune à ne pas franchir.

Il commence son discours en reprochant d'abord au général de Gaulle de trahir sa propre Constitution en imposant le référendum sur la révision : « Alors que la Constitution dit à l'Assemblée nationale : "Tu as la parole", je n'admets pas, dit-il, qu'un homme, quel qu'il soit, lui dise : "Je te la retire." [...] La Constitution est en effet la base même de l'État et la première victime du coup de force contre elle, c'est le peuple ; c'est lui qui est trompé. En 1958, on a dit au peuple : "Tu peux voter cette Constitution, elle sera stable – ce qui est la qualité première d'une Constitution – car, pour la réviser, il faudra qu'un nouveau texte soit voté par les deux chambres du Parlement." Et voici qu'après quatre ans seulement vous manquez à la parole donnée, vous supprimez d'un trait de plume la principale garantie de la stabilité : le débat contradictoire et public dans les deux Assemblées, celui qui doit instruire le peuple et lui permettre de voter en connaissance de cause ! Et vous voulez qu'il ait confiance dans les promesses que vous lui faites aujourd'hui ? Vous ne mesurez pas combien il est malsain dans une démocratie que le pouvoir donne l'exemple de violer la loi et surtout la loi suprême, la Constitution. »

Puis il en vient au fond du projet qui fera du président de la République une sorte de monarque, investi de tous les pouvoirs en matière de politique étrangère : « Cet inconnu tout-puissant ne sera responsable devant personne. L'Assemblée ? Il la congédiera à sa guise. Au-dessous de lui, les ministres. Pourront-ils vraiment être responsables devant le Parlement d'une politique qui n'est pas la leur, qui est celle de leur maître intouchable ? Les malheureux joueront le rôle qui était, à la cour de France, celui des menins que l'on fouettait lorsque le petit dauphin faisait des sottises. Mesdames, messieurs, on peut être partisan du régime présidentiel ou du régime parlementaire, mais je vous défie de trouver parmi les peuples du monde libre un seul citoyen qui accepte pour son pays un régime aussi extravagant et aussi dangereux. »

Il accuse le général de Gaulle de pécher par orgueil, cumulant sa fonction d'arbitre, accordée par la Constitution, et celle de chef de gouvernement : « Le général de Gaulle a voulu cumuler les honneurs dus au chef de l'État et les pouvoirs du Premier ministre. Il a voulu être à la fois Churchill et le roi George VI, le chancelier Adenauer et le président Lübke. Dès lors, la Constitution de 1958 était condamnée. » Et c'est le principe même du régime parlementaire qu'il juge dévoyé par le chef de l'État : « Pour nous, républicains, la France est ici et non ailleurs », s'exclame-t-il sous les acclamations de l'hémicycle. « Voilà le conflit, poursuit-il. Admettre qu'il en soit autrement, c'est admettre la fin de la République. Le conflit entre le général de Gaulle et nous est là. [...] C'est la République qui répond "non" à votre projet car le scrutin d'aujourd'hui comptera dans l'histoire. [...] Pendant longtemps on dira d'un homme politique : "Comment a-t-il voté le 4 octobre ?". C'est notre honneur de parlementaires qui est en cause. » Et sa phrase de conclusion, adressée à Georges Pompidou, résonne comme un défi au général de Gaulle : « Aussi, monsieur le Premier ministre, allez dire à l'Élysée que notre admiration pour le passé reste intacte mais que cette Assemblée n'est pas assez dégénérée pour renier la République[25]. »

Au nom de la République

C'est ainsi que, pour la première fois sous la Cinquième République, la censure est votée dans la nuit du 4 au 5 octobre 1962 par une majorité de 280 députés, très au-dessus de la majorité absolue nécessaire. C'est un échec cinglant non seulement pour Georges Pompidou, mais surtout pour le général de Gaulle. Pourtant, ce dernier, refusant la démission automatique de son Premier ministre, signe cinq jours plus tard le décret de dissolution de l'Assemblée nationale. Pour ce faire, et en vertu de l'article 12 de la Constitution, il doit prendre préalablement l'avis des présidents des deux assemblées. L'entretien avec le gaulliste Jacques Chaban-Delmas « dure cordialement une demi-heure », mais l'autre, avec Gaston Monnerville, dure deux minutes sans poignée de main. De Gaulle laisse même entendre dans les médias que le président du Sénat l'aurait reçu debout, ce que l'intéressé dément, affirmant que c'est le Général qui a refusé de s'asseoir et de lui serrer la main[26].

Le « cartel des non » se mobilise alors pour le référendum du 28 octobre. Un nouveau journal est créé, intitulé *Démocratie 62*. Dans le numéro spécial du 18 octobre 1962, titré « Le sens de notre union », on relève côte à côte les signatures de Paul Reynaud, de Guy Mollet, premier secrétaire de la SFIO, de Maurice Faure, président du Parti radical, de Maurice-René Simonnet, son homologue du MRP, de Bertrand Motte, président du groupe des Indépendants. Quant à Gaston Monnerville, il prononce le 9 octobre 1962 un nouveau grand discours devant le Sénat, exprimant sous les acclamations de ses collègues « les sérieuses préoccupations qu'il éprouve quant à l'avenir des institutions de la République ». Soulignant le caractère inconstitutionnel de l'usage de l'article 11, il estime que « le jeu normal des institutions est faussé, la Constitution est violée ouvertement, le peuple est abusé ».

Il ajoute que l'élection du président de la République au suffrage universel « ne fera que créer la confusion des pouvoirs, et au profit d'un seul. Elle donnera naissance à un pouvoir personnel, omnipotent, incontrôlable ; et en même temps – paradoxe insensé – irresponsable : car, aux termes de la présente Constitution qui resterait inchangée sur ce point, le chef de l'État n'est pas responsable devant le Parlement ». Par conséquent, il considère que « réunir en une seule main, sur une seule tête, tous les pouvoirs, sans nul contrepoids, c'est proprement abolir la démocratie[27] ». Le 23 octobre, c'est lui qui intervient à la télévision au nom du Parti radical qui lui a cédé son maigre temps de parole. Le 25, il s'exprime lors d'un dîner au Cercle républicain, vieille institution radicale, « en face du plébiscite, du pouvoir personnel », au nom du « souvenir de Gambetta, de Schœlcher, de Jules Ferry, de Clemenceau, lequel a toujours dit : "Une nation ne puise sa force que dans le respect des lois[28]" ».

Mais que vaut la mobilisation du « cartel des non » face à la puissance de feu de l'État gaulliste, maître de l'unique chaîne de télévision, et où s'exprime à quatre reprises le chef de l'État. Sa dernière allocution, diffusée deux fois à l'avant-veille du scrutin, est un appel au plébiscite : « Si la nation française, devant elle-même et devant le monde, en venait à renier de Gaulle, ou même ne lui accordait qu'une confiance vague et douteuse, sa tâche historique serait aussitôt impossible et par conséquent terminée[29]. » Au contraire, l'affichage du discours de Monnerville dans toutes les communes de France, que le Sénat a voté par acclamations, est entravé par les préfets. Quant à l'appel de Pierre Mendès France, demandant l'ajournement du scrutin, il est évidemment rejeté par le pouvoir[30]. Et c'est dans ces conditions que le oui l'emporte lors du référendum du 28 octobre 1962 par 62,25 % des suffrages exprimés, mais seulement 46,65 % des inscrits. Ce n'est qu'un demi-succès pour le général de Gaulle. Mais ce succès devient un triomphe lors des élections législatives des 18 et 25 novembre 1962, qui voient l'UNR gaulliste remporter 233 sièges sur 482, auxquels s'ajoutent les 35 républicains indépendants de Valéry Giscard d'Estaing, soit une large majorité absolue, tandis que les partis du « cartel des non » atteignent à peine 160 sièges, et les communistes, 41.

Battu par le gaulliste Jules Houcke dans la circonscription du Nord où il était élu depuis 1946, Paul Reynaud paie au prix fort son opposition à la révision constitutionnelle. Par la suite, il ne cessera de critiquer la politique étrangère du général de Gaulle, qui met selon lui en péril « l'amitié du peuple américain », « l'une des richesses de notre patrimoine national[31] ». Lors de la campagne pour l'élection présidentielle de 1965, il se félicite que Pierre Mendès France, soutien de François Mitterrand, « condamne le régime de fait qui nous est imposé », car, écrit-il, « c'est en effet à son respect de la loi fondamentale de la République qu'est la Constitution, que l'on reconnaît un républicain[32] ». Au premier tour, il soutient le centriste et très atlantiste Jean Lecanuet « parce qu'il a raison[33] », puis se rallie par antigaullisme à la candidature de François Mitterrand[34]. Après la réélection du général de Gaulle, il rappelle que l'article 20 de la Constitution donne au gouvernement, et non au président de la République, le pouvoir de déterminer et de conduire la politique de la nation[35]. Jusqu'à sa disparition, le 21 septembre 1966, à l'âge de 87 ans, il aura défendu la nature parlementaire de la Constitution, face à la dérive présidentialiste du chef de l'État.

Ce sera aussi l'un des derniers combats de Gaston Monnerville, réélu président du Sénat face au candidat de la majorité présidentielle, le républicain indépendant Georges Portmann, lors du renouvellement de la Chambre haute en 1965. Il ne se représentera pas en octobre 1968, afin de protester contre la réforme du Sénat souhaitée par de Gaulle. Estimant comme en 1962 que la proposition du général de Gaulle est inconstitutionnelle, il ne laissera pas « s'accomplir une nouvelle et grave violation de [la] Constitution et démanteler le régime républicain en France[36] ». Après l'échec du référendum d'avril 1969 et la démission de Charles de Gaulle, Gaston Monnerville continuera d'exercer son mandat de sénateur jusqu'en mars 1974, date à laquelle il sera nommé au Conseil constitutionnel par Alain Poher, son successeur à la présidence du Sénat. Il y siégera jusqu'au terme de son mandat de neuf ans, en 1983, toujours soucieux de défendre en juriste les préconisations de la Loi fondamentale. Il continuera à faire des conférences sur les institutions pendant plusieurs années, notamment pour Amnesty International. Jusqu'à son décès, le 7 novembre 1991, à l'âge de 94 ans, la défense du droit et de la République aura été sa boussole, à l'instar de Paul Reynaud.

CHAPITRE 11

Gisèle Halimi et Robert Badinter, face à l'injustice

La République, c'est d'abord un système politique, nourri d'une histoire millénaire, des expériences, des hommes et des femmes qui l'ont façonnée. Mais ce sont aussi des idées, des valeurs, des principes, des images, qui se sont peu à peu adaptés aux évolutions des sociétés et des mentalités. C'est pourquoi le dernier chapitre de ce livre est consacré à deux grands avocats qui ont, par leur action comme par leurs discours, promu et défendu une certaine idée de la République, humaine et juste, confrontée aux défis d'une société démocratique mature mais encore rongée par les injustices et les iniquités. Chacun à sa façon, Robert Badinter et Gisèle Halimi, née Taïeb, passés du barreau à la tribune, sont deux grandes figures de ce récit républicain, qui puise ses racines dans les valeurs fondatrices de la Révolution française pour conduire vers une sorte d'idéal démocratique, sans cesse reconstruit.

Le premier entre dans l'histoire le 17 septembre 1981 en prononçant à la tribune de l'Assemblée nationale son fameux discours pour l'abolition de la peine de mort. Il rappelle en préambule qu'il se situe dans l'héritage de la Révolution française puisque, en 1791, « dans la première assemblée parlementaire qu'ait connue la France, Le Peletier de Saint-Fargeau demandait l'abolition de la peine capitale ». Et, si cette « première Constituante, la grande Constituante », n'a pas aboli, « elle a posé la question, audace prodigieuse en Europe à cette époque ». Puis, rappelle Robert Badinter, « la première assemblée républicaine que la France ait connue, la grande Convention, le 4 brumaire an IV de la République, a proclamé que la peine de mort était abolie en France à dater de l'instant où la paix générale serait rétablie ».

Ministre socialiste, il associe cette mission émancipatrice de la République française à l'histoire de la « gauche », c'est-à-dire des « forces de changement, forces de progrès, parfois forces de révolution, celles qui, en tout cas, font avancer l'histoire ». Il y inclut la Révolution de 1830 qui « a engendré, en 1832, la généralisation des circonstances atténuantes », celle de 1848 qui « entraîna l'abolition de la peine de mort en matière politique », et bien sûr le socialiste Jean Jaurès, « qui a servi, comme personne, le socialisme, la liberté et l'abolition », ainsi que son ex-compagnon de route Aristide Briand, qui la réclama lui aussi en 1908. Cette référence est essentielle parce qu'elle souligne le caractère pionnier de notre histoire républicaine, cette idée majeure de notre récit national : « La France est grande, non seulement par sa puissance, mais au-delà de sa puissance, par l'éclat des idées, des causes, de la générosité qui l'ont emporté aux moments privilégiés de son histoire[1]. »

Parmi les députés socialistes qui applaudissent à tout rompre le ministre de la Justice figure une avocate de 54 ans, qui vient d'entrer à l'Assemblée nationale en se faisant élire députée socialiste de l'Isère, quelques semaines plus tôt. Mais Gisèle

Halimi est loin d'être une inconnue dans la vie politique française. Dès les années 1950, elle s'est fait connaître en défendant des militants de l'indépendance de l'Algérie, alors française, dont notamment des membres du FLN, le Front de libération nationale algérien. Au côté de Simone de Beauvoir, elle s'est engagée dans le combat féministe en fondant notamment le mouvement « Choisir la cause des femmes ». C'est en 1972, à l'occasion du célèbre procès de Bobigny, qu'elle est devenue la figure majeure du combat pour l'avortement, qui a abouti à la loi Veil sur l'interruption volontaire de grossesse, en 1975. Et ce combat féministe l'a menée au champ politique, candidate au nom du mouvement Choisir lors des élections législatives de 1978, puis sous les couleurs du Parti socialiste, qui lui ont permis de devenir députée trois ans plus tard. Dans la « vague rose » des 329 députés élus en juin 1981, Robert Badinter et Gisèle Halimi se distinguent non seulement par leurs talents oratoires exceptionnels, mais aussi par leurs parcours atypiques, qui les associent plus que d'autres à l'expérience du barreau et à la passion de la justice.

Deux avocats de l'indépendance algérienne

L'un et l'autre ne sont venus dans le champ politique proprement dit que sur le tard. Ce n'est en effet qu'en 1967 que Robert Badinter, presque quadragénaire, a tenté en vain de se faire élire député de la première circonscription de Paris sous la bannière de la Fédération de la gauche démocrate et socialiste, la FGDS, rassemblée par son ami François Mitterrand autour de la Convention des institutions républicaines. Jusqu'à cette date, il était avant tout réputé pour ses talents d'avocat, plaidant notamment pour les militants d'une Algérie indépendante. En 1956, il défend par exemple Gilles Martinet et Roger Stéphane, animateurs de l'hebdomadaire *France Observateur*, inculpés d'atteinte à la sûreté de l'État pour leurs articles favorables à l'indépendance algérienne.

En mars 1960, il est l'un des avocats du comédien Paul Crauchet, accusé d'avoir hébergé un militant du FLN[2]. Il s'agit certes de sûreté de l'État, mais il s'agit avant tout de justice, plaide-t-il : « M. le commissaire du gouvernement vous a parlé de l'Algérie française. On vous parlera demain et longuement de l'Algérie algérienne. Mais ici vous avez à oublier l'Algérie pour une tâche plus noble, la plus noble, celle qui s'accomplit sans consignes, sans supérieurs, dans la solitude de la conscience. Vous êtes des juges au service de la seule justice[3]. » C'est pourquoi il défend le « réseau Jeanson », un réseau de soutien au FLN dirigé par le professeur Francis Jeanson, et dont vingt-trois membres sont traduits en septembre 1960 devant le tribunal militaire pour atteinte à la sûreté extérieure de l'État. Ce procès a un énorme retentissement car la défense fait citer comme témoins des personnalités telles qu'André Malraux, Jean-Paul Sartre, François Mauriac, Simone de Beauvoir et Marguerite Duras. Parmi les avocats de la défense figure aussi Gisèle Halimi, ardente militante de l'indépendance algérienne.

Cette dernière, inscrite depuis 1949 au barreau de Tunis, où elle est née en 1927, puis au barreau de Paris, se distingue d'emblée comme une avocate militante, au soutien des syndicalistes tunisiens puis du FLN. En février 1958, elle participe à la défense devant le tribunal militaire de quarante-trois musulmans accusés d'avoir participé le 20 août 1955 au massacre de trente-six Européens du village d'El-Halia[4]. Cela lui vaut d'être arrêtée le 15 mai 1958 par le Comité de salut public d'Alger, aux mains des partisans de l'Algérie française, puis libérée quelques jours plus tard sous la pression de ses amis du barreau. En décembre, le jugement en cassation du massacre d'El-Halia établit que les aveux des prévenus ont été extorqués par la violence. Elle se félicite que les juges de Constantine, « en acquittant des innocents », aient « agi en hommes libres, comptables de la liberté de chaque justiciable à part entière[5] ».

Puis elle accède à la célébrité en défendant la militante algérienne Djamila Boupacha, accusée d'avoir posé une bombe à la Brasserie des facultés d'Alger en septembre 1959, et qui fut emprisonnée clandestinement en février 1960, puis violée et torturée pendant plus d'un mois par des soldats français. À la demande de Gisèle Halimi, qui veut faire de cette affaire un procès politique pour dénoncer les méthodes de l'armée française en Algérie, Simone de Beauvoir rédige une tribune intitulée « Pour Djamila Boupacha » dans *Le Monde* du 2 juin 1960, puis préside un Comité de soutien pour la jeune femme, aux côtés de Jean-Paul Sartre, Louis Aragon, Elsa Triolet et Aimé Césaire. Pour les faits de torture, Gisèle Halimi poursuit le ministre de la Défense Pierre Messmer ainsi que le général Charles Ailleret, qui commandait alors l'armée française en Algérie, pour forfaiture.

En février 1962, elle publie avec Simone de Beauvoir un livre relatant l'affaire, puis elle vient assister Djamila Boupacha lors de sa libération de la prison de Rennes, le 21 avril suivant, en application des accords d'Évian. Elle subit alors les foudres de la Fédération de France du FLN, qui l'accuse d'avoir mené une opération publicitaire à des fins personnelles, « au mépris de toute pudeur[6] ». Cela n'empêche pas Gisèle Halimi de continuer son combat pour la justice, cette fois au Maroc où elle défend en 1963 les accusés dans l'affaire du « complot » de Rabat. Mehdi Ben Barka, opposant en exil du roi Hassan II, y est accusé d'avoir tenté de faire assassiner le colonel Oufkir, numéro deux du régime[7]. Elle anime en 1965 le comité international de solidarité aux étudiants et au peuple marocains qui réclame une commission d'enquête sur la répression des émeutes du 22 mars, qui aurait fait plus de 400 morts[8]. Et ce n'est qu'en 1967 qu'à l'instar de Robert Badinter, son cadet de quelques mois, elle entre, elle aussi, dans l'arène politique proprement dite.

De l'échec électoral au procès de Bobigny

Comme son collègue avocat, Gisèle Halimi se présente à Paris sous les couleurs de la FGDS. Le Mouvement démocratique féminin, qu'elle a fondé deux ans plus tôt avec d'autres militantes des droits des femmes, notamment Marie-Thérèse Eyquem, pionnière du sport féminin*, s'y est affilié pour soutenir François Mitterrand à l'élection présidentielle de 1965. Ce dernier leur a donc concédé des candidatures pour les législatives de mars 1967, mais dans des circonscriptions perdues d'avance. Gisèle Halimi est ainsi opposée dans le XVe arrondissement de Paris au suppléant du tout-puissant gaulliste Jacques Marette, ministre des Postes et Télécommunications[9]. François Mitterrand vient charitablement la soutenir en personne lors d'une réunion poético-politique, le 26 février 1967, au cours de laquelle Marc Ogeret chante de l'Aragon et du Léo Ferré[10].

* Ombre au tableau, elle a été directrice des sports féminins sous le régime de Vichy.

« La femme ne peut progresser que dans des structures de gauche », déclare Gisèle Halimi, même si elle s'appuie surtout sur une équipe de campagne féministe, dont les écrivaines Christiane Rochefort et Françoise Mallet-Joris, ainsi que sur le photographe Henri Cartier-Bresson, qui a illustré son tract électoral[11]. Mais, en dépit de ses supporters célèbres, de ses talents oratoires et de sa campagne de terrain sur les marchés de Saint-Lambert, elle ne peut pas grand-chose contre la machine de l'UNR gaulliste à Paris, et c'est ainsi qu'elle est éliminée dès le premier tour du 5 mars 1967[12].

À peine l'élection passée, elle se plonge dans un nouveau combat anticolonialiste, participant quelques jours plus tard à une rencontre avec le leader indépendantiste Hô Chi Minh au Nord-Vietnam. Partie prenante du « tribunal Russell », ce tribunal d'opinion créé en 1966 par le Britannique Bertrand Russell et le Français Jean-Paul Sartre pour dénoncer les crimes de guerre américains, elle en préside une commission d'enquête. En Mai 68, elle figure aux côtés d'Eugène Descamps, de la CFDT, et de Charles Hernu, proche de Mitterrand, parmi les premiers signataires de l'appel du comité national pour la paix négociée au Vietnam[13]. Bien que membre du comité exécutif de la FGDS de Paris, choisie pour être à nouveau candidate de la gauche non communiste dans la 17e circonscription lors des élections législatives de juin 1968, elle décide finalement de ne pas se représenter, faute d'union à gauche[14]. Puis elle s'oppose à la fusion de la Convention des institutions républicaines avec la SFIO, contrairement à ce que prône François Mitterrand[15]. Sans perspective politique sérieuse, son action désormais s'oriente surtout vers la défense des droits des femmes, et notamment du droit à l'avortement.

C'est ainsi qu'elle est la seule avocate signataire du manifeste rédigé par Simone de Beauvoir et publié dans *Le Nouvel Observateur* du 5 avril 1971, manifeste des 343 femmes, dont les comédiennes Jeanne Moreau et Catherine Deneuve, déclarant avoir avorté, donc avoir violé la loi, et réclamant « l'avortement libre* ». Le 16 juin suivant, à l'occasion d'une réunion organisée par le Mouvement de libération des femmes (MLF) et le Mouvement pour la liberté de l'avortement, elle annonce la création avec Simone de Beauvoir du mouvement Choisir la cause des femmes, qui se donne pour mission de faire abroger les textes de loi réprimant l'avortement, de promouvoir la gratuité et la liberté totale de la contraception, et d'organiser la défense des hommes et des femmes poursuivis pour avoir subi ou participé à un avortement. « Il faut que les procès d'avortement deviennent désormais des procès politiques[16] », déclare-t-elle alors.

Et c'est précisément ce que va lui permettre l'affaire de la jeune Marie-Claire Chevalier, qui a dû avorter à l'âge de 16 ans à la suite d'un viol, avec l'aide de sa mère et de trois amies de celle-ci. Au terme d'un premier procès à huis clos devant le tribunal pour enfants de Bobigny, la jeune fille a été relaxée, mais on lui a néanmoins infligé une amende de 500 francs. Sa mère Michèle, ainsi que sa collègue de la RATP Micheline Bambuck, qui a pratiqué l'intervention sur Marie-Claire, et deux autres amies qui les ont aidées, sont à leur tour déférées devant le tribunal de Bobigny le 8 novembre 1972, et cette fois en public. C'est l'occasion pour Gisèle Halimi de faire de ce procès un événement politique, comme elle l'avait fait douze ans plus tôt pour Djamila Boupacha. C'est pourquoi elle fait

---

* *Charlie Hebdo* les surnommera ironiquement les « 343 salopes. »

citer comme témoins de nombreuses personnalités, notamment l'académicien Jean Rostand, les prix Nobel Jacques Monod et François Jacob, l'écrivain Aimé Césaire, les comédiennes Delphine Seyrig et Françoise Fabian, signataires du manifeste des 343, le socialiste Michel Rocard et bien sûr Simone de Beauvoir, qui en profite pour dénoncer la maternité aliénante.

Mais le grand moment du procès est bien sûr la plaidoirie de Gisèle Halimi, qui commence en ces termes : « Je ressens avec une plénitude jamais connue à ce jour un parfait accord entre mon métier qui est de plaider, qui est de défendre, et ma condition de femme. » Au-delà même de la « loi répressive » mise en cause dans le procès, il s'agit donc de plaider contre « l'oppression qui frappe les femmes » en général, et notamment les « femmes pauvres, vulnérables économiquement et socialement ». Dévidant le fil de l'histoire, elle rappelle, citant le socialiste allemand August Bebel, que « la femme était esclave, avant même que l'esclavage fût né ». Émule de Simone de Beauvoir, elle montre que « l'oppression est dans la décision vieille de plusieurs siècles de soumettre la femme à l'homme », « ménagère ou courtisane », selon Proudhon, et que l'on « fabrique à la femme un destin : un destin biologique, un destin auquel aucune d'entre nous ne peut ou n'a le droit d'échapper », c'est-à-dire « la maternité ».

C'est pourquoi elle entend exprimer au nom des femmes « cette revendication élémentaire, physique, première, disposer de nous-mêmes, disposer de notre corps ». Elle exhorte les juges à ne pas « esquiver la question qui est fondamentale ». Est-ce qu'un être humain, quel que soit son sexe, a le droit de disposer de lui-même ? Et l'exorde de sa plaidoirie résonne comme un manifeste de justice et de liberté : « Nous vous le disons, il faut le prononcer, parce que nous, les femmes, nous, la moitié de l'humanité, nous sommes mises en marche. Je crois que nous n'accepterons plus que se perpétue cette oppression. Messieurs, il vous appartient aujourd'hui de dire que l'ère d'un monde fini commence[17]. » Michèle Chevalier est néanmoins condamnée à 500 francs d'amende avec sursis, mais ses trois collègues sont relaxées. Le procès de Bobigny suscite commentaires et débats dans tout le pays, des centaines d'articles et d'émissions sont consacrés à l'affaire, et la plaidoirie de Gisèle Halimi entre dans l'histoire comme un tournant de l'émancipation des femmes[18].

Du « programme commun des femmes » à l'élection de François Mitterrand

Par la suite, Gisèle Halimi offre sa compétence et sa réputation d'avocate pour défendre en septembre 1973 la doctoresse grenobloise Annie Ferrey-Martin, inculpée pour avoir pratiqué des avortements clandestins[19]. En mai 1978, elle use à nouveau d'une stratégie de médiatisation judiciaire lors d'un procès devant les assises des Bouches-du-Rhône où elle représente deux jeunes femmes victimes d'un viol collectif, Anne Tonglet et Araceli Castellano, la seconde s'étant fait avorter après coup[20]. Mais elle revient dans la vie politique en lançant l'élaboration d'un « programme commun des femmes », revendiquant de « pas être réduites à des rôles : mère, courtisane, putain, mineure sexuelle » et condamnées à « l'esclavage des maternités successives » par « une société oppressive et sexiste ». L'homme y est décrit comme « détenteur de pouvoir quantitatif : pénis + fric + savoir = jouissance », qui « écarte la femme des grands courants de son histoire[21] ». Ce programme, qui se veut le miroir féminin du programme commun de la gauche, est porté par cinquante candidates et leurs cinquante suppléantes aux élections législatives de mars 1978. « C'est là un fait sans précédent dans l'histoire de la démocratie parlementaire française, déclare Gisèle Halimi à la télévision. C'est la première fois en France que cent femmes se présentent en tant que femmes, en dehors de toutes les étiquettes de parti, pour exposer leurs revendications de femmes[22]. »

Troisième derrière Simone Veil et Françoise Giroud au palmarès 1978 de l'hebdomadaire *Paris Match* de « ces femmes qui font la France », elle fait campagne dans le XVe arrondissement de Paris, avec le soutien des militantes de Choisir et du comédien Guy Bedos, qui participe à ses meetings[23]. Mais elle subit de nombreuses attaques dans la presse, ce qui lui vaudra de faire condamner l'hebdomadaire *VSD* à des dommages et intérêts, grâce à son défenseur et ami Robert Badinter[24]. Elle est largement battue dès le premier tour, de même que les 42 autres candidates de Choisir qui se sont finalement présentées le 12 mars 1978. Au total, elles ne recueillent que 32 658 voix sur 2 343 910 suffrages exprimés, soit une moyenne de 1,4 %. Gisèle Halimi rassemble quant à elle 1 641 voix, soit 4,3 % des suffrages exprimés dans sa circonscription. Elle estime cependant qu'il s'agit « d'un résultat non négligeable dans la lutte des femmes pour leur égalité civique[25] ».

Entre les deux tours de l'élection présidentielle de 1981, elle invite les deux candidats en lice à une rencontre sur le thème « Quel Président pour les femmes ? », mais Valéry Giscard d'Estaing décline l'invitation. François Mitterrand est donc seul en scène, le 28 avril 1981, au palais des Congrès, pour répondre pendant trois heures aux questions de six journalistes femmes, auxquelles il promet notamment la création d'un « grand ministère » et de 300 000 places de crèche, mais aussi la dépénalisation de l'homosexualité, qui est l'un des combats de Gisèle Halimi. Elle partage d'ailleurs cet objectif avec Robert Badinter, qui, lui, est directement impliqué dans la campagne de son ami François Mitterrand.

En effet, l'avocat Badinter accompagne le candidat socialiste depuis vingt ans. Au milieu des années 1960, il a participé en tant que professeur à la faculté de droit de Dijon au cercle Droit et démocratie, affilié à la FGDS, et qui se proposait de défendre les principes et les règles du droit face aux empiétements du régime gaulliste[26]. Après sa défaite comme candidat de gauche aux élections législatives de mars 1967, il ne s'est pas représenté à celles de juin 1968, laissant sa place au jeune Pierre Joxe, puis il a refusé en septembre 1970 de se porter candidat à l'élection partielle de Bordeaux, où l'appelait son ami Jean-Jacques Servan-Schreiber, directeur de *L'Express*[27]. Mais, dès cette époque, il lie son destin à celui de François Mitterrand.

Il est en effet membre du « groupe permanent » qui s'est constitué autour de ce dernier, et dont Gisèle Halimi est d'ailleurs membre suppléant[28]. Lors de la campagne pour les législatives de mars 1973, il est le défenseur du leader socialiste, poursuivi pour diffamation par le neveu du général de Gaulle. Au terme d'une plaidoirie de trois heures, il obtient que le procès soit renvoyé au lendemain du premier tour, afin de laisser François Mitterrand mener campagne[29]. Au moment de l'élection présidentielle de 1974, c'est lui, éminent juriste, qui est chargé de représenter le candidat commun de la gauche au sein de la commission de contrôle du scrutin[30]. Dans l'opposition au président Giscard d'Estaing, il participe en mars 1975, avec d'autres proches de François Mitterrand, dont Jacques Attali, Roger Hanin et André Rousselet, à la création de l'association Demain la gauche, qui se veut un « trait d'union » entre l'électorat et les partis de gauche[31]. Animateur du Comité d'étude et de réflexion pour une charte des libertés, créé à l'initiative du chef socialiste, il milite par ailleurs dès cette époque pour l'abolition de la peine de mort, comme le prouvent ses trois tribunes publiées dans *Le Monde* en septembre 1977[32].

C'est devenu son combat prioritaire, un combat qui l'oppose, en janvier 1979, au garde des Sceaux Alain Peyrefitte qu'il accuse de tergiverser lors de la très populaire émission *Les Dossiers de l'Écran*, citant ironiquement un article du Code pénal soviétique : « La peine de mort est maintenue de façon exceptionnelle en attendant son abolition définitive[33]. » À son initiative, l'abolition figure parmi les 110 propositions du candidat socialiste à l'élection présidentielle de mai 1981, et c'est sous son influence que François Mitterrand le confirme lors d'un célèbre entretien télévisé, le 16 mars : « Je dis ce que je pense, ce à quoi j'adhère, ce à quoi je crois, ce à quoi se rattachent mes adhésions spirituelles, ma croyance, mon souci de la civilisation. Je ne suis pas favorable à la peine de mort[34]. » À quelques semaines du premier tour, Robert Badinter intervient publiquement, redoutant que la réélection de Valéry Giscard d'Estaing ne conduise à un « rétrécissement de l'espace des libertés, à l'accroissement des pouvoirs de l'État sur les individus, à l'accaparement et la concentration du pouvoir exécutif aux mains du président de la République[35] ».

Et, si François Mitterrand, après son arrivée à l'Élysée, nomme le radical Maurice Faure au ministère de la Justice, le 22 mai 1981, ce n'est que provisoire, afin de préparer les élections législatives. Au lendemain de la « vague rose », il le remplace par Robert Badinter, le 23 juin. Sa nomination comme garde des Sceaux est pour tous les observateurs la confirmation de la promesse de campagne de François Mitterrand : l'abolition de la peine de mort.

Des lois de justice

Le discours prononcé par Robert Badinter le 17 septembre 1981 marque non seulement l'histoire de la présidence Mitterrand, mais plus largement l'histoire de la justice française. Comme il le rappelle à la tribune, la question de la peine de mort « ne se pose pas en termes de dissuasion, ni même de technique répressive, mais en termes de choix politique ou de choix moral ». C'est un choix politique, car, observe-t-il, « dans la majorité écrasante des démocraties occidentales, en Europe particulièrement, dans tous les pays où la liberté est inscrite dans les institutions et respectée dans la pratique, la peine de mort a disparu ». Et c'est aussi un choix de société : « Ou notre société refuse une justice qui tue et accepte d'assumer, au nom de ses valeurs fondamentales – celles qui l'ont faite grande et respectée entre toutes –, la vie de ceux qui font horreur, déments ou criminels ou les deux à la fois, et c'est le choix de l'abolition ; ou cette société croit, en dépit de l'expérience des siècles, faire disparaître le crime avec le criminel, et c'est l'élimination. »

D'où la conclusion, où l'avocat Badinter, qui a plaidé tant de fois pour éviter la mort à des assassins, laisse éclater son talent lyrique : « Demain, grâce à vous la justice française ne sera plus une justice qui tue. Demain, grâce à vous, il n'y aura plus, pour notre honte commune, d'exécutions furtives, à l'aube, sous le dais noir, dans les prisons françaises. Demain, les pages sanglantes de notre justice seront tournées. À cet instant plus qu'à aucun autre, j'ai le sentiment d'assumer mon ministère, au sens ancien, au sens noble, le plus noble qui soit, c'est-à-dire au sens de “service”. Demain, vous voterez l'abolition de la peine de mort. Législateur français, de tout mon cœur, je vous en remercie[36]. »

Cette loi historique, votée le 18 septembre par 363 voix contre 117, est loin d'être le seul projet de loi porté par le garde des Sceaux. À son crédit on portera notamment la création de la commission de révision du Code pénal, qu'il préside lui-même de 1981 à 1985, et qui aboutira au vote d'une loi en juillet 1992. On lui doit aussi la suppression des juridictions d'exception comme la Cour de sûreté de l'État et les tribunaux permanents des forces armées en temps de paix, l'abrogation en mai 1983 de la loi Peyrefitte dite « sécurité et liberté », la possibilité pour tout justiciable de porter un recours devant la Commission et la Cour européenne des droits de l'homme, le développement des peines non privatives de libertés par l'instauration des jours-amendes et des travaux d'intérêt général (TIG) pour les délits mineurs ou encore l'amélioration du droit des victimes, notamment à travers la loi du 5 juillet 1985 qui crée un régime spécial d'indemnisation des victimes d'accidents de la circulation. Il faut y ajouter la dépénalisation de l'homosexualité, un projet qui lui tenait particulièrement à cœur, et qu'il partage avec Gisèle Halimi.

Celle-ci s'est en effet portée candidate sous les couleurs socialistes lors des législatives de juin 1981, et cette fois avec succès. D'abord rejetée par les militants locaux du Loir-et-Cher, où elle comptait se présenter, elle s'est finalement reportée sur la quatrième circonscription de l'Isère, où elle est d'ailleurs apparue comme une usurpatrice mitterrandiste « parachutée » sur les terres du maire rocardien de Grenoble Hubert Dubedout. En dépit de ces luttes de clans, et grâce notamment au soutien de Louis Mermaz, très implanté dans la région, elle a quand même été élue au second tour avec 53,04 % des voix. Députée apparentée socialiste, elle est en décembre 1981 la rapporteure de la proposition de loi déposée par Raymond Forni, député socialiste du Territoire de Belfort, visant à la dépénalisation des relations homosexuelles avec les mineurs de plus de 15 ans, une autre promesse de campagne de François Mitterrand. Après six mois de débats, l'Assemblée nationale vote le 27 juillet 1982 cette loi de justice, qui abroge la discrimination ajoutée par le régime de Vichy dans le Code pénal. En tant que garde des Sceaux, Robert Badinter a soutenu cette abrogation, estimant que rien ne justifiait le maintien « d'une telle disposition répressive, contraire à deux principes fondamentaux du droit : le principe de non-discrimination et celui du respect de l'intimité de la vie privée[37] ».

En revanche, le combat mené par Gisèle Halimi pour obtenir un quota de 30 % sur les listes de candidatures aux élections municipales suscite des oppositions au sein même du Parti socialiste. Dans une tribune véhémente, publiée dans *Le Monde* en juillet 1982, elle dénonce les « misogynes » qui s'opposent à cette proposition, alors même que François Mitterrand en avait fait la promesse aux militantes de Choisir pendant la campagne présidentielle[38]. Cela lui vaut d'ailleurs les critiques des militantes socialistes, qui l'accusent de « faire preuve d'une directivité qui confine au terrorisme » et de s'ériger en « grande prêtresse » du féminisme[39]. Sa proposition de loi aboutit néanmoins au vote en août 1982 d'un article du Code électoral interdisant plus de 75 % de personnes du même sexe sur les listes municipales, mais la mention du « sexe » est ensuite rejetée par le Conseil constitutionnel, en novembre de la même année.

Cet échec reflète les tensions de plus en plus fortes qui opposent la féministe Gisèle Halimi à ses collègues socialistes et à François Mitterrand lui-même. En septembre 1982, on l'accuse d'avoir fourni des cartons d'invitation à des militantes de son mouvement Choisir qui ont lâché des tracts dans l'hémicycle pour réclamer le remboursement de l'IVG que le gouvernement Mauroy rechigne à accorder. Elle répond que, depuis l'arrivée au pouvoir des socialistes, « on » a tout fait pour la « neutraliser » et que la « promesse non tenue » par son « copain Mitterrand » justifie les actes de ses « copines » de Choisir. Elle ajoute lors d'une autre interview : « Les mois qui passent accusent un divorce entre le contenu idéologique du Parti socialiste et celui du mouvement féministe [...]. Le groupe socialiste souhaiterait que je sois là gentiment, sans trop d'idées, sans trop d'initiatives, sans trop d'histoires. » C'est pourquoi, selon elle, « ce qui s'est fait ou se fera ne s'est réalisé que dans un rapport de forces entre le mouvement des femmes, l'opinion publique et la majorité[40] ». En définitive, profondément déçue par le milieu politique, elle démissionne avant la fin de son mandat, dès le 9 septembre 1984, avant d'être nommée en avril 1985 ambassadrice de la France à l'Unesco.

Le difficile combat pour la parité

Il faut attendre dix ans pour que Gisèle Halimi revienne en politique lors de la campagne pour les élections européennes, deuxième sur la liste de Jean-Pierre Chevènement, ex-ministre socialiste et président du Mouvement des citoyens. Elle a en effet obtenu que ce dernier dépose, en mars 1994, une proposition de loi constitutionnelle « tendant à assurer un égal accès par la parité des hommes et des femmes aux mandats politiques ». La liste Chevènement respecte ce principe et le défend dans son programme « Pour l'autre politique[41] ». Pendant la campagne, le 3 mai 1994, elle rencontre François Mitterrand à l'Élysée pour soumettre le principe de la parité politique à un référendum[42]. Et, bien que la liste Chevènement n'ait obtenu que 2,4 % des voix, elle n'en poursuit pas moins son combat pour la parité, devenue son cheval de bataille. C'est pourquoi elle s'engage en octobre 1995, en compagnie de Roselyne Bachelot, députée RPR du Maine-et-Loire, au sein d'un Observatoire pour la parité présidé par Alain Juppé, le successeur de Balladur à Matignon.

Lors d'une conférence de presse à l'Assemblée nationale, qu'elles qualifient de « temple du machisme », le 8 mars 1996, à l'occasion de la Journée internationale des femmes, la socialiste et la gaulliste demandent une modification de la Constitution pour « assurer la parité de la représentation politique des hommes et des femmes ». Elles réclament par ailleurs « une cagnotte » pour les « partis qui ne feraient plus barrage aux femmes[43] ». Suite au rapport qu'elles remettent au Premier ministre le 15 janvier 1997 et qui suggère d'organiser un référendum afin d'obtenir la parité, un débat est organisé le 11 mars suivant à l'Assemblée nationale sur la question. Alain Juppé s'y prononce en faveur d'une modification de la Constitution pour y introduire la notion de quotas[44].

Après la victoire de la gauche plurielle en juin, Lionel Jospin franchit un pas de plus en se fixant « l'objectif de la parité » par le moyen d'une révision constitutionnelle[45]. Au cours d'une réunion de travail avec Gisèle Halimi, Roselyne Bachelot et

Élisabeth Badinter, le président Chirac s'y montre lui aussi favorable[46]. Au mois de juin 1998, Lionel Jospin soumet un projet au Conseil des ministres, et ce projet est adopté par l'Assemblée nationale le 15 décembre suivant, puis par le Sénat en mars 1999. La révision constitutionnelle, votée par les deux assemblées réunies en Congrès à Versailles le 28 juin 1999, permet enfin l'adjonction à l'article 3 d'un nouvel alinéa selon lequel « la loi favorise l'égal accès des femmes et des hommes aux fonctions et aux mandats ».

Mais ce n'est qu'une demi-victoire pour Gisèle Halimi. Dans un article publié en septembre 1999 sous le titre « Parité, je n'écris pas ton nom… », elle regrette « le flou de la réforme constitutionnelle » qui n'a pas inclus le mot « parité » dans les textes. Et la conclusion de son article résonne un peu comme la synthèse de ses combats pour l'égalité et la justice : « La parité, pour quoi faire ? […] La parité assurera une égalité politique, donc une représentation plus juste parce que incluant à parts égales les deux égales moitiés du peuple. […] La parité en politique porte également en elle une dynamique qui devrait s'étendre à toute la société : travail, fonction publique, économie, vie associative. Elle est une nouvelle lecture de l'universalisme, mais aussi une symbolique, un point de départ. À partir d'elle, tout reste à faire[47]. »

Et l'on comprend que le combat féministe inlassablement mené par Gisèle Halimi s'inscrit en corollaire de son engagement social et altermondialiste, qui la conduit à participer à la fondation en 1998 du mouvement ATTAC (Association pour la taxation des transactions financières et pour l'action citoyenne). Mais son féminisme se construit en réfutation de l'universalisme républicain qui, selon elle, « agit objectivement contre la justice et l'égalité réelles ». Dans un entretien confié à une revue d'extrême droite, et republié à sa mort, le 28 juillet 2020, elle reproche à la pensée issue des Lumières et de la Révolution française d'avoir « trop oublié que l'universel est double – masculin et féminin. En se référant à la matrice d'un homme universel abstrait, et en prétextant que la femme était incluse dans cet humanisme universel, on a seulement permis la perpétuation d'un modèle politique, économique et culturel dominant de type masculin. Je pense donc que c'est seulement en remettant au centre du débat la question de l'identité sexuée, c'est-à-dire en reconnaissant la dualité du genre humain, que la démocratie peut se construire[48] ». Cette défiance envers l'universalisme républicain n'est pas partagée par Robert Badinter, bien au contraire.

La vigie de la République

C'est au nom de l'héritage républicain universaliste que, le 16 juillet 1992, à l'occasion de la cérémonie commémorative de la rafle du Vél' d'Hiv, Robert Badinter, alors président du Conseil constitutionnel, prononce l'éloge de la « grande nation » qu'est la France, « dont le destin a été souvent tragique », et qui « n'a rien à craindre de la vérité ». À ses yeux, « il n'y a nulle honte à mettre au jour les plaies secrètes d'un passé qui s'éloigne. Certes, qu'il s'agisse des juifs ou des résistants, la République ne saurait être tenue pour comptable des crimes commis par les hommes de Vichy, ses ennemis. Mais elle doit à leurs victimes l'ultime hommage que nous puissions leur rendre : l'enseignement de la vérité et la force de la justice ». Venant d'un homme dont le père est mort dans le camp d'extermination de Sobibór et qui a placé la lutte contre l'antisémitisme au cœur de son combat politique, cette profession de foi républicaine, héritée de ses parents, est d'une force exceptionnelle.

D'autant plus que ce discours a été précédé d'une *bronca* à l'arrivée du président Mitterrand, qui, deux jours plus tôt, s'était opposé à une reconnaissance officielle des crimes de Vichy contre les juifs, arguant du fait que « l'État français, c'était le régime de Vichy, ce n'était pas la République », et qu'en conséquence cette dernière ne pouvait reconnaître des crimes commis par un régime qu'elle avait refusé. Argumentaire contestable, et qui sera d'ailleurs renversé trois ans plus tard par le fameux discours de Jacques Chirac au Vél' d'Hiv, le 16 juillet 1995, reconnaissant la responsabilité de la France, « patrie des Lumières et des droits de l'homme », et qui a accompli « l'irréparable » en participant à la déportation des juifs. Ami de François Mitterrand, Robert Badinter a préféré rester sur une lecture strictement républicaine de la responsabilité française. C'est pourquoi il s'indigne des huées envoyées au chef de l'État par les militants sionistes : « Vous m'avez fait honte en pensant à ce qui s'est passé là. Il y a des moments où il est dit dans la parole : “Les morts vous écoutent.” Croyez-vous qu'ils écoutent ça[49] ? »

Quelques semaines plus tard, le 21 septembre 1992, à l'occasion du 150e anniversaire de la Première République, il s'exprime au Panthéon pour dire son attachement indéfectible à l'histoire et aux valeurs républicaines, rappelant l'importance de ses principes face aux défis contemporains. Il évoque l'importance de la République comme « une promesse d'égalité, de liberté et de fraternité », mais aussi comme un cadre juridique garantissant les droits des citoyens. Il souligne l'importance de la laïcité comme pierre angulaire de la République, la condition même de la liberté de conscience et du respect de la pluralité des croyances. De même, rappelle-t-il, que, l'un des objectifs majeurs de la République étant de garantir l'égalité des droits entre tous les citoyens, cela nécessite aussi des politiques de justice sociale pour qu'elle ne reste pas un simple principe abstrait. Il la voit comme un projet en perpétuelle évolution, s'adaptant aux défis du temps tout en restant fidèle à ses principes fondamentaux[50].

Il y revient en novembre 2000, lors d'une conférence à l'Unesco où il évoque les fondements de la République française, particulièrement autour de la question des droits de l'homme et de la justice. Il commence son discours en réaffirmant les principes fondamentaux de la République française, à savoir liberté, égalité et fraternité, qui ne sont pas seulement l'héritage de la Révolution française, mais des principes universels qui doivent être appliqués à l'échelle mondiale. « La République ne doit pas seulement incarner des valeurs en France, dit-il, elle doit être le phare de ces valeurs dans le monde. La liberté, l'égalité, la fraternité ne sont pas des idées figées ; elles doivent se déployer au-delà des frontières nationales. » Il rappelle ensuite que la République « n'est pas seulement un système de gouvernement », mais aussi « un projet collectif, un pacte entre les citoyens, fondé sur l'idée que tous sont égaux devant la loi et que chacun doit avoir sa place dans l'espace public ». De ce fait, elle a le devoir de protéger ses citoyens contre les dérives autoritaires et de garantir l'égalité et la liberté pour tous : « La République, fondée sur la liberté, l'égalité et la fraternité, ne peut se permettre de faire des concessions sur ses principes. C'est la condition de son existence et de sa pérennité[51]. » C'est ainsi qu'avec les années, et surtout après son départ du Sénat en 2011, Robert Badinter est devenu une vigie du droit républicain et un rempart de la République.

Des combats à mener

Le message posthume de ces deux combattants de la justice, c'est qu'il reste bien des combats à mener. Lors d'une énième querelle sur le port du voile, en octobre 2019, Robert Badinter rappelle que la laïcité est une « grande barrière contre le poison du fanatisme » religieux, et qu'elle permet une « République fondée sur le respect de l'autre[52] ». Lors de la crise des Gilets jaunes en janvier 2020, interviewé sur France 5, il se dit indigné par les images de manifestants qui ont défilé avec la tête d'Emmanuel Macron au bout d'une pique : « La représentation d'une tête au bout d'une pique, rien d'autre qu'une guillotine, est pour moi absolument, totalement, condamnable. On ne peut pas admettre dans la République française, dont il faut se souvenir de la devise, que quelque homme politique que ce soit, quelque femme politique que ce soit, soit promené la tête au bout d'une pique avec tout ce que cela signifie. Ce n'est pas admissible ! Je le dis du fond du cœur, aucune cause ne justifie cela, aucune. Derrière le symbole, il y a la pulsion et, ici, la pulsion, c'est la haine, c'est la volonté de détruire physiquement, par cette représentation symbolique, l'adversaire. »

Et lorsque, à la fin de sa vie, il constate des dérives antisémites lors de manifestations propalestiniennes, il s'attriste : « Les agressions contre des synagogues jalonnent l'histoire de l'antisémitisme. Voici qu'elles se renouvellent au motif de solidarité avec les Palestiniens de Gaza. Mais les cris de "Mort aux juifs", c'est à Paris qu'ils résonnent, et aux juifs de France qu'ils s'adressent. Et, au-delà d'eux, c'est la République tout entière qui est défiée. Au soir de ma vie, je retrouve, hurlés par des fanatiques, les mêmes mots que ceux que je voyais avant la guerre, enfant, inscrits à la craie sur les murs de mon lycée parisien : “Mort aux juifs”, “Mort à Blum”. [...] Il faut rappeler, chaque fois que nécessaire, que la République française ne peut pas tolérer ces cris, pas plus qu'elle ne saurait laisser passer des slogans tels que “Dehors, les musulmans” ou “Dehors, les Arabes”. » L'universalisme républicain, valeur cardinale, lui semble ainsi menacé par le différentialisme, par le communautarisme, ces « maux » qui gangrènent la société. « Nous sommes mal barrés », confie-t-il à ses biographes[53].

Trois ans avant sa disparition, c'est donc un message à la tonalité pessimiste qu'a délivré Robert Badinter, inlassable combattant de la justice et de l'égalité. « Vous nous quittez au moment où vos vieux adversaires, l'oubli et la haine, semblent comme s'avancer à nouveau », déclare le président de la République Emmanuel Macron lors de l'hommage national qui lui est rendu, le 14 février 2024, devant le ministère de la Justice, six jours après sa disparition, à l'âge de 95 ans. Mais le chef de l'État, faisant au nom de la République « le serment d'être fidèle » à « l'enseignement » de Robert Badinter, annonce que son « nom devra s'inscrire aux côtés de ceux qui ont tant fait pour le progrès humain et pour la France [...] au Panthéon ». C'est la promesse de graver dans le marbre du récit national les valeurs républicaines dont il s'est fait l'avocat véhément et inébranlable, et c'est une ouverture vers la postérité du personnage et de ses idées[54].

Gisèle Halimi, décédée le 28 juillet 2020 à l'âge de 93 ans, a eu droit elle aussi à un hommage national, mais plus de deux ans après sa mort, le 8 mars 2023, au palais de justice de Paris, à l'occasion de la Journée internationale des femmes. Lieu et moment ô combien symboliques des combats qu'elle a menés tout au long de sa vie ! « Maître Halimi, notre République est grâce à vous plus libre, plus vive, plus juste. Nous continuerons à porter vos combats », twitte ce jour-là le président de la République. Mais les représentantes de l'association Choisir, qu'elle avait fondée, refusent de participer à la cérémonie d'hommage, qui relève selon elles de « l'instrumentalisation politique[55] ». Elles reprochent par ailleurs au chef de l'État de ne pas avoir répondu favorablement à plusieurs appels et pétitions des associations féministes, étudiantes ou antiracistes, ainsi qu'à la préconisation de l'historien Benjamin Stora et de la ministre de l'Égalité entre les hommes et les femmes Élisabeth Moreno en faveur de la panthéonisation de Gisèle Halimi. Les réactions très négatives des associations de harkis et de pieds-noirs expliquent cette réticence, car, *dixit* l'Élysée, « une panthéonisation doit rassembler et, par-dessus tout, ne froisser personne[56] ».

Jusque dans sa postérité, Gisèle Halimi aura donc été clivante. C'était le prix à payer de sa « farouche liberté ». Tel est le titre de son dernier ouvrage, publié en août 2020, trois semaines après sa mort, et qui distille un message d'espoir et de combativité aux jeunes générations : « Organisez-vous, mobilisez-vous, soyez solidaires. Pas seulement en écrivant "Moi aussi" (MeToo) sur les réseaux sociaux. C'est sympathique, mais ça ne change pas le monde. Or c'est le défi que vous devez relever. Soyez dans la conquête. Gagnez de nouveaux droits sans qu'on vous les "concède" [...]. Désunies, les femmes sont vulnérables. Ensemble, elles possèdent une force à soulever des montagnes et convertir les hommes à ce mouvement profond. Le plus fascinant de toute l'histoire de l'humanité[57]. »

Conclusion

Que nous enseignent les actes, et surtout les paroles, des avocats de la République que nous avons choisi de privilégier ? Comment s'y prendre aujourd'hui pour la défendre ou pour l'améliorer, en s'inspirant de ces figures de référence ? En somme, que devrait dire aujourd'hui un républicain à ceux qui attaquent le modèle français de démocratie pour lui opposer des modèles autoritaires, illibéraux, communautarisés ou théocratiques, ou à ceux qui voudraient au contraire adapter ce modèle aux enjeux de l'époque et aux mentalités des nouvelles générations ? À cette question infiniment complexe, nous proposons quelques réponses, inspirées par nos avocats de la République.

Le rejet du pouvoir personnel

Tout d'abord, ce que nous enseigne François Robert, pionnier de l'idée républicaine sous la Révolution française, c'est la défiance envers le pouvoir personnel. « Si nous plaçons un homme au-dessus de la République ; si nous encensons une idole, nous en serons écrasés, tous nos frères seront foulés », écrit-il dans *Le Mercure national* dès 1790.

Par la suite, et malgré la disparition de la monarchie, la lutte contre la personnalisation du pouvoir, alimentée par le mythe fondateur du procès du roi puis par la légende noire du bonapartisme, est donc un fil conducteur de notre histoire républicaine. C'est le moteur de l'engagement de Jules Ferry, candidat aux élections de 1869 pour combattre « le gouvernement personnel le plus énergiquement constitué que l'on ait jamais connu », celui de Napoléon III[1]. Le 10 juillet 1940, c'est pour s'opposer à la dictature du maréchal Pétain que Léon Blum vote contre les pleins pouvoirs demandés par le héros de Verdun. Mais, lors de son retour à Paris en mai 1945, il rappelle aussi au général de Gaulle, héros de la Résistance, qu'« il n'y a pas de droit au pouvoir dans une démocratie », puis, en novembre 1947, sa déclaration d'investiture exhorte les députés à s'unir contre « le recours dans le pouvoir personnel d'un homme ». C'est la raison pour laquelle Pierre Mendès France refuse de valider le texte constitutionnel présenté par le général de Gaulle, place de la République, le 4 septembre 1958, et c'est aussi la motivation de son ancien collègue du Parti radical Gaston Monnerville et de l'ancien président du Conseil Paul Reynaud lorsqu'ils constituent le « cartel des non » face au projet de révision instaurant l'élection du chef de l'État au suffrage universel en 1962.

De fait, depuis cette date, l'extension progressive du périmètre présidentiel a été l'une des caractéristiques majeures de l'évolution politique sous la Cinquième République. Écoutons par exemple ce qu'ordonne le général de Gaulle à Alain Peyrefitte, alors secrétaire d'État chargé de l'Information : « N'employez donc pas l'expression chef du gouvernement pour parler du Premier ministre. Le chef du gouvernement, c'est moi[2]. » Il n'est donc pas très surprenant que ses successeurs à l'Élysée aient franchi eux aussi la barrière souple fixée par les institutions pour devenir *de facto* des chefs de gouvernement. Raymond Barre fut l'un des premiers à critiquer ce qu'il appelait une « dérive monarchique de la fonction présidentielle ». Il estimait que cette évolution avait commencé à se manifester sous Georges Pompidou, que François Mitterrand l'avait accompagnée et que Jacques Chirac l'avait même « surpassée ». D'où ce constat sévère : « Le président de la République n'a cessé d'élargir sa sphère d'intervention, tout en se raidissant[3]. »

L'équilibre des pouvoirs

Quelles conclusions tirer de cette dérive présidentielle sous la Cinquième République ? Faut-il en changer, comme une majorité de Français semblent le penser ? Méfions-nous des sondages qui reflètent une émotion à chaud plus qu'une conviction réfléchie. La Constitution de la Cinquième République est un bijou d'adaptation et de souplesse, certains diraient d'ambiguïté, qui nous a d'ailleurs permis de traverser bien des crises. Par ailleurs, les Français restent très attachés à la fonction d'autorité et d'incarnation du chef de l'État, ainsi qu'à son mode d'élection au suffrage universel. Alors que faire ?

L'histoire nous invite à renouer le fil de la démocratie directe, qui n'a pas cessé depuis la Révolution française de revenir comme un leitmotiv de la demande sociale, depuis les sans-culottes parisiens de 1792 jusqu'au mouvement des Gilets jaunes. On en trouve l'écho dans la Déclaration des droits de l'homme et du citoyen précédant la Constitution de la Première République française, proclamée le 4 juin 1793, et qui consacre notamment le droit à l'insurrection « quand le gouvernement viole les droits du peuple », reprenant mot pour mot la proposition de Robespierre, le devoir de résistance à l'oppression, ainsi que la mutabilité de la Constitution par la volonté populaire : « une génération ne peut assujettir à ses lois les générations futures ». Cette revendication de la démocratie directe a nourri l'histoire des gauches, de la Commune de 1871 jusqu'aux idées de référendum d'initiative citoyenne ou de conventions citoyennes qui fleurissent au XXIe siècle. La revendication d'une gouvernance plus horizontale et d'une coproduction citoyenne de la loi, articulée sur la défiance croissante envers tous les pouvoirs et envers l'ordre hiérarchique, correspond à une demande sociale qui ne se tarit pas. Est-elle compatible avec l'efficacité de la gouvernance ? C'est une autre histoire.

De manière plus concrète, on pourrait envisager de revenir tout simplement à une application stricte des articles constitutionnels de 1958 pour renforcer l'équilibre des pouvoirs. D'abord l'article 5 qui demande au Président d'assurer « par son arbitrage, le fonctionnement régulier des pouvoirs publics ainsi que la continuité de l'État ». Contrairement à ce qui a été la règle depuis l'« hyperprésidence » de Nicolas Sarkozy, le président de la République ne devrait plus apparaître comme un chef de parti mais comme un véritable arbitre, « garant de l'indépendance nationale », et au-dessus de la mêlée. Il y serait d'ailleurs encouragé par un nouveau calendrier électoral, qui reviendrait par exemple au septennat présidentiel, scandé par des « respirations » démocratiques, telles que des référendums et des élections législatives de mi-mandat. Il conviendrait par ailleurs de revenir à l'application stricte de l'article 20 qui donne au Gouvernement le pouvoir de « déterminer et de conduire la politique de la nation ». C'est ce qui s'est produit lors des périodes de cohabitations, et, contrairement à bien des idées reçues, cela a plutôt bien fonctionné avant que le président de la République et son Premier ministre n'entrent en compétition électorale.

Dans ce pays tiraillé entre l'aspiration à la démocratie directe et le principe d'autorité bonapartiste, il semble qu'une partition mieux définie entre un chef de l'État souverain et un Premier ministre responsable devant l'Assemblée donnerait une lisibilité et une légitimité nouvelles à la décision politique. Les citoyens y gagneraient un nouveau pouvoir d'influence, et le régime, une stabilité renforcée par le surplomb arbitral du monarque républicain. La fragilisation actuelle de la figure présidentielle invite à cette réinterprétation de nos institutions. Elle nous incite par ailleurs à réinventer une tradition de la gouvernance républicaine que la surprésidentialisation de la Cinquième République nous a fait oublier : la culture du compromis.

La culture du compromis

Peut-on gouverner sans transiger ? Le compromis politique implique-t-il une forme de compromission ? C'est un questionnement qui se pose d'emblée aux premiers républicains de 1792, y compris à Robespierre, contraint à louvoyer sans cesse entre les différents courants de la Convention et la pression des sans-culottes. Rappelons par exemple que le vote des lois constitutionnelles de 1875, qui vont permettre de fonder la Troisième République, est le fruit d'un compromis entre les républicains et les royalistes modérés, qui ont imposé la création d'un Sénat, chambre des notables, comme condition de leur soutien. Pour avoir ainsi négocié la pérennisation du régime républicain, Gambetta est alors accusé d'être un « opportuniste » par les radicaux intransigeants. Il est pourtant considéré avec Jules Ferry comme le père fondateur de la démocratie parlementaire et libérale en France.

Un demi-siècle plus tard, Pierre Waldeck-Rousseau fait entrer dans son gouvernement de défense républicaine le socialiste Alexandre Millerand et le très conservateur marquis de Galliffet afin de mettre au pas les ligues antidreyfusardes. C'est ainsi, dit-il, que « nous croirons avoir rempli notre devoir si nous avons de nouveau ouvert la voie à une politique faite, à l'exclusion de tout ce qui a divisé les républicains, de tout ce qui peut les unir[4] ». Aristide Briand négocie le texte de la séparation des Églises et de l'État avec les anticléricaux d'un côté et les cléricaux de l'autre, avant d'en appeler deux jours plus tard à une « plateforme électorale commune à tous les républicains[5] ». Et ainsi de suite jusqu'aux gouvernements de Troisième Force de la Quatrième République qui vont gouverner la France de 1947 à 1952, réunissant socialistes, radicaux, démocrates-chrétiens et conservateurs libéraux autour d'un même objectif de reconstruction et de croissance.

Cette culture du compromis est-elle compatible avec l'exigence de transparence et de rigueur dont Pierre Mendès France se fait le chantre avec ses deux formules restées fameuses : « La France peut supporter la vérité » et « Gouverner, c'est choisir, si difficiles que soient les choix » ? C'est le pari de la politique mendésiste, qui lui vaut d'ailleurs le respect du général de Gaulle, saluant « l'ardeur, la vigueur et la valeur » de son ancien ministre. Mais « PMF » ne tarde à pas à en mesurer les difficultés politiques, étant renversé au bout de neuf mois par la coalition de ses adversaires. Et, si la bipolarisation institutionnelle de la Cinquième République, articulée depuis 1962 sur le « fait majoritaire », nous a fait oublier la culture du compromis, on s'aperçoit aujourd'hui qu'elle est redevenue indispensable pour faire fonctionner efficacement la République.

Cela implique évidemment le rejet de ceux qui s'y refusent, héritiers d'une culture de la rupture, de la révolution, du Grand Soir, qui court des Enragés de la Révolution française jusqu'aux Insoumis d'aujourd'hui. Nos « avocats » de la République répudient cet héritage, tel Jules Ferry en janvier 1866 : « Toute secte est hautaine, dogmatique, intolérante, écrit-il. Celle-ci s'intitule l'école de la tradition révolutionnaire. Mais il en est d'elle comme de ces enfants qui n'ont retenu du type paternel que ses travers. Ces continuateurs de la Révolution n'ont hérité que de ses sophismes, de ses déclamations et de ses haines[6]. » Or le refus du sectarisme et la recherche du compromis entre les républicains sont d'autant plus nécessaires que plane sur la démocratie l'ombre de plus en plus menaçante de l'autoritarisme et du populisme, qui se présentent comme des alternatives de plus en plus crédibles à la démocratie libérale et parlementaire.

Comme le signale déjà Jules Ferry, confronté en 1888 à la poussée du mouvement boulangiste, premier grand mouvement populiste de notre histoire, « cela ne sera pas si tous les républicains, unis cette fois, radicaux et modérés, comprennent que la cause de ce mouvement n'est pas dans une poussée d'idées nouvelles et de réformes quelconques ; s'ils comprennent que la cause en est ailleurs : dans la lassitude de la nation, dans le besoin de repos et de gouvernement qu'éprouve la France ; s'ils comprennent que le devoir de tous, radicaux et modérés, est de travailler ensemble à la restauration, dans ce pays, des principes, des traditions et de la pratique du gouvernement[7] ». La culture du compromis est donc inhérente à l'histoire de la défense républicaine. Encore faut-il qu'elle soit justifiée par une promesse et fondée sur un récit.

Le récit républicain

Ce qui fait la trame de notre histoire politique depuis la Révolution française, c'est le récit républicain. Le talent des « avocats » évoqués dans ce livre est d'avoir su mettre en mots et en images la promesse républicaine, qui est le fil conducteur de ce récit. Lorsque Georges Danton en appelle à la mobilisation patriotique, lorsque Alexandre Ledru-Rollin plaide pour le suffrage universel dans les banquets de la monarchie de Juillet, lorsque Léon Gambetta sillonne les routes de France pour expliquer la République aux foules rurales indécises, lorsque Jules Ferry harangue les militants républicains face au péril boulangiste, lorsque Aristide Briand plaide à la Société des Nations pour un « lien de solidarité » entre les peuples, lorsque Pierre Cot alerte sur les dangers de l'impérialisme hitlérien, lorsque Jean Zay exhorte à donner un idéal à la jeunesse de 1940, lorsque Léon Blum plaide à la Libération pour un socialisme humaniste, lorsque Pierre Mendès France défend le régime parlementaire face aux dangers du pouvoir personnel, lorsque Gisèle Halimi combat pour l'égalité entre les hommes et les femmes, lorsque Robert Badinter rejette la barbarie du meurtre d'État, c'est au nom des principes qui constituent le fil conducteur du narratif républicain.

Ce récit a construit notre identité politique et culturelle, celle de l'exception française, celle de la « Grande Nation » exemplaire à laquelle se référait l'Europe révolutionnaire à la fin du XVIIIe siècle. « La France est grande, nous dit Robert Badinter, non seulement par sa puissance, mais au-delà de sa puissance, par l'éclat des idées, des causes, de la générosité qui l'ont emporté aux moments privilégiés de son histoire. » Nourri de liberté, d'égalité, de fraternité, de laïcité, de patriotisme et d'humanisme, c'est un récit dont la puissance évocatrice et symbolique ne s'est jamais démentie, à condition de s'adapter aux défis du temps. « La République, ce n'est pas une idéologie figée, mais une dynamique, une recherche constante de justice et d'humanité », rappelle Robert Badinter. Elle se confronte aux défis contemporains, aux risques de fracture sociale, aux inégalités économiques croissantes, aux tensions liées à la mondialisation et à l'extension des régimes autoritaires. C'est, poursuit Badinter, « un défi permanent », « un projet commun, un pacte d'égalité et de liberté, sans cesse à renouveler, à défendre, à améliorer[8] ».

Défendre la liberté tout d'abord, tel Alexandre Ledru-Rollin invoquant « la Liberté pour tous », ou Jules Ferry dans sa profession de foi électorale en 1869 : « L'entière liberté de la presse, l'entière liberté de réunion, l'entière liberté d'enseignement, l'entière liberté d'association », telles sont les priorités de son engagement politique. Aux yeux des Français d'aujourd'hui, la liberté reste la valeur républicaine la plus importante : 53 % la citent en premier, contre 36 % pour l'égalité et 11 % pour la fraternité[9]. Mais certains en déplorent l'affaiblissement, telle la juriste Katia Dubreuil, ancienne présidente du Syndicat de la magistrature : « Depuis les attentats de 2015, la France vit dans un état d'urgence permanent et le droit commun a intégré de plus en plus de dispositions attentatoires aux libertés et à la séparation des pouvoirs. » Prenant l'exemple de

« la répression du mouvement des gilets jaunes », elle dénonce « des restrictions de liberté de manière préventive » et l'extension du pouvoir des préfets et du ministère de l'Intérieur en cette matière[10].

C'est ainsi que la notion de pouvoir « liberticide » s'est installée dans le débat public, plus de 60 % des Français estimant que les libertés individuelles se sont affaiblies depuis une dizaine d'années, notamment la liberté d'expression et de manifestation, ainsi que le droit de propriété[11]. *A contrario*, notons que l'inscription en 2024 de l'interruption volontaire de grossesse parmi les libertés constitutionnelles s'inscrit très directement dans le fil historique dont les hommes de la Révolution française furent les précurseurs.

Il est vrai que, dans une société de polarisation, de radicalité, de violence et d'insécurité comme la nôtre, l'équilibre entre les libertés individuelles d'un côté et de l'autre la préservation des libertés collectives face aux menaces terroristes, antisémites ou xénophobes, est de plus en plus difficile à trouver. Les questionnements sur la préservation de la laïcité républicaine posent frontalement cette dualité entre la liberté individuelle, du port du voile par exemple, et cette liberté collective de conserver la neutralité religieuse de l'État. On voit à quel point les instrumentalisations de toutes sortes mettent en péril le dialogue apaisé sur cette question complexe. Et l'on ne peut que renvoyer, non pas seulement au texte, mais surtout à la méthodologie de concertation et d'équilibre qui fut déployée par Aristide Briand en 1905 pour aboutir à cette grande loi de pacification civique que fut la séparation des Églises et de l'État.

Le défi de l'égalité

La défense de la liberté et des droits individuels n'exclut pas la recherche de l'égalité entre les citoyens de la République, de quelque origine qu'ils puissent être. Les débats sur la laïcité sont aujourd'hui imprégnés par cette dualité, qui parfois semble opposer le droit individuel à l'égalitarisme civique, fondement du vivre ensemble républicain. Ils nous incitent à la recherche d'un équilibre dont Aristide Briand nous a montré l'exemple en 1905. Voile ou pas voile ? La réponse est dans cet équilibre de modération et d'inclusion. De même faut-il rappeler que, dans la profession de foi du libéral Jules Ferry citée plus haut, il n'oublie pas « les libertés sociales, parce qu'elles sont particulièrement l'apanage des déshérités, l'instrument du progrès économique, le bien du plus grand nombre[12] ». Ledru-Rollin proclamait déjà en 1848 que sa République était celle « des déshérités de la grande famille humaine », celle qui prône « le droit au travail, car il n'y a pas de peuple souverain là où il n'y a pour la société qu'un devoir d'assistance », celle qui « doit amener pour chacun un juste équilibre de dignité et de bien-être[13] ». Quant à Waldeck-Rousseau, il rappelle en 1884 que l'on doit « considérer les ouvriers comme des citoyens et des égaux, et ce n'est pas au nom d'une doctrine supérieure ou d'une sagesse transcendante qu'on peut leur refuser l'usage de la liberté[14] ».

Cette marche pour l'égalité par la protection et l'extension des droits sociaux est l'autre fil conducteur de notre histoire politique qui a conduit à l'émergence des gauches puis à l'État providence comme modèle social. Au mois d'août 1945, Léon Blum, de retour d'une longue captivité, présente le socialisme comme une doctrine de l'universalisme, considérant « la libération économique et sociale de l'individu » non pas comme « le but final », mais comme le moyen de « la transformation humaine », « synthèse entre la dialectique marxiste et l'idéalisme jauressien ». C'est aussi ce que le radical Jean Zay, qui avait été son ministre sous le Front populaire, appelait dès 1940 à proposer aux jeunes générations, « une organisation harmonieuse du monde », « une organisation française et démocratique plus hardie, plus efficace, plus moderne ». C'est ce qu'incarne à sa manière Pierre Mendès France, issu de la même famille de pensée que Jean Zay, lorsqu'il devient « PMF » en 1954, l'incarnation des espérances de toute une génération. Car la promesse égalitaire et fraternelle est indissociable de l'universalisme républicain. Elle justifie les combats toujours à mener pour l'égalité femmes-hommes, dans tous les domaines, et pour la non-discrimination sociale, religieuse, ethnique ou sexuée. Un discours de défense républicaine ne peut s'accepter que s'il y fait référence, sous peine d'être submergé par les surenchères démagogiques du discours populiste.

Bien sûr, la réception de ce récit s'est toujours heurtée à la force mobilisatrice des colères et des peurs qui ont de tout temps alimenté l'antiparlementarisme, la haine de l'autre, le racisme, le fascisme ou le populisme. Du boulangisme au lepénisme ou à la France insoumise, en passant par les ligues des années 1930 ou par le poujadisme des années 1950, c'est une litanie quasi ininterrompue de contestation de l'humanisme républicain, au nom d'un « peuple » fantasmé qui serait ignoré par les « élites ». Cette contestation récurrente du modèle républicain libéral et parlementaire n'est certes pas à négliger, car elle se nourrit de l'impuissance des gouvernants à répondre à la demande sociale. C'est ainsi que s'est désagrégé depuis quelques décennies le tissu civique qui donnait sens et légitimité à la promesse républicaine. C'est ainsi que la contestation permanente des institutions et de leurs acteurs, des règles institutionnelles, de l'État de droit et de la « république des juges » entretient un climat délétère dont se repaissent les adversaires de la démocratie libérale et parlementaire. Il est d'autant plus nécessaire de les défendre pied à pied, comme l'on fait nos « avocats » de la République.

Il est vrai que, dans la société fracturée qui est la nôtre et face aux dysfonctionnements de l'écosystème démocratique, le récit républicain apparaît désormais comme une sorte d'incantation artificielle d'un âge d'or suranné. Le citoyen semble avoir perdu foi en la République et au narratif qui l'accompagne depuis deux siècles. Mais c'est pourtant ce récit national, avec les images qu'il transporte, qui a resurgi chaque fois que les Français de tous bords ont éprouvé le besoin impérieux de se retrouver ensemble, dans des circonstances aussi différentes que la Coupe du monde de football de 1998, les attentats islamistes de 2015 ou les Jeux olympiques de 2024. On nous rétorquera bien sûr que ce furent des moments d'unité éphémères, vite oubliés, vite effacés. Mais ils racontent quelque chose de notre substrat commun, de notre identité commune républicaine, la seule qui puisse nous faire vivre ensemble harmonieusement. C'est évidemment un patrimoine qu'il convient d'enrichir et d'entretenir en permanence, en l'adaptant aux enjeux du présent, notamment ceux de l'émancipation des femmes et des minorités ou de la transition environnementale qui sont devenus des sujets majeurs après avoir été oubliés pendant des siècles. Le récit républicain doit se renouveler en permanence, au prix de la repentance coloniale par exemple, voire de la *cancel culture*, qu'il ne s'agit pas d'épouser aveuglément, mais qui est indispensable pour aller de l'avant. Reste à trouver les voix pour exhumer, expliquer et moderniser ce patrimoine d'idées et de valeurs qui a fait notre histoire républicaine, des avocats aussi talentueux et investis que ceux cités dans ce livre, et dont les plaidoiries parleront à nouveau au cœur du plus grand nombre.

Notes bibliographiques

Introduction

1. Gilles Le Béguec, *La République des avocats*, Armand Colin, 2003.
2. On trouvera une synthèse des six ouvrages publiés de 2004 à 2007 dans Jean Garrigues, *Les Grands Discours parlementaires, de Mirabeau à nos jours*, Armand Colin, 2017.

CHAPITRE 1
Les pionniers de la République

1. Louis de Lavicomterie, *Les Crimes des rois de France, depuis Clovis jusqu'à Louis XVI*, édition augmentée, Bureau des « Révolutions de Paris », 1792, p. 15.
2. *Ibidem*, précédé d'une notice historique sur l'auteur et ses ouvrages, par M. A. Havard, chez Havard, éditeur scientifique, Paris, 1833, p. 47.
3. *Le Républicanisme adapté à la France*, par François Robert, Membre de la Société des Amis de la Constitution de Paris, chez l'auteur, rue de Grammont, n° 17.
4. *Ibidem*, p. 1.
5. *Ibidem*, p. 10.
6. *Ibidem*, p. 110.
7. François Robert, Avantages de la fuite de Louis XVI et nécessité d'un nouveau gouvernement, Paris et Lyon, 1791.
8. *Le Mercure national*, 3 juillet 1791.
9. Selon Raymonde Monnier, « "Démocratie représentative" ou "république démocratique" : de la querelle des mots (République) à la querelle des anciens et des modernes », *Annales historiques de la Révolution française*, juillet-septembre 2001.

10. *Fragments de justification* dans *Œuvres de Condorcet*, Firmin-Didot, 1847-1849, t. 1, p. 602-603.
11. Antoine-Claire Thibaudeau, *Mémoires sur la Convention et le Directoire*, Éditions SPM, 2007.
12. René Levasseur, *Mémoires*, vol. 1, Rapilly, 1829, p. 138-139.
13. *Discours de Danton, édition critique par André Fribourg*, Société de l'histoire de la Révolution française, E. Cornély, 1910, p. 177.
14. *Ibidem*, p. 198.
15. François Robert, François Robert, député du département de Paris, à ses commettants, Imprimerie P. J. Duplain, sd.
16. *Opinion de François Robert, député du département de Paris, concernant le jugement de Louis XVI, Séance du 13 novembre 1792, l'an Ier de la République*, Imprimerie nationale.
17. Albert Laponneraye, *Œuvres de Maximilien Robespierre*, avec une notice historique, des notes et des commentaires par Laponneraye, précédées de considérations générales par Armand Carrel, vol. 4, Paris, 1840, p. 5, 6 et 18.
18. *Ibidem*, p. 128-142.
19. *Ibidem*, p. 150-165.
20. Théodore de Lameth, *Mémoires, avec introduction et notes par Eugène Welvert*, Fontemoing, 1913, p. 243.
21. Albert Laponneraye, *Œuvres de Maximilien Robespierre*, *op. cit.*, p. 303-323.
22. *Ibidem*, p. 355-360.
23. Jean-Clément Martin, *Robespierre. La fabrication d'un monstre*, Perrin, 2016, p. 203.
24. Albert Laponneraye, *Œuvres de Maximilien Robespierre*, *op. cit.*, p. 512,513, 522-523.
25. Georges Touchard-Lafosse, *Histoire parlementaire et vie intime de Vergniaud, chef de girondins*, Au bureau de l'Administration, 1847, p. 213.
26. Albert Laponneraye, *Œuvres de Maximilien Robespierre*, *op. cit.*, p. 446.
27. *Ibidem*, p. 493.
28. *Ibidem*, p. 550.
29. *Ibidem*, p. 530.

CHAPITRE 2

Alexandre Ledru-Rollin, face à la monarchie

1. Alexis de Tocqueville, *Souvenirs*, Gallimard, « Folio histoire », 1999.
2. Alexandre-Auguste Ledru-Rollin, *Mémoire sur les événements de la rue Transnonain, dans les journées des 13 et 14 avril 1834*, Guillaumin, 23 juillet 1834.

3. *La Réforme*, n° 1, 29 juillet 1843, p. 1.
4. *Ibidem*, 7 mars 1845.
5. Société du journal *La Réforme*, 1er juillet 1843, p. 2.
6. Mensuel puis bimensuel fondé par George Sand et par le socialiste Pierre Leroux.
7. *La Réforme*, 2 novembre 1844, cité dans *Discours politiques et écrits divers*, p. 118.
8. Alexandre-Auguste Ledru-Rollin, *Discours politiques et écrits divers*, tome 1, G. Baillière, 1879, p. 32.
9. *Ibidem*, p. 37.
10. *Ibidem*, p. 53.
11. *Ibidem*, p. 218.
12. *Ibidem*, p. 258.
13. *Ibidem*, p. 328-339.
14. *Ibidem*, p. 345.
15. *Ibidem*, p. 355.
16. *Ibidem*, p. 353-354.
17. *Ibidem*, p. 366.
18. *Ibidem*, p. 371.
19. Alexandre-Auguste Ledru-Rollin, *Discours politiques et écrits divers*, tome 2, G. Baillière, 1879, p. 4.
20. *Ibidem*, p. 77.
21. *Ibidem*, p. 94.
22. *Ibidem*, p. 102.
23. Alexandre-Auguste Ledru-Rollin, *Discours au banquet commémoratif de l'ère républicaine*, 22 septembre 1848, imprimerie de Boursy (BNF 4-LB54-1260).
24. Georges Wormser, *Gambetta dans les tempêtes*, Sirey, 1964, p. 33.
25. Alexandre-Auguste Ledru-Rollin, *Discours politiques et écrits divers*, tome 2, *op. cit.*, p. 474-484.

CHAPITRE 3

Léon Gambetta, face à l'ordre moral

1. *La République française*, 16 août 1877.
2. Jules Claretie, *Portraits contemporains*, Librairie illustrée, 1875, p. 86.
3. Léon Gambetta, plaidoirie au procès de Charles Delescluze, 14 novembre 1868.
4. Publié dans *L'Avenir national*, le 15 mai 1869.
5. Discours et plaidoyers politiques de M. Gambetta publiés par M. Joseph Reinach, tome 1 (14 novembre 1868-4 septembre 1870), G. Charpentier, 1880, p. 116.

6. *Le Figaro*, 7 avril 1870.
7. *Discours et plaidoyers politiques de M. Gambetta publiés par M. Joseph Reinach*, *op. cit.*, p. 396.
8. *Ibidem*, p. 409-410.
9. Cité par Charles de Freycinet, *La Guerre en province pendant le siège de Paris, 1870-1871. Précis historique*, Michel Lévy frères, 1872, p. 142.
10. *Dépêches, circulaires, décrets, proclamations et discours de Léon Gambetta*, vol. 1, G. Charpentier, 1886, p. 55-58.
11. *Ibidem*, p. 416-418.
12. Lettre n° 115 à Antonin Proust dans *Lettres de Gambetta 1868-1882*, Grasset, 1938.
13. Discours du 22 septembre 1872, dans *Discours et plaidoyers politiques de M. Gambetta*, tome 3 (19 septembre 1872-16 mai 1873), G. Charpentier, 1881, p. 23.
14. *Discours de Nantes*, 16 mai 1873, *in ibidem*, p. 379.
15. *Discours et plaidoyers politiques de M. Gambetta*, tome 5 (16 mai 1877-14 décembre 1877), G. Charpentier, 1882, p. 152.
16. *La République française*, 18 novembre 1871.
17. « Discours d'Angers », dans *La République française*, 8 avril 1872.
18. *Discours et plaidoyers politiques de M. Gambetta*, tome 4 (10 juin 1873-31 décembre 1875), G. Charpentier, 1881, p. 351-354.
19. Discours au Grand Théâtre de Lille, cité dans *Le Temps*, 8 février 1876.
20. *Catalogue de l'exposition Gambetta*, 1938, Bibliothèque nationale, p. 16.
21. *Le Temps*, 12 février 1876.
22. Lettre citée dans Daniel Halévy, *La Fin des notables*, tome 2 : *La République des ducs*, Grasset, 1937, p. 216-218.
23. *Le Temps*, 18 février 1876.
24. *Annales du Sénat et de la Chambre des députés*, Session de 1877, p. 31-38.
25. Auguste Scheurer-Kestner, *Souvenirs d'un républicain alsacien*, BNF, Nouvelles acquisitions françaises 12 708 (1877-1882), p. 53.
26. *Discours et plaidoyers politiques de M. Gambetta*, tome 5, op. cit., p. 255-312.
27. *Quatrième Lettre d'un Bourguignon*, par Paul Bouchard, directeur du journal *Le Réformateur anticlérical et républicain*, Librairie Sandoz et Fischbacher, 1879.
28. *Discours in-extenso de M. Léon Gambetta, prononcé à Romans, Drôme, le 18 septembre 1878*, Imprimerie de H. Rosier, 1878.
29. *Discours de M. Gambetta prononcé à Grenoble le 10 octobre 1878, suivi du Petit catéchisme de la persévérance*, Imprimerie de J. Besseyre et Cie, 1878.
30. *Le Figaro*, 15 novembre 1881.
31. Joseph Reinach, *Le Ministère Gambetta. Histoire et doctrine*, G. Charpentier, 1884, p. 594-595.

32. *Le Temps*, 28 janvier 1882.
33. *Ibidem*, 5 janvier 1883.
34. *Ibidem*, 7 janvier 1883.
35. Odile Sassi, *Léon Gambetta. Destin et mémoire (1838-1938)*, thèse de l'université Paris-IV, 1 999, p. 259.
36. Joseph Reinach, *Discours et plaidoyers choisis de Léon Gambetta*, G. Charpentier, 1883, p. LXXIII-LXV.
37. *Le Petit Parisien*, 12 novembre 1920.

CHAPITRE 4

Jules Ferry, face au boulangisme

1. *Discours et opinions de Jules Ferry*, tome 7 : *Discours sur la politique intérieure depuis le 30 mars 1885*, Armand Colin et Cie, 1898, p. 116-131.
2. Conférence du 27 septembre 1887 devant le cercle ouvrier de Saint-Dié, citée dans Alfred Rambaud, *Jules Ferry*, Plon-Nourrit et Cie, 1903, p. 2.
3. Conférence des avocats, séance du 13 décembre 1855, Thunot, 1855.
4. *Discours et opinions de Jules Ferry. Le Second Empire, la guerre et la Commune*, publiés avec commentaires et notes par Paul Robiquet, Armand Colin & Cie, 1893, p. 44-94.
5. *Le Temps*, 6 janvier, 11 janvier, 30 janvier, 2 février, 5 février 1866.
6. *L'Électeur*, 25 juin 1868.
7. *L'Électeur libre*, 25 mars 1869.
8. *Discours et opinions de Jules Ferry. Le Second Empire, la guerre et la Commune*, *op. cit.*, p. 200.
9. *Ibidem*, p. 357.
10. *Annales du Sénat et de la Chambre des députés*, Session de 1877, vol. 3, p. 299-310.
11. *Le Temps*, 24 septembre 1889.
12. Michel Morphy, *Défi à la population parisienne. Jules Ferry à Montmartre*, Imprimerie de N. Blanpain, mars 1891.
13. *La Presse*, 25 février 1893.
14. *Le Figaro*, 25 février 1893.
15. *Le Radical*, 19 mars 1893.
16. *Le Temps*, 19 mars 1893.
17. *Ibidem*, 23 mars 1893.
18. *Ibidem*.
19. Alfred Rambaud. *Jules Ferry*, Plon-Nourrit et Cie, 1903.
20. Lire ses *Carnets secrets 1914-1918*, préface de Nicolas Offenstadt, notes et texte établis par André Loez, Grasset, 2005.

21. Xavier Darcos, *L'École de Jules Ferry, 1880-1905*, Hachette littératures, 2005.
22. Mona Ozouf, *Jules Ferry. La liberté et la tradition*, Gallimard, 2014, p. 116.

CHAPITRE 5

Pierre Waldeck-Rousseau, face aux ligues nationalistes

1. Christophe Bellon, « Waldeck-Rousseau, ou l'art de la décision en politique : penser, gouverner et sauver la république », mémoire d'habilitation à diriger des recherches, soutenu le 10 novembre 2023 à Sciences Po, p. 462.
2. Chambre des députés, Session ordinaire de 1899, *Journal officiel*, 27 juin 1899, p. 1671 et suivantes.
3. *Ibidem*, p. 1677.
4. Christophe Bellon, « Waldeck-Rousseau, ou l'art de la décision en politique », *op. cit.*, p. 45.
5. Bibliothèque nationale de France, Nouvelles acquisitions françaises 28971 (BNF, NAF), C.5., *Lettre à sa mère*, sd, 1869.
6. *Ibidem*, Lettre à sa mère, 7 décembre 1869.
7. *La Revue de Paris*, 1908, volume 15 (3), p. 449-483.
8. BNF, NAF 28971, C.4., *Lettre à sa mère*, 21 mai 1869.
9. *Le Temps*, 12 août 1904.
10. Paul Reynaud, *Waldeck-Rousseau*, Grasset, 1913, p. 57.
11. Christophe Bellon, « Waldeck-Rousseau, ou l'art de la décision en politique », *op. cit.*, p. 95.
12. *Dictionnaire des parlementaires français depuis le 1er mai 1789 jusqu'au 1er mai 1889*, publié sous la direction de MM. Adolphe Robert, Edgar Bourloton et Gaston Cougny, vol. 5, Bourloton Éditeur, 1891.
13. BNF, NAF 28971, C.6., *Lettre à sa mère*, 14 novembre 1881.
14. Cité dans Henry Leyret, *Waldeck-Rousseau et la Troisième République, 1869-1899*, Fasquelle, 1908, p. 190.
15. Chambre des députés, Débats parlementaires, Session ordinaire de 1882, Séance du 16 mai 1882, *Journal officiel*, 17 mai 1882.
16. *Le Temps*, 9 mai 1882, p. 4.
17. Feuilleton, Chambre des députés, 16 mai 1882, p. 614-615.
18. Discours devant l'Union des sociétés de gymnastique de France, Angoulême, le 13 mai 1883.
19. Waldeck-Rousseau, « Le catholicisme et la République, discours de Vannes, 20 mai 1883 », dans *Pour la République (1883-1903)*, Bibliothèque-Charpentier, 1904, p. 15-19.

20. Discours à Elbeuf, le 30 avril 1883, cité par Henry Leyret, *Waldeck-Rousseau et la Troisième République*, *op. cit.*, p. 319.
21. Bibliothèque de l'Institut de France, Manuscrit 4567, *Lettre de Ferry à Waldeck-Rousseau.*
22. Sénat, Débats parlementaires, session ordinaire de 1884, séance du 2 février 1884, *Journal officiel*, 3 février 1884, p. 243.
23. *Le Temps*, 24 mars 1898.
24. Jacques-Raphaël Leygues, *Georges Leygues. Le « père » de la marine. Ses carnets secrets de 1914-1920*, Éditions France-Empire, 1983, p. 37.
25. Chambre des députés, Débats parlementaires, Session ordinaire de 1900, *Journal officiel*, 23 mai 1900.
26. *Le Rappel*, 29 octobre 1900.
27. *Le Siècle*, 21 novembre 1900,
28. Chambre des députés, Débats parlementaires, Session ordinaire de 1900, *Journal officiel*, 12 avril 1900, p. 1207-1242.
29. « La politique républicaine », discours prononcé à Toulouse, le 28 octobre 1900 », dans Pierre Waldeck-Rousseau, *La Défense républicaine*, Bibliothèque-Charpentier, 1902, p. 139.
30. Chambre des députés, Débats parlementaires, Session ordinaire de 1901, *Journal officiel*, 22 janvier 1901, p. 99-122.
31. « Discours de Saint-Étienne », 12 janvier 1902, dans *La Défense républicaine*, *op. cit.*, p. 291-309
32. Sénat, Débats parlementaires, Session ordinaire de 1903, Séance du 27 juin 1903, *Journal officiel*, 28 juin 1903, p. 1153.

CHAPITRE 6

Aristide Briand, face aux cléricaux

1. Charles Daniélou, *Le Vrai Visage d'Aristide Briand*, E. Figuière, 1935, p. 47. Cité dans Christophe Bellon, *Aristide Briand. Parler pour agir*, CNRS Éditions, 2016, p. 22.
2. Georges Suarez, *Briand. Le révolté circonspect (1862-1904)*, Plon, 1938, tome 1, p. 62-63.
3. Christophe Bellon, *Briand l'Européen*, La Documentation française, « Tribuns », 2009, p. 23-27.
4. *Ibidem*, p. 39.
5. *La Petite République*, 22 octobre 1902.
6. *L'Aurore*, 23 octobre 1902.
7. *Ibidem*, 28 mai 1904.

8. Chambre des députés, Débats parlementaires, session ordinaire de 1905, *Journal officiel*, 2e séance du 22 avril 1905, p. 1657-1692.
9. Chambre des députés, Débats parlementaires, session ordinaire de 1905, *Journal officiel*, 4 juillet 1905, p. 2663-2693.
10. Aristide Briand, *Discours de l'Hôtel Moderne, à Paris, le 5 juillet 1905*, Imprimerie L. Soulié et A. Gintzburger, 1905.
11. Chambre des députés, Débats parlementaires, session ordinaire de 1907, 2e séance du 10 mai 1907, *Journal officiel*, 11 mai 1907, p. 954-957.
12. *Ibidem*, Séance du 13 mai 1907, *Journal officiel*, 14 mai 1907, p. 971-981.
13. *Ibidem*, Session ordinaire de 1909, Séance du 27 juillet 1909, *Journal officiel*, 28 juillet 1909, p. 2249-2250.
14. *Ibidem*, Session extraordinaire de 1910, Séance du 29 octobre 1910, *Journal officiel*, 30 octobre 1910, P. 2627-2658.
15. *La Dépêche*, 18 janvier 1911.
16. *Le Temps*, 1er décembre 1913.
17. *Le Figaro*, 23 décembre 1913.
18. Correspondance d'Étienne de Nalèche, directeur du *Journal des débats*, à Pierre Lebaudy (1914-1919), Archives du Centre d'histoire de Sciences Po, Lettre du 19 mars 1917.
19. *Le Temps*, 21 mars 1917.
20. Chambre des députés, Débats parlementaires, session ordinaire de 1921, Séance du 20 janvier 1921, *Journal officiel*, 21 janvier 2021, p. 51-52.
21. *Le Temps*, 23 octobre 1921.
22. Chambre des députés, Débats parlementaires, session extraordinaire de 1921, Séance du 21 octobre 1921, *Journal officiel*, 22 octobre 2021, p. 3624-3629.
23. *Journal officiel de la Société des Nations*, supplément spécial n° 44, « Actes de la septième session ordinaire de l'Assemblée. Compte rendu des débats », 1926, p. 52-55.
24. Ministère des Affaires étrangères, Pacte général de renonciation à la guerre comme instrument de la politique nationale. Trente pièces relatives à la préparation, à l'élaboration et à la conclusion du Traité signé à Paris le 27 août 1928, Imprimerie des Journaux officiels, 1928, p. 56-59.
25. *Journal officiel de la Société des Nations*, « Actes de la dixième session ordinaire de l'Assemblée. Compte rendu des débats », 1929, p. 51-52.
26. *Le Temps*, 12 septembre 1930.

CHAPITRE 7

Pierre Cot et Jean Zay, face à Hitler

1. *Annales de la Chambre des députés*, Débats parlementaires, vol. 200, Session ordinaire de 1939, p. 146-149.
2. *Ibidem*, vol. 203 *bis*, Comité Secret, p. 103-105.
3. Sabine Jansen, « Le style d'un avocat en politique. Pierre Cot », dans *L'Éloquence politique en France et en Italie de 1870 à nos jours*, Publications de l'École française de Rome, 2001, p. 189.
4. *Ibidem*, p. 190.
5. *Ibidem*, p. 192.
6. Pierre Cot, *Sur la responsabilité civile des fonctionnaires publics*, thèse en sciences politiques, université de Grenoble, 1922.
7. Olivier Loubes, *Jean Zay*, Armand Colin, 2012, p. 55.
8. *L'Ouest-Éclair*, 29 juillet 1933.
9. *Le Petit Journal*, 4 octobre 1933.
10. Chambre des députés, deuxième séance du 13 décembre 1935, *Journal officiel*, 14 décembre 1935, p. 2481-2483.
11. *Annales de la Chambre des députés*, vol. 200, *op. cit.*
12. Olivier Loubes, *Jean Zay*, *op. cit.*, p. 151.
13. Chambre des députés, Deuxième séance du 31 janvier 1936, *Journal officiel*, 1er février 1936, p. 190.
14. *Annales de la Chambre des députés*, vol. 203 *bis*, *op. cit.*
15. *La Vie nationale*, 31 août 1940.
16. Marcel Ruby, *Jean Zay*, Corsaire Éditions, 1994, p. 364.
17. *Ibidem*, p. 372.
18. Charles de Gaulle, *Mémoires de guerre*, Plon, 1954, p. 84.
19. Gérard Chauvy, *Le Drame de l'armée française. Du Front populaire à Vichy*, Flammarion, 2010, p. 202-205.
20. Serge Berstein, Robert Frank, Sabine Jansen et Nicolas Werth, *Rapport de la Commission d'historiens constituée pour examiner la nature des relations de Pierre Cot avec les autorités soviétiques*, B & Cie, 1995. Voir les conclusions dans Sabine Jansen, *Pierre Cot. Un antifasciste radical*, Fayard, 2002, p. 522.
21. Assemblée nationale, Débats parlementaires, 1re séance du 1er juin 1958, *Journal officiel*, 2 juin 1958, p. 2587-2588.
22. *Le Monde*, 26 avril 1968.

CHAPITRE 8

Léon Blum, face au régime de Vichy

1. Léon Blum, « Lettre sur la réforme gouvernementale », *La Revue de Paris*, 1er janvier 1918, p. 155.
2. *L'Humanité*, 1er août 1917.
3. Léon Blum, *Commentaires sur le programme d'action du Parti socialiste : discours prononcé le 21 avril 1919*, au Congrès national extraordinaire (2e éd.), Librairie populaire, 1925, p. 22.
4. Chambre des députés, Débats parlementaires, session extraordinaire de 1919, séance du 30 décembre 1919, *Journal officiel*, 31 décembre 2019, p. 5443-5449.
5. 18e congrès national tenu à Tours les 25, 26, 27, 28, 29 & 30 décembre 1920 : Compte rendu sténographique, Parti socialiste SFIO, au siège du Parti, 1921.
6. *L'Humanité*, 28 décembre 1920.
7. *Le Monde*, 1er avril 1950.
8. Chambre des députés, Débats parlementaires, session extraordinaire de 1923, séance du 11 janvier 1923, *Journal officiel*, 12 janvier 1923, p. 21-23.
9. *L'Humanité*, 12 janvier 1926.
10. *Le Petit Journal*, 7 février 1934.
11. *Le Populaire*, 22 avril 1936.
12. Discours du 31 mai 1936 au congrès de la SFIO.
13. Chambre des députés, Débats parlementaires, session ordinaire de 1936, séance du 6 juin 1936, *Journal officiel*, 7 juin 1936, p. 1327.
14. *Ibidem*.
15. *Ibidem* ; Session extraordinaire de 1936, séance du 13 novembre 1936, *Journal officiel*, 14 novembre 1936, p. 3004-3010.
16. *Le Populaire*, 23 novembre 1936.
17. *Ibidem*, 2 juillet 1936.
18. *Ibidem*, 7 septembre 1936.
19. Chambre des députés, Débats parlementaires, session ordinaire de 1938, séance du 17 mars 1938, *Journal officiel*, 18 mars 1938, p. 835-836.
20. Archives de la Préfecture de Police, Série B/a, 1978.
21. Mémoires, dans *L'Œuvre de Léon Blum (1940-1945)*, Albin Michel, 1955, p. 61.
22. *Ibidem*, p. 78.
23. *Le Petit Journal*, 13 août 1941.
24. *Ibidem*, 17 octobre 1941.
25. La Prison et le Procès, dans *L'Œuvre de Léon Blum*, *op. cit.* p. 227.
26. À l'échelle humaine, dans *ibidem*, p. 409-545.
27. Propos recueillis par Henri Noguères, cité par Jean Lacouture, *Léon Blum*, Points Seuil, 1977, p. 512.

28. *Le Populaire*, 21 mai 1945.
29. Le Procès du maréchal Pétain : compte rendu officiel *in extenso* des audiences de la Haute Cour de justice, 1945, p. 79.
30. *Le Monde*, 14 août 1945.
31. *Ibidem*, 31 août 1946.
32. *Ibidem*, 24 novembre 1947.
33. *Ibidem*, 4 avril 1950.

CHAPITRE 9

Pierre Mendès France, face au pouvoir personnel

1. Assemblée nationale, Débats parlementaires, 1re séance du 1er juin 1958, *Journal officiel*, 2 juin 1958, p. 2577-2578.
2. Jean Lacouture, *Pierre Mendès France*, Seuil, 1981, p. 49.
3. Jean-Pierre Rioux, *Au bonheur la France*, CNRS Éditions, « Biblis », 2016, p. 323.
4. 29e Congrès du parti républicain radical et radical-socialiste tenu à Toulouse les 3, 4, 5 et 6 novembre 1932, Paris, Au siège du Comité Exécutif, 1932, p. 164-194.
5. Chambre des députés, Débats parlementaires, Session ordinaire de 1934, séance du 27 juin 1934, *Journal officiel*, 28 juin 1934, p. 1812-1819.
6. *Ibidem* ; Session extraordinaire de 1936, séance du 28 septembre 1938, *Journal officiel*, 29 septembre 1938, p. 2763-2858.
7. Pierre Mendès France, *Liberté, Liberté chérie. Choses vécues*, Éditions Didier, 1943, p. 197.
8. Cité dans Jean Lacouture, *Pierre Mendès France*, *op. cit.* p 171.
9. Charles de Gaulle, *Mémoires de guerre*, tome 3 : *Le Salut 1944-1946*, Plon, 1959, p. 122.
10. *Le Courrier du Neubourg*, 26 septembre 1945.
11. Vincent Auriol, *Mon Septennat*, Gallimard, p. 576-577.
12. *Le Monde*, 1er janvier 1952.
13. Cité dans Jean Lacouture *Pierre Mendès France*, *op. cit.* p. 197-198.
14. Vincent Auriol, *Mon septennat*, *op. cit.* p. 536-540.
15. Consulté sur le site de l'Assemblée nationale.
16. *Le Monde*, 6 juin 1953.
17. Pierre Mendès France, *Œuvres complètes*, tome 3 : *« Gouverner, c'est choisir » 1954-1955*, Gallimard, 1986, p. 50-57.
18. Éric Roussel, *Pierre Mendès France*, Gallimard, 2007, p. 318.
19. Revue de presse dans *Le Monde*, 22 juillet 1954.
20. *L'Express*, 25 décembre 1954.
21. *Le Monde*, 14 octobre 1954.

22. *Ibidem*, 7 février 1955.
23. *France Soir*, 7 février 1955.
24. Pierre Laborie, dans François Bédarida, Jean-Pierre Rioux, *Pierre Mendès France et le mendésisme*, Fayard, 1985, p. 174.
25. Cité par François Mauriac dans son « Bloc-Notes » de *L'Express*, 7 février 1955.
26. *Le Monde*, 26 juillet 1955.
27. *Ibidem*, 29 décembre 1955.
28. *Ibidem*, 15 septembre 1958.
29. *Combat*, 30 novembre 1958 ; François Mauriac, « Bloc-Notes », *L'Express*, novembre 1958.
30. *L'Express*, 4 mai 1961.
31. *Le Monde*, 1er et 3 décembre 1965.
32. *Ibidem*, 3 mai 1966.
33. *Ibidem*, 1er mars 1967.
34. *Ibidem*, 7 février 1968.
35. *Ibidem*, 21 mai 1968.
36. *Ibidem*, 27 mai 1968.
37. *Ibidem*, 8 mai 1969.
38. Témoignage de Marie-Claire Mendès France, cité dans François Stasse, *La Morale de l'histoire. Mitterrand-Mendès France 1943-1982*, Seuil, 1994, p. 13.
39. Éric Roussel, *Pierre Mendès France*, *op. cit.*, p. 519.
40. *Le Monde*, 21 octobre 1983.

CHAPITRE 10

Gaston Monnerville et Paul Reynaud, face à la « forfaiture »

1. Paul Reynaud, *Waldeck-Rousseau*, préface Alexandre Millerand, Grasset, 1913.
2. Jean-Paul Brunet, *Gaston Monnerville. Le Républicain qui défia de Gaulle*, Albin Michel, 1997, p. 37.
3. *Ibidem*, p. 56.
4. *La Liberté*, 29 juin 1934.
5. Chambre des députés, Débats parlementaires, Session ordinaire de 1936, Séance du 6 juin 1936, *Journal officiel*, 7 juin 1936, p. 1320-1323.
6. *Ibidem*, Session ordinaire de 1935, Deuxième séance du 15 mars 1935, *Journal officiel*, 16 mars 1935, p. 1042.
7. Jean-Paul Brunet, *Gaston Monnerville*, *op. cit.*, p. 73.
8. *Le Monde*, 25 juillet 1945.
9. *Ibidem*, 6 janvier 1950.

10. *Ibidem*, 7 avril 1950.
11. *Ibidem*, 19 février 1952.
12. *Ibidem*, 14 mars 1950.
13. *Ibidem*, 28 mai 1953.
14. *Ibidem*, 16 mai 1958.
15. *Ibidem*, 27 mai 1958.
16. *Ibidem*, 11 juin 1958.
17. *Ibidem*, 16 mai 1945.
18. *Ibidem*, 24 mars 1947.
19. *Ibidem*, 13 décembre 1958.
20. *Ibidem*, 2 mars 1962.
21. *Ibidem*, 19 juillet 1962.
22. *Le Populaire*, 30 septembre 1962.
23. *Le Monde*, 2 octobre 1962.
24. Jean-Paul Brunet, *Gaston Monnerville*, *op. cit.*, p. 225.
25. Assemblée nationale, Débats parlementaires, Session de 1962, Séance du 4 octobre 1962, *Journal officiel*, 5 octobre 1962, p. 3208-3210.
26. Jean-Paul Brunet, *Gaston Monnerville*, *op. cit.*, p. 233.
27. *Le Monde*, 11 octobre 1962.
28. *Ibidem*, 27 octobre 1962.
29. *Ibidem*.
30. *Ibidem*, 26 octobre 1962.
31. *Ibidem*, 3 juin 1965.
32. *Ibidem*, 4 novembre 1965.
33. *Ibidem*, 29 novembre 1965.
34. *Ibidem*, 18 décembre 1965.
35. *Ibidem*, 30 décembre 1965.
36. *Ibidem*, 30 septembre 1968.

CHAPITRE 11

Gisèle Halimi et Robert Badinter, face à l'injustice

1. *Annales de l'Assemblée nationale*, Débats parlementaires, 1981, p. 1138-1143.
2. *Le Monde*, 19 mars 1960.
3. *Ibidem*, 30 septembre 1960.
4. *Ibidem*, 18 février 1958.
5. *Ibidem*, 9 décembre 1958.
6. *Ibidem*, 3 mai 1962.

7. *Ibidem*, 27 août 1963.
8. *Ibidem*, 4 juillet 1965.
9. *Ibidem*, 20 janvier 1967.
10. *Ibidem*, 27 février 1967.
11. *Ibidem*, 4 mars 1967.
12. *Ibidem*, 7 mars 1967.
13. *Ibidem*, 10 mai 1968.
14. *Ibidem*, 10 juin 1968.
15. *Ibidem*, 15 décembre 1970.
16. *Ibidem*, 18 juin 1971.
17. « Plaidoirie de Me Gisèle Halimi au procès de Bobigny – 1972 », dans *Clio-Texte.clionautes.org*.
18. Gisèle Halimi, *Le Procès de Bobigny. Choisir la cause des femmes*, préface de Simone de Beauvoir, Gallimard, nouvelle édition 2006, avec un texte inédit de Marie-Claire Chevalier.
19. *Le Monde*, 21 septembre 1973.
20. *Ibidem*, 4 mai 1978.
21. *Ibidem*, 13 février 1978
22. *Ibidem*, 1er février 1978.
23. *Ibidem*, 6 mars 1978.
24. *Ibidem*, 16 août 1979.
25. *Ibidem*, 16 mars 1978.
26. *Ibidem*, 6 juillet 1966.
27. *Ibidem*, 4 septembre 1970.
28. *Ibidem*, 15 décembre 1970.
29. *Ibidem*, 21 février 1973.
30. *Ibidem*, 12 avril 1974.
31. *Ibidem*, 24 mars 1975.
32. *Ibidem*, 14 au 16 septembre 1977.
33. *Ibidem*, 24 mars 1979.
34. Archives de l'INA, 16 mars 1981.
35. *Le Monde*, 16 avril 1981.
36. *Annales de l'Assemblée nationale*, Débats parlementaires, 1981, p. 1138-1143
37. *Ibidem*, 22 décembre 1981.
38. *Ibidem*, 27 juillet 1982.
39. *Ibidem*, 20 août 1982.
40. *Ibidem*, 2 octobre 1982.
41. *Ibidem*, 21 avril 1994.
42. *Ibidem*, 10 mai 1994.
43. *Ibidem*, 10 mars 1996.
44. *Ibidem*, 17 janvier et 12 mars 1997.

45. *Ibidem*, 10 mars 1996.
46. *Ibidem*, 30 mai 1998.
47. *Le Monde diplomatique*, septembre 1999, p. 7.
48. Entretien avec Alain de Benoist dans la revue *Krisis*, 1995, republié dans *Éléments*, 28 juillet 2020.
49. *Ibidem*, 18 juillet 1992.
50. Archives du Conseil constitutionnel.
51. Archives de l'Unesco.
52. *Paris Match*, 20 octobre 2019.
53. Dominique Missika, Maurice Szafran, *Robert Badinter, l'homme juste*, Tallandier, 2021, p. 236.
54. *Le Monde*, 14 février 2024.
55. *Libération*, 5 mars 2023.
56. *franceinter.fr*, 13 mai 2012.
57. Gisèle Halimi, avec Annick Cojean, *Une farouche liberté*, Grasset, 2020, cité sur *Francetvinfo.fr*, 20 août 2020.

Conclusion

1. L'Électeur libre, 25 mars 1869.
2. Alain Peyrefitte, *C'était de Gaulle*, tome 1, Fayard, 1995, p. 116.
3. Raymond Barre, *L'Expérience du pouvoir. Conversations avec Jean Bothorel*, Fayard, 2007, p. 274.
4. Chambre des députés, Session ordinaire de 1899, *Journal officiel*, 27 juin 1899, p. 1671 et suivantes.
5. Aristide Briand, *Discours de l'Hôtel Moderne, à Paris, le 5 juillet 1905*, Imprimerie L. Soulié et A. Gintzburger, 1905.
6. *Le Temps*, 6 janvier, 11 janvier, 30 janvier, 2 février, 5 février 1866.
7. *Discours et opinions de Jules Ferry*, tome 7 : *Discours sur la politique intérieure depuis le 30 mars 1885*, Armand Colin et Cie, 1898, p. 116-131.
8. Archives du Conseil constitutionnel.
9. *Ipsos.fr*, 3 avril 2019.
10. Dalloz-actualité.fr, 14 janvier 2015.
11. Sondage Ifop publié dans *L'Opinion*, 5 mai 2023.
12. *L'Électeur libre*, 25 mars 1869.
13. *Discours au banquet commémoratif de l'ère républicaine, 22 septembre 1848*, Imprimerie de Boursy, 1848.
14. Sénat, Débats parlementaires, session ordinaire de 1884, Séance du 2 février 1884, *Journal officiel*, 3 février 1884, p. 243.

Remerciements

À Perrine Simon-Nahoum, Bernard Gotlieb, Marc Kirsch, Marie Magnano et bien sûr Odile Jacob sans lesquels ce livre n'aurait pas pu exister.

Table

Ouvrage proposé par Perrine Simon-Nahoum

*Cet ouvrage a été imprimé sur du papier
dont les fibres de bois proviennent
de forêts durablement gérées*

IMPRIM'VERT®

Cet ouvrage a été composé
en Adobe Garamond Pro
par Facompo à Montrouge

Cet ouvrage a été achevé d'imprimer
sur Roto-Page
par l'Imprimerie Floch à Mayenne
en août 2025

N° d'édition : 4150-1277-X – N° d'impression : 107501
Dépôt légal : septembre 2025

Imprimé en Frane